UTB

W0267343

Eine Arbeitsgemeinschaft der Verlage

Böhlau Verlag · Wien · Köln · Weimar
Verlag Barbara Budrich · Opladen · Farmington Hills
facultas.wuv · Wien
Wilhelm Fink Verlag · München
A. Francke Verlag · Tübingen und Basel
Haupt Verlag Bern · Stuttgart · Wien
Julius Klinkhardt Verlagsbuchhandlung · Bad Heilbrunn
Mohr Siebeck · Tübingen
Nomos Verlagsgesellschaft · Baden-Baden
Orell Füssli Verlag · Zürich
Ernst Reinhardt Verlag · München · Basel
Ferdinand Schöningh Verlag · Paderborn · München · Wien · Zürich
Eugen Ulmer Verlag · Stuttgart
UVK Verlagsgesellschaft · Konstanz, mit UVK/Lucius · München
Vandenhoeck & Ruprecht · Göttingen · Oakville
vdf Hochschulverlag AG an der ETH · Zürich

Michael von Hauff
Katja Claus

Fair Trade

Ein Konzept nachhaltigen Handels

UVK Verlagsgesellschaft mbH · Konstanz
mit UVK/Lucius · München

Online-Angebote oder elektronische Ausgaben sind erhältlich unter
www.utb-shop.de.

Bibliografische Information der Deutschen Bibliothek
Die Deutsche Bibliothek verzeichnet diese Publikation in der Deutschen Nationalbibliografie; detaillierte bibliografische Daten sind im Internet über <http://dnb.ddb.de> abrufbar.

Einbandgestaltung: Atelier Reichert, Stuttgart
Einbandmotiv: istockphoto.com
Druck: fgb. freiburger graphische betriebe, Freiburg

UVK Verlagsgesellschaft mbH
Schützenstr. 24 · D-78462 Konstanz
Tel.: 07531-9053-0 · Fax 07531-9053-98
www.uvk.de

UTB-Band Nr. 3671
ISBN 978-3-8252-3671-7

Vorwort

Der internationale Handel zeichnete sich in den vergangenen Jahrzehnten durch eine starke Dynamik aus. An den internationalen Handelsgewinnen partizipierten die verschiedenen Länder, aber auch die verschiedenen Bevölkerungsgruppen in den Ländern jedoch sehr unterschiedlich. Neben den Industrieländern sind es besonders einige wenige aufstrebende Entwicklungsländer, die hohe Wachstumsraten ihrer Exporte und damit auch hohe Handelsgewinne erzielten. Brasilien, China und Indien sind hierfür Beispiele, wobei gerade in diesen Ländern die Teilhabe der Bevölkerung an den Handelsgewinnen sehr unterschiedlich ist. Die ungleichgewichtige internationale Handelsstruktur, aber auch die unterschiedliche Entwicklung des internationalen Handels in verschiedenen Regionen bzw. Ländern wurde in jüngerer Vergangenheit aus unterschiedlichen Richtungen heftig kritisiert. Das Buch konzentriert sich auf die ökonomische Sicht. Auch hier gibt es engagierte Kritiker.[1]

Diese Kritik ist jedoch nicht neu. Bereits Ende der 1940er Jahre kam es als Gegenbewegung zu dem konventionellen internationalen Handel zu der Fair-Trade-Bewegung, die ab den 1970er Jahren auch in Deutschland zunehmend mehr Beachtung und Bedeutung fand. In diesem Buch wird das Fair-Trade-Konzept dargestellt und von dem konventionellen Handel abgegrenzt. Dabei geht es sowohl um eine theoretische Analyse bzw. Begründung des Fair-Trade-Konzepts im Rahmen der Außenhandelstheorien als auch um eine Analyse der Entwicklungslinien von Fair Trade und die Wirkungen dieses Konzeptes.

---

1 Vgl. u.a. Stiglitz, J., Charlton, A.: Fair Trade for all. How trade can promot development, New York 2005.

Hierbei ist jedoch zu berücksichtigen, dass das Fair-Trade-Konzept auf dem Paradigma der nachhaltigen Entwicklung basiert. Bei diesem Paradima geht es um die Gleichrangigkeit der ökologischen, ökonomischen und sozialen Dimension. Das Paradigma nachhaltiger Entwicklung fordert weiterhin die intra- und intergenerationelle Gerechtigkeit. Die Einordnung des Fair-Trade-Konzepts in das Paradigma der nachhaltigen Entwicklung wurde in der Literatur bisher kaum thematisiert. Daher erfährt dieses Themenfeld eine besondere Aufmerksamkeit.
Das Konzept von Fair Trade, aber auch die Akteure, haben sich in den vergangenen Jahren stark diversifiziert bzw. differenziert. Dieses Buch konzentriert sich jedoch nur auf wesentliche Entwicklungslinien und Begründungszusammenhänge. Weiterführende Literaturquellen ermöglichen jedoch eine Vertiefung einzelner Aspekte. Eine kleine Vereinfachung sei uns noch gestattet: bei allen Erläuterungen der Akteure sind natürlich immer sowohl weibliche als auch männliche Akteure gemeint. Wenn wir über Produzenten schreiben, meinen wir immer Produzentinnen und Produzenten.

Last but not least wurden wir von einer Reihe von Personen sehr hilfreich unterstützt. Stellvertretend möchten wir uns bei Frau Gözet und Frau Huff sowohl für Recherchen neuester Quellen bzw. Daten als auch für die mühsame Formatierung des Manuskriptes bedanken. Bei Frau Homm möchten wir uns für ein letztes Korrekturlesen des Manuskripts bedanken. Frau Dipl.Volkswirtin Seitz hat uns im Theoriekapitel auf die Notwendigkeit einiger ergänzender Erläuterungen hingewiesen. Frau Dr. Ahrens und ihrer Mitarbeiterin, Frau Albert/Brot für die Welt, danken wir für wichtige inhaltliche Anregungen. Danksagungen dienen jedoch nicht dazu, mögliche Unzulänglichkeiten auf andere Personen abzuwälzen: für mögliche Unzulänglichkeiten sind ausschließlich wir Autoren verantwortlich.

Michael von Hauff
Katja Claus

Inhalt

Abbildungsverzeichnis

Abkürzungsverzeichnis

ACPC	Association of Coffee Producing Countries
AGOA	African Growth and Opportunity Act
AHO	Alternative Handelsorganisation
APS	Allgemeines Präferenzsystem
ATO	Alternative Trade Organization
BMU	Bundesministerium für Umwelt und Reaktorsicherheit
BMZ	Bundesministerium für wirtschaftliche Zusammenarbeit und Entwicklung
BSP	Bruttosozialprodukt
CGIAR	Consultative Group on International Agriculture Research
DAAD	Deutscher Akademischer Austauschdienst
DAC	Development Assistance Committee
DED	Deutscher Entwicklungsdienst
DSB	Dispute Settlement Board
dwp	Dritte-Welt Partner
EED	Evangelischer Entwicklungsdienst
EFTA	European Fair Trade Association
ETI	Ethical Trade Initiative
EU	Europäische Union
EWG	Europäische Wirtschaftsgemeinschaft
FAO	Food and Agricultural Organization
FLO	Fair Trade Labelling Organization
FoB	Free on Board
FTA	Fair Trade Association
FTF	Fair Trade Federation
FTO	Fair Trade Organization
GATS	General Agreement on Trade in Services
GATT	General Agreement on Tariffs and Trade
GEPA	Gesellschaft zur Förderung der Partnerschaft mit der 3. Welt
GIZ	Gesellschaft für Internationale Zusammenarbeit

ICO	International Coffee Organization
IFAT	International Federation of Alternative Trade
ITO	International Trade Organization
IWF	Internationaler Währungsfond
KfW	Kreditanstalt für Wiederaufbau
LDC	Least Developed Countries
MERCOSUR	Mercado Comun del Cono Sur
NAFTA	North American Free Trade Agreement
NEWS!	Network of European World Shops
NRO	Nicht-Regierungsorganisation
NWI	Nationaler Wohlfahrtsindex
ODA	Official Development Assistance
OECD	Organisation for Economic Co-Operation and Development
PPP	Public Private Partnership
TRIP's	Trade-Related Aspects of Intellectual Property Rights
UNCTAD	United Nations Conference on Trade and Development
UNDP	United Nations Development Programme
WB	Weltbank
WFTO	World Fair Trade Organization (ehemals IFAT)
WHO	World Health Organization
WTO	World Trade Organization
4C	Common Code of Coffee Community

1 Einleitung

Im Rahmen der Globalisierung kam es zu einer ungleichen Verteilung der Erlöse des Welthandels. Viele Länder der Dritten Welt werden bis heute im Zusammenhang des internationalen Handels mar-ginalisiert bzw. ausgeschlossen. Das gilt für die Mehrzahl der afrikanischen, aber auch für einige asiatische und südamerikanische Länder. Hiervon sind bestimmte Bevölkerungsgruppen, wie z. B. Kleinfarmer, in besonderem Maße betroffen. Der internationale Handel findet ganz wesentlich zwischen den Industrienationen statt. Einigen wenigen Entwicklungsländern, wie Brasilien, China und Indien, ist es in den vergangenen Jahren gelungen, sich stärker in den Welthandel zu integrieren. Aber auch bei diesen Ländern blieben besonders die Kleinfarmer von den Erlösen des Außenhandels ausgeschlossen. In diesem Kontext wird vielfach kritisiert, dass der internationale Handel nicht den Anforderungen der nachhaltigen Entwicklung gerecht wird, zu denen sich 1992 auf der Konferenz der Vereinten Nationen über Umwelt und Entwicklung in Rio de Janeiro Vertreter aus 178 Ländern bekannt haben.

Die Globalisierung hat aber auch dazu beigetragen, das Bewusstsein der Konsumenten in den Industrieländern für die wirtschaftlichen, ökologischen und sozialen Bedingungen vieler Menschen in Entwicklungsländern zu wecken. In diesem Zusammenhang soll beispielsweise das Fair-Trade-Siegel dem Konsumenten die Möglichkeit bieten, aktiv für eine gerechtere Verteilung der Handelsgewinne beizutragen. Der oft über dem Weltmarktniveau liegende Preis für fair gehandelte Produkte zielt darauf ab, den Produzenten in Entwicklungsländern eine angemessene Entlohnung für ihre Arbeit zu gewährleisten und ihnen damit einen entsprechenden Lebensstandard zu ermöglichen.

Hierfür gibt es verschiedene Begründungszusammenhänge, wie die Forderung nach der Verwirklichung bzw. Wahrung der Menschenrechte, die ethische Verpflichtung gegenüber diesen Menschen oder im Rahmen der Entwicklungszusammenarbeit die Armutsbekämpfung. Es gibt aber auch eine ganz rationale Begründung, nach der es Fair Trade zu einer Erhaltung der ökologischen, wirtschaftlichen und sozialen Lebensgrundlage der Kleinfarmer kommt und die Migration dieser Menschen auch in Industrieländer verringert wird. Für die Konsumenten bedeutet dies, einen Beitrag zur Verbesserung der Lebenssituation von Menschen in Entwicklungsländern zu leisten. Welche entwicklungspolitische Bedeutung der Faire Handel hat, wird in den folgenden Kapiteln dargestellt.

1.1 Problemstellung

Die „Fair-Trade"-Bewegung entwickelte sich in Deutschland in den 1970er Jahren aus der Kritik an dem dominierenden Paradigma des internationalen Handels. Der globale Handel orientiert sich an den niedrigsten Preisen für Güter – so die Kritik – ohne dabei ökologische und soziale Standards zu berücksichtigen. Das Handelssystem begünstigt die stärkeren und benachteiligt die schwächeren Handelspartner. Daher ist das Ziel, den als ungerecht empfundenen Handel zumindest partiell gerechter zu gestalten. Innerhalb der letzten 40 Jahre haben verschiedene Organisationen und Akteure das Konzept Fair Trade entwickelt. Die zahlreichen Organisationen, die im Fairen Handel aktiv sind, kritisieren besonders die Benachteiligung der Produzenten, die im Landwirtschaftssektor in Entwicklungsländern tätig sind. Sie haben aus verschiedenen Gründen kaum Chancen, ihre Produkte auf den internationalen Märkten und besonders auf den Märkten der Industrieländer zu verkaufen.

Die Bedingungen, denen viele Kleinproduzenten aus Entwicklungsländern, besonders von landwirtschaftlichen Produkten, auf dem Weltmarkt ausgesetzt sind, werden als unfair angesehen. Die Kritik bezieht sich vor allem auf die niedrigen Weltmarktpreise vieler landwirtschaftlicher Produkte aus Entwicklungsländern und die Instrumente der Außenhandelspolitik der Industrieländer. Es geht dabei u. a. um die Subventionen im Agrar- und Textilsektor sowie um die unzureichende Öffnung der Märkte der Industrieländer für die Produkte aus Ländern der Dritten Welt. Hierbei gilt es jedoch zu beachten, dass es sich um zwei unterschiedliche Kritikebenen handelt: Zum einen geht es um Kleinfarmer, die grundsätzlich keinen Zugang zu den Weltmärkten haben, und zum anderen geht es um Farmer, die durch Handelsrestriktionen der Industrieländer von deren Märkten ferngehalten werden.

Für Kleinfarmer in Entwicklungsländern gibt es neben den geringen bzw. schwankenden Weltmarktpreisen aber auch interne Probleme. So haben viele Kleinfarmer grundsätzlich nicht die Möglichkeit, am internationalen Handel direkt teilzunehmen (sie produzieren zu geringe Mengen, es gibt einen Mangel an Verkehrsinfrastruktur, sie haben unzureichende Kenntnisse über die Funktionsweise des internationalen Handels etc.) und verkaufen daher ihre Produkte an lokale bzw. regionale Zwischenhändler, was die Einnahmen der Kleinfarmer stark verringert. Das erklärte Ziel des Fairen Handels ist die Verbesserung der Arbeits- und Lebenssituation, besonders von Kleinfarmern in Entwicklungsländern. Die Förderung zielt auf die Vorgabe ökologischer und sozialer Standards bei der Produktion und die Unterstützung der Produzenten bei dem Auf- und Ausbau ihrer Kapazitäten und ihres Absatzes ab. Heute wird der Faire Handel von seinen Befürwortern somit als eine effiziente Form der Entwicklungszusammenarbeit und hier besonders der Armutsbekämpfung deklariert.

Obwohl in den vergangenen Jahren zu dem Thema Fair Trade eine Vielzahl von Publikationen erschienen ist, gibt es bis heute keine ausreichenden theoretischen und empirischen Erkenntnisse, die belegen, ob und in welchem Maße der Faire Handel diesen Ansprüchen gerecht wird. Es gibt auch nur unzureichende Erkenntnisse darüber, ob das Konzept für die Produzenten in den Entwicklungsländern vorteilhafter ist als andere Handelskonzepte. Hinzu kommt, dass es in zunehmendem Maße auch große Einzelhandelskonzerne gibt, die Fair-Trade-Produkte anbieten. Dies führt sowohl bei der Struktur der Produktion als auch beim Absatz zu veränderten Bedingungen, was bisher noch nicht ausreichend analysiert wurde.

Hier stellt sich zunächst die grundsätzliche Frage, ob der Faire Handel dem freien Handel, welcher ohne Eingriffe und Beschränkungen abläuft, vorzuziehen ist. Das würde dem in der Literatur häufig dargestellten und präferierten Freihandelsprinzip entsprechen. Wäre dies der Fall, müssten alle Handelshemmnisse beseitigt werden. Das ist natürlich eine theoretische Fragestellung, da der freie Handel nur ein Idealzustand ist, der in der Realität kaum zu erreichen ist. Dennoch wird im Zusammenhang mit dem Freihandelsprinzip das Konzept des Fairen Handels oft kritisiert. Diese Kritik weist jedoch einen Mangel an theoretischer Fundierung auf, wodurch in der Diskussion eine unzureichende Transparenz besteht.

Den Akteuren des Fairen Handels wird oft die fehlende Zusammenarbeit mit den Regierungen der Industrie- und Entwicklungsländer, aber auch mit internationalen Organisationen, wie der Welthandelsorganisation, vorgehalten, wodurch es zu Eingriffen in ökonomische Prozesse kommt, die zu Marktverzerrungen führen. Im Mittelpunkt der Kritik steht jedoch die Einflussnahme auf die Produktpreise und die strukturelle Entwicklung der Produzentenorganisationen und Kooperativen in den Entwicklungsländern.

Betrachtet man die Relevanz des Konzeptes, so belegen verschiedene Studien zum Fairen Handel, dass fair gehandelte Produkte immer noch einen Nischenmarkt bedienen. Die Ausdehnung des Umsatzvolumens fair gehandelter Produkte ist durch das begrenzte Produktsortiment und die Präferenzen der Konsumenten beschränkt. Daher wird oft die Frage gestellt, ob eine Erhöhung der Nachfrage für fair gehandelte Produkte z.B. in Deutschland, aber auch in anderen Ländern Europas überhaupt realisierbar ist bzw. wo hier die Grenzen des Konzeptes liegen.

Dabei ist zu berücksichtigen, dass in einigen europäischen Ländern wie der Schweiz und Großbritannien die Anteile schon heute deutlich höher liegen als in Deutschland. Daher ist nach den Gründen dieser unterschiedlichen Entwicklung in den verschiedenen Ländern zu fragen. Weiterhin ist zu analysieren, inwieweit es möglich ist, die von den Organisationen festgelegten Ziele umzusetzen und welchen Beitrag der Faire Handel bei der Erfüllung entwicklungspolitischer Aufgaben leisten kann. Der Bezugsrahmen für die Bewertung ist seit einigen Jahren das Paradigma der nachhaltigen Entwicklung. Die exemplarische Präsentation der Problemstellung zeigt, dass es zu dem Konzept Fair Trade eine kontroverse Diskussion gibt, die in den folgenden Kapiteln berücksichtigt wird.

1.2 Aufbau des Buches

Das vorliegende Buch beschäftigt sich mit dem Konzept des Fairen Handels und den daraus entstehenden entwicklungspolitischen Konsequenzen für die beteiligten Produzenten und Produzentenländer. In Kapitel 2 werden zunächst die Struktur des Welthandelssystems und die Entwicklung des internationalen Handels erläutert. Dabei geht es um die Frage, ob und in welchem Maße Ungleichgewichte zu Ungunsten der Entwicklungsländer festzustellen sind.

In Kapitel 3 werden die Anforderungen des Paradigmas nachhaltiger Entwicklung an den internationalen Handel erläutert. Aus diesem Paradigma leiten sich auch für den internationalen Handel konkrete Anforderungen ab, die in der Außenhandelsliteratur und in den internationalen Verhandlungen bisher noch weitgehend vernachlässigt wurden.

In Kapitel 4 wird das Konzept des Fairen Handels vorgestellt. Dabei geht es sowohl um die Entstehung als auch um die Entwicklung und um aktuelle Entwicklungstrends des Konzepts. Hierbei wird auch auf die Grundprinzipien und die in den Fairen Handel involvierten Akteure eingegangen. Weiterhin werden der politische Einfluss und der Stellenwert der Produkte innerhalb des Welthandels analysiert.

In Kapitel 5 werden ausgewählte handelstheoretische Ansätze vorgestellt und diskutiert. Dabei geht es um die Frage, welcher der außenhandelstheoretischen Ansätze das Konzept des Fair Trade begründen kann. Die Begründung des internationalen Handels erfolgt zunächst anhand des Ansatzes von Ricardo und anschließend durch den Ansatz von Heckscher und Ohlin. In einem folgenden Schritt wird der Ansatz der steigenden Skalenerträge, der der neuen Handelstheorie zuzuordnen ist, erläutert. Aufbauend auf der theoretischen Analyse erfolgt die Beurteilung des Fairen Handels aus handelstheoretischer Sicht. Dabei geht es auch um mögliche externe Effekte des Fairen Handels und um die Auswirkungen, die sich aus einer Überproduktion fair gehandelter Produkte ergeben können.

Die Auswirkungen des Fairen Handels werden in Kapitel 6 aufgezeigt. Dabei wird sowohl auf positive als auch auf negative Effekte eingegangen. Das Ziel ist, die ökologischen, ökonomischen und sozialen Auswirkungen des Fairen Handels im Vergleich zu dem durch den konventionellen Handel benachteiligten Produzenten in den Ländern der Dritten Welt aufzuzeigen. Unter Einbeziehung empirischer Untersuchungen und Fallstudien werden die Auswirkungen näher beleuchtet. Das Konzept Fair Trade wird in Kapitel 7 in den Kontext von Entwicklungspolitik und Entwicklungszusammenarbeit eingeordnet. Dabei werden auch entwicklungspolitische Alternativen vorgestellt und bewertet. In Kapitel 8 folgen eine Zusammenfassung des Buches und ein Ausblick auf zukünftige Entwicklungstendenzen.

2 Die Struktur des Welthandelssystems und Entwicklungstendenzen des internationalen Handels

Die Kritik am konventionellen Handel führte zur Entstehung des Konzeptes Fairer Handel. In diesem Kapitel geht es um die Entwicklung der Struktur des Welthandelssystems und anschließend um die Entwicklungstendenzen des Handels unter besonderer Berücksichtigung der Situation der Entwicklungsländer. Es geht also um die Frage, in welchem Maße die Entwicklungsländer in den internationalen Handel eingebunden sind bzw. die Möglichkeit haben, daran ausgewogen teilzunehmen. In diesem Kontext sind der Grad des Freihandels und die verschiedenen Formen der Handelshemmnisse zwischen Industrie- und Entwicklungsländern von Bedeutung. Ein grundlegendes Problem des gegenwärtigen internationalen Handelssystems ist die Tatsache, dass es keine neutrale „Weltregierung" gibt, die für eine Abstimmung der nationalen Außenhandelspolitiken zuständig ist, diese koordiniert und eine demokratische Aufsichtsfunktion einnimmt. Dieses Defizit führt zu Interessenkonflikten, und die globale Wirtschaft ist durch ein großes Ungleichgewicht geprägt.[2]

Während die Außenhandelstheorie von der Vorteilhaftigkeit des Prinzips des Freihandels ausgeht, kommt es in der Realität zu vielfältigen Formen von Handelshemmnissen. Sie stellen wichtige Faktoren dar, die den internationalen Handel in hohem Maße beeinflussen. Betrachtet man die Handelspolitik differenzierter, dann kann man zwischen tarifären und nicht tarifären Handelshemmnissen unterscheiden. Die tarifären Handelshemmnisse wie Zölle und Mengenbeschränkungen werden primär durch die Quan-

---

2 Krugman,P., Obstfeld, M.: Internationale Wirtschaft – Theorie und Politik der Außenwirtschaft, 8. Aufl., München 2009.

tität der importierten Güter bestimmt. Die nicht tarifären Handelshemmnisse werden verstärkt angewandt, wenn tarifäre Handelshemmnisse durch internationale Vereinbarungen eingeschränkt bzw. untersagt sind. Das lässt sich auch in der Realität beobachten: Nicht tarifäre Handelshemmnisse kamen verstärkt zum Einsatz, nachdem in den 1970er Jahren die Zölle in den einzelnen GATT Runden immer mehr abgebaut wurden.

Nicht tarifäre Handelshemmnisse sind beispielsweise Subventionen, Anti-Dumping-Verfahren sowie ökologische oder soziale Standards, welche für Produkte festgesetzt werden. Die Erfüllung dieser Standards muss von den jeweiligen Produzenten nachgewiesen werden. Ziel der Anwendung der Beschränkungen ist der Schutz bestimmter Branchen oder einzelner Unternehmen im eigenen Land. Im nachfolgenden Abschnitt wird deutlich, dass sich diese Instrumente zur Beschränkung der Einfuhr von Produkten aus anderen Ländern mit der aktuellen wirtschaftlichen Lage des Importlandes begründen lassen. Der Schutz eines Unternehmens, einer Branche oder eines Sektors, z. B. der Landwirtschaftssektor eines Landes durch außenpolitische Maßnahmen, wird als Protektionismus bezeichnet.

Die Vertreter des Konzeptes des Fairen Handels üben besonders an den protektionistischen Maßnahmen der Industrieländer Kritik, wenn diese den Handel von Entwicklungsländern im internationalen Handel einschränken. Das Konzept des Fairen Handels soll somit Produzenten (überwiegend Kleinfarmer) aus den Entwicklungsländern dabei unterstützen, sich verstärkt am internationalen Handel zu beteiligen. Im Folgenden werden das Welthandelssystem und dessen Entwicklung in den letzten Jahrzehnten dargestellt. Im zweiten Teil dieses Kapitels wird dann die Entwicklung des Welthandels analysiert. Dabei stehen die Entwicklungsländer im Mittelpunkt der Betrachtung.

2.1 Die Entwicklung der Struktur des internationalen Handels von 1929 bis heute

Die ersten Tendenzen einer Intensivierung des internationalen Handels und damit einer zunehmenden Verflechtung der Märkte kann man seit Ende des ausgehenden 19. Jahrhunderts feststellen. Die Entwicklung war vor allem durch die Liberalisierung der Märkte geprägt. Diese Entwicklung wurde jedoch durch die Weltwirtschaftskrise im Jahr 1929 in starkem Maße eingeschränkt. Die wachsenden nationalen Wirtschaftsprobleme führten zu einer Abkehr vom Handel auf den internationalen Märkten. Schutzmaßnahmen der eigenen Binnenmärkte waren die Konsequenz. Es wurden besonders tarifäre Handelshemmnisse, wie Zölle, eingesetzt. Neben dem Ziel, den Binnenmarkt vor ausländischen Produzenten zu schützen, waren Zölle zu diesem Zeitpunkt auch noch wichtige Einnahmequellen des Staates. Eine Folge davon war der Rückgang des Welthandels auf ein Sechstel des Standes vor 1929.[3] Diese Phase des verstärkten Protektionismus hielt bis zum Ende des Zweiten Weltkrieges an.

Noch während des Zweiten Weltkrieges kam es zu den berühmten Verhandlungen zwischen den Alliierten in Bretton Woods über die Gestaltung und Förderung der internationalen Handelsbeziehungen. Der Schwerpunkt dieser Verhandlungen lag auf der Konzipierung eines stabilen internationalen Währungssystems als wichtige Voraussetzung der Ausweitung des weltweiten Handels. Als Ergebnis dieser Verhandlungen wurden die internationalen Finanzinstitutionen, d. h. der Internationale Währungsfond (IWF) und die Weltbank (WB) als verantwortliche Institutionen zur Stabilisierung der internationalen Währungs- und Finanzpolitik gegründet.

---

3 Reichert, T.; Desai, J.: Die Welthandelsdebatte. Eine Herausforderung für den Fairen Handel. In: TransFair; Fair trade policy; H. 1; 1. Aufl.; Aachen 1999; S. 17.

Im Jahr 1946 folgte die internationale Konferenz für Handel und Beschäftigung. Das Ziel dieser Konferenz war, komplementär zu den internationalen Finanzinstitutionen, die Gründung einer Welthandelsorganisation. Dieses Vorhaben konnte jedoch nicht realisiert werden. Einige Staaten – besonders die USA – befürchteten einen zu großen Einfluss der geplanten Welthandelsorganisation auf die Souveränität der nationalen (Handels-)Politik. Als Minimallösung kam es im Jahr 1947 zur Gründung des „General Agreement on Tariffs and Trade (GATT)". GATT wurde zunächst von 23 Ländern unterzeichnet und trat 1948 in Kraft. Im Mittelpunkt von GATT standen Vereinbarungen über Zollsenkungen.[4] GATT war ursprünglich als eine Unterorganisation bzw. als ein Politikbereich der internationalen Handelsorganisation, d. h. der International Trade Organization (ITO), geplant. Die Bildung der internationalen Handelsorganisation zur Förderung des internationalen Handels scheiterte schließlich 1948 auf der Havanna-Konferenz.

Nach der Gründung von GATT wurden in den folgenden Jahrzehnten zahlreiche Handelsbarrieren abgeschafft. Dabei ging es besonders um ein Absenken des Zollniveaus. Diese Phase der zunehmenden Liberalisierung der Märkte hielt bis zum ersten Ölpreisschock im Jahr 1973 an. Im Rahmen der Verteuerung der Energiepreise verschlechterte sich die wirtschaftliche Lage der Öl importierenden Länder in starkem Maße. Die Reaktion der Regierungen dieser Länder war das Ergreifen von Schutzmaßnahmen, d. h. die verstärkte Einführung von Handelsbarrieren.

Da die Einführung neuer tarifärer Handelshemmnisse durch GATT untersagt war, wurden nun verstärkt nicht tarifäre Handelshemmnisse eingeführt. Hierzu gehörten z. B. auch die Anti-Dumping-Zölle (Ausgleich von Nachteilen, die durch Dumping ausländischer Anbieter entstehen). Während alle GATT-Mitglieder in den 1960er Jahren circa zwölf Anti-Dumping-Maß-nahmen pro Jahr einführten, waren es in den 1970er Jahren allein in den USA

---

4 Reichert; Desai; 1999; S. 17.

schon 35 Maßnahmen pro Jahr. Der Anteil der begründeten Anti-Dumping-Zölle ist dabei als gering einzuschätzen.[5]

Bis Anfang der 1980er Jahre hielt die Phase des Protektionismus an. Während der Uruguay-Runde (1986–1994) wurden die Verhandlungen über einen erneuten Zollabbau wieder aufgenommen. Neben der Forderung nach dem weiteren Abbau aller tarifären Handelshemmnisse wurde auch die Umwandlung der nicht tarifären in tarifäre Handelshemmnisse diskutiert, welche anschließend schrittweise abgebaut werden sollten. Diese Verhandlungen führten nur teilweise zum Erfolg. Zwar sanken nach der Uruguay-Runde die durchschnittlichen Zölle um 40% auf 3,9%. Es gibt jedoch bis heute eine Reihe von hohen Zöllen.[6]

Beispielsweise wurden die von den USA und der EU umgewandelten nicht tarifären Handelshemmnisse als tarifäre Handelshemmnisse höher angesetzt.[7] Als wichtigstes Ergebnis dieser Verhandlungsrunde wurde jedoch am 15.4.1994 die Gründung der World Trade Organization (WTO) initiiert. Sie trat am 1.1.1995 in Kraft. Dabei konnten auch die ehemaligen Kritiker wie die USA mit eingebunden werden. Das Ziel ist der Abbau von Handelshemmnissen, d. h. die Liberalisierung des internationalen Handels. Dabei geht sie weit über die Möglichkeiten von GATT hinaus, wie im Folgenden noch gezeigt wird. Als eigenständige Institution kann die WTO nationale Handelspolitiken und die Umsetzung von vereinbarten Maßnahmen überwachen und hat eine Vollmacht zur Durchsetzung ihrer Grundprinzipien. In der Präambel ist folgende Vereinbarung zu finden, die im Zusammenhang mit Fair Trade von hoher Relevanz ist:

---

5 Gould, D.M.; Gruben, W.C.: Will fair trade diminish free trade? In: Business Economics; Bd. 32; H. 2; 1997; S. 7-13.

6 Sautter, H.: Weltwirtschaftsordnung. Die Institutionen der Ökonomie; München 2004; S. 10.

7 Anderson, K.: The future agenda of the WTO; in: The WTO Secretariat (Hrsg.): From GATT to WTO: The Multilateral Trading System in the New Millenium; o.O. 2000; S. 14.

The *Parties* to this Agreement,

"Recognizing that their relations in the field of trade and economic endeavour should be conducted with a view to raising standards of living, ensuring full employment and a large and steadily growing volume of real income and effective demand, and expanding the production of and trade in goods and services, while allowing for the optimal use of the world's resources in accordance with the objective of sustainable development, seeking both to protect and preserve the environment and to enhance the means for doing so in a manner consistent with their respective needs and concerns at different levels of economic development."

Die WTO untergliedert sich in vier eigenständige Aufgabenbereiche. Wie in Abbildung 2-1 aufgezeigt wird, geht es dabei um folgende Aufgabenbereiche:

- General Agreement on Tariffs and Trade (GATT),
- General Agreement on Trade in Services (GATS),
- Dispute Settlement Board (DSB) und
- Trade-Related Aspects of Intellectual Property Rights (TRIP's).

Das GATT wurde bereits kurz erläutert. Bei dem General Agreement on Trade in Services (GATS) handelt es sich um ein Abkommen über den Handel mit Dienstleistungen. Das Agreement on Trade Related Aspects of Intellectual Property Rights (TRIP's) zielt auf den Schutz geistiger Eigentumsrechte wie Patente, Urheberrechte und Markenzeichen ab. Das TRIP's sichert somit die steigenden Kosten für die Schaffung von geistigem Eigentum bei der Teilnahme am internationalen Handel ab und fördert die Planungssicherheit bei Innovationen. Das Dispute Settlement Board (DSB) ist die Streitschlichtungsinstanz der WTO zur Beilegung strittiger handelsrechtlicher Fragen. Bei einem Verstoß gegen die Handelsregeln können die beteiligten Mitglieder Beschwerde beim DSB einreichen, woraufhin unabhängige Expertengremien die vorgelegten Fälle untersuchen und zu einer Schlichtung führen.

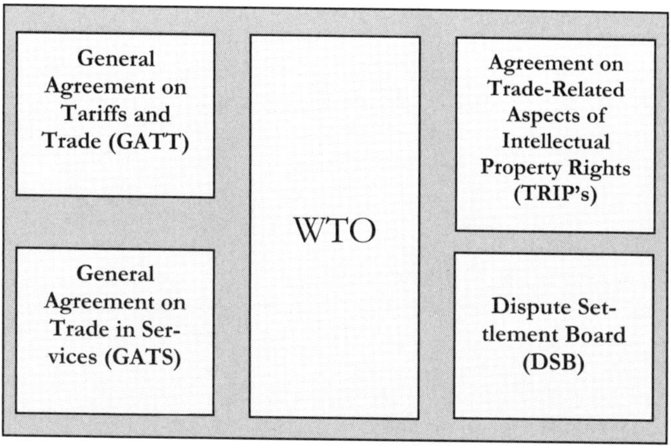

Abb. 2-1: Das Welthandelssystem[8]

Durch die Abkommen, die während der Uruguay-Runde getroffen wurden, kam es nach 1994 zu einer Reihe von weiteren Handelsliberalisierungen, die hier jedoch nicht aufgeführt werden sollen. Der WTO gehören gegenwärtig 153 Länder an, die 97% des Welthandels auf sich vereinen. Weitere 30 Staaten befinden sich in Beitrittsverhandlungen.[9] Der Anteil der Entwicklungsländer als Mitglieder der WTO liegt bei etwa zwei Drittel. Von den insgesamt 49 Least Developed Countries (LDC) sind 32 Länder Mitglied der WTO. Die aktuellste Verhandlungsrunde der WTO wird nach dem Ort ihres Verhandlungsbeginns „Doha-Runde" genannt. Ihr liegt die Doha Development Agenda (DDA) zugrunde. Diese Runde wurde im Jahr 2001 begonnen. Sie konnte jedoch nicht wie geplant im Jahr 2005 abgeschlossen werden. Sie wird im Folgenden ausführli-

8 Eigene Darstellung

9 WTO: International trade statistics, Geneve 2009.

cher vorgestellt, da sie die Konflikte zwischen Entwicklungs- und Industrieländern verdeutlicht.

Das Ziel der Doha-Runde ist die weitere Öffnung der internationalen Märkte und die Unterstützung der Entwicklungsländer bei der Integration in das Welthandelssystem. Besonders hervorzuheben ist, dass es bei der Doha-Runde erstmals zu einer expliziten Orientierung an der Situation der Entwicklungsländer kam. Im Vordergrund steht der Agrarsektor. Die Entwicklungsländer fordern einen besseren Marktzugang für ihre landwirtschaftlichen Produkte in Industrieländern. Dies soll durch einen Abbau von Importquoten und Zöllen, aber auch durch die Reduzierung der Subventionen im Agrarsektor der Industrieländer erreicht werden.

Die Ministererklärung, welche am 14.11.2001 in Doha verabschiedet wurde, beschreibt dies wie folgt:

"2. International trade can play a major role in the promotion of economic development and the alleviation of poverty. [...] The majority of WTO Members are developing countries. We seek to place their needs and interests at the heart of the Work Programme adopted in this Declaration. Recalling the Preamble to the Marrakesh Agreement, we shall continue to make positive efforts designed to ensure that developing countries, and especially the least-developed among them, secure a share in the growth of world trade commensurate with the needs of their economic development."[10]

Außerdem sollen die während der Verhandlungen neu festgelegten Liberalisierungsvereinbarungen für die Entwicklungsländer nur in angemessenem Maße gelten. Die Konferenz scheiterte jedoch im September 2003 im mexikanischen Cancún. Grund hierfür waren die für die Entwicklungsländer nicht zufriedenstellenden Verhandlungen zum Subventionsabbau in der Landwirtschaft der EU und der USA. Im Mai 2004 wurden die Verhandlungen auf Initiative der EU wieder aufgenommen. Doch auch dieser Versuch scheiterte.

---

10 WTO: Ministerial Declaration; Article 2; Doha 2001; S. 1.

Dennoch wurde von den damaligen 148 Mitgliedsländern eine Rahmenvereinbarung für die Fortsetzung der Runde verabschiedet. Zu den Inhalten dieser Vereinbarung zählen unter anderem die weitere Begrenzung der landwirtschaftlichen Beihilfen und das Auslaufen aller Exportsubventionen für landwirtschaftliche Produkte.

Auf der Ministerkonferenz der WTO in Hongkong im Dezember 2005 wurde festgelegt, dass bis zum Jahr 2013 alle landwirtschaftlichen Exportsubventionen abgeschafft werden sollen. Ein zusätzliches Maßnahmenpaket zielt darauf ab, dass besonders den LDC's ein quotenfreier Zugang zu allen Industrieländern und ausgewählten Schwellenländern gewährt wird. Die Ministerkonferenz in Hongkong wurde mit dem Beschluss, die aktuelle Entwicklungsrunde bis 2006 erfolgreich abzuschließen, beendet. Dieser Beschluss konnte jedoch nicht in die Realität umgesetzt werden, da es im Jahr 2006 weitere Uneinigkeiten bezüglich der Zollkürzungen bei Agrar- und Industriegütern und des Abbaus der Agrarbeihilfen gab.[11]

Im Februar 2007 folgte eine erneute Aufnahme der Verhandlungen. Es wurden Gespräche zwischen verschiedenen Ländern geführt. Die Handelsminister der G8-Staaten hatten sich den Abschluss der Doha-Runde bis Ende 2007 zum Ziel gesetzt. Der Vorsitzende der Agrarverhandlungen legte ein Diskussionspapier mit konkreten Zielvorgaben vor. Im Juni 2007 gab es ein weiteres Treffen der G4-Staaten (EU, USA, Brasilien und Indien). Auch diese Gespräche wurden aufgrund von Meinungsverschiedenheiten hinsichtlich der Agrarsubventionen vorzeitig und ohne Ergebnis abgebrochen. Der EU-Handelskommissar Peter Mandelson forderte im Gegenzug eine Marktöffnung der Schwellenländer für Industriegüter. Auch diese Gespräche wurden ergebnislos abgebrochen. Ein wesentlicher Grund hierfür war die Weigerung Indiens und Chinas, ihre Agrarmärkte zu öffnen. Es ging diesen Ländern darum, ihre Kleinfarmer

---

11 Auswärtiges Amt: Die WTO und die neue Handelsrunde; http://www.auswaertiges-amt.de/diplo/de/Aussenpolitik/Weltwirtschaft/WirtschaftEntwicklung/WTO.html; Stand: 24.02.2008.

vor der subventionierten Konkurrenz aus Industrieländern zu schützen.

Für Juli 2008 wurde daher ein weiteres Treffen in Genf vereinbart. Hauptziel dieser Verhandlungsrunde war nach dem WTO-Generalsekretär Pascal Lamy eine Senkung der Zölle und der Agrarsubventionen. Eine weitere Ministerkonferenz fand im Dezember 2009 statt. Hier wurde von allen Mitgliedern deutlich hervorgehoben, dass es das Ziel sein muss, die Doha-Runde erfolgreich abzuschließen. Auch im Jahr 2010 kam es in der Doha-Runde jedoch kaum zu Fortschritten, obwohl sich die WTO-Mitglieder der Doha-Runde im Prinzip zu Erfolgen verpflichtet fühlen. Die gegensätzlichen Positionen und das gestiegene Selbstbewusstsein einiger aufstrebender Entwicklungsländer hat eine Einigung der verschiedenen Lager bisher verhindert.

Ein weiteres wichtiges Strukturmerkmal des Weltwirtschaftssystems ist, dass sich neben der Etablierung der WTO verschiedene Integrationsräume gebildet haben, in denen sich Länder mit dem Ziel der Förderung gemeinsamer wirtschaftlicher Vorteile, besonders durch den Ausbau des Handels, zusammengeschlossen haben. Der am weitesten fortgeschrittene Integrationsraum ist die Europäische Union (EU), welche 1993 aus der Europäischen Wirtschaftsgemeinschaft (EWG) heraus entstanden ist. Ein wichtiges Ziel war, die Handelsbarrieren zwischen den Mitgliedsstaaten abzuschaffen, und die weiteren Ziele der Wirtschafts- und Währungsunion zu realisieren.

Gegenwärtig wickeln alle Mitgliedsländer der EU 67% der Exporte und 64% der Importe innerhalb der EU ab (im Jahr 2000 waren es 68% der Exporte und 64% der Importe). Daneben existieren noch eine Reihe weiterer Initiativen, wie z.B. das North American Free Trade Agreement (NAFTA), welches 1994 gegründet wurde. Zu den Mitgliedsländern zählen Mexiko, die USA und Kanada. Dieses Abkommen garantiert den Mitgliedern im Rahmen der Regularien einen freien Handel. Im Jahr 2009 wickelten diese Länder 48% der Exporte und 33% der Importe untereinander ab (im Jahr 2000 waren es 56% der Exporte und 40% der Importe).

Die südamerikanische Zollunion Mercado Común del Cono Sur (MERCOSUR) der Länder Argentinien, Paraguay, Uruguay und Brasilien entstand 1995 mit dem Ziel des Abbaus von Handelshemmnissen zwischen den Ländern in Südamerika. Der Anteil der Exporte und Importe der Länder zu den Mitgliedern der Zollunion ist sehr unterschiedlich. Zusammengefasst liefen im Jahr 2009 15,2% der Exporte und 17,2% der Importe innerhalb der Länder ab (im Jahr 2000 waren es 21% der Exporte und 20% der Importe). Die drei Integrationsräume EU, NAFTA und MERCOSUR vereinen 51,3% der weltweiten Exporte auf ihre Mitgliedsstaaten.[12] Daneben gibt es weitere bedeutende regionale Integrationsräume wie die „Association of South-East Asian Nations (ASEAN)", die ebenfalls einen starken Zuwachs des Handels zwischen den Mitgliedstaaten zu verzeichnen hat. Diese Zusammenschlüsse sollen hier jedoch nicht weiter vertieft werden.

Immer häufiger kommt es zu bilateralen Verhandlungen zwischen verschiedenen Nationen, weil die Verhandlungen innerhalb der WTO aufgrund der großen Anzahl der Mitglieder und deren unterschiedlicher Vorstellungen sehr schwierig und langwierig sind. Von einigen Ökonomen wird diese Tendenz kritisiert. Durch die bilateralen Abkommen werden zwar Handelsbarrieren abgebaut, von denen profitieren jedoch nur die beteiligten Länder. Die Vielzahl an unterschiedlichen Barrieren erschwert somit den Handel zwischen den Nationen und ist nach Aussage der meisten Ökonomen für den internationalen Wettbewerb und nicht zuletzt auch für die Autorität der Welthandelsorganisation als Institution von Nachteil.[13]

Das Geschehen auf den internationalen Märkten wird neben den einzelnen Ländern zunehmend auch von multinationalen Unternehmen beeinflusst. Durch die Liberalisierung der Märkte und die

---

[12] World Trade Organization: International trade statistics; Genf 2010; S. 178.

[13] Fischermann, T.: Zu zweit gegen den Rest der Welt; in: Die Zeit; H. 48; 2003; S. 28.

Intensivierung des Welthandels kommt es verstärkt zu grenzüberschreitenden Zusammenschlüssen von Unternehmen.[14] Die daraus entstandenen multinationalen Unternehmen (Global Player) wirken in hohem Maße auf den internationalen Wettbewerb ein. Es gibt heute etwa 70.000 multinationale Unternehmen, denen 850.000 Tochterfirmen angegliedert sind. Ein wesentlicher Teil des internationalen Handels – mit steigender Tendenz – wird ganz wesentlich von diesen Unternehmen beeinflusst. Die Umsätze einiger dieser Konzerne, wie Exxon Mobil (310,8 Mrd. USD) oder Wal Mart Stores (404,4 Mrd. USD), übersteigen bereits das BIP vieler Entwicklungsländer.[15]

Ein weiteres Strukturmerkmal ist, dass sich die Verteilung des Welthandels auf die unterschiedlichen Sektoren (primärer, sekundärer und tertiärer Sektor) in den letzten Jahrzehnten stark verändert hat. Diese Struktur ist für die Mehrzahl der Entwicklungsländer in hohem Maße relevant. In den nachfolgenden Abbildungen 2-2 und 2-3 ist zu erkennen, wie sich die Weltexporte gegenwärtig auf die einzelnen Sektoren verteilen. Anschließend wird die Verteilung auf die einzelnen Länder bzw. Ländergruppen aufgezeigt.

---

[14] Enquete-Kommission : Schlussbericht. Globalisierung und Weltwirtschaft – Herausforderungen und Antworten; Waren- und Dienstleistungsmärkte; Berlin 2002; S. 160.

[15] Fortune Global 500; http://money.cnn.com/magazines/fortune/global500/2010/full_list/index.html; Stand: 20.08.2007. Vgl. International Monetary Fund: Data and Statistics;
www.imf.org /external/data.htm#data; Stand: 17.01.2011.

	1997	2002	2005	2008
Waren	5.300 (80,2%)	6.270 (80,0%)	10.159 (81%)	15.330 (80%)
Landwirtschaft	580 (8,7%)	583 (7,43%)	852 (6,8%)	1.342 (7%)
Bergbau (einschl. Öl)	598 (9%)	790 (10%)	1.748 (13,9%)	3.530 (18,5%)
Industriegüter	3.927 (59,4%)	4.709 (60%)	7.312 (58,2%)	10.458 (55%)
andere	195 (2,9%)	188 (2,4%)	247 (2%)	
Dienstleistungen	1.310 (19,8%)	1.570 (20%)	2.415 (19%)	3.780 (20%)
Gesamt	6.610 (100%)	7.840 (100%)	12.574 (100%)	19.110 (100%)

Abb. 2-2: Weltexporte in den Jahren 1997, 2002, 2005 und 2008 (Mrd. USD und Anteil in Prozent)[16]

---

[16] World Trade Organization: International trade statistics; Genf 2003; S. 2, 103; Annual Report; Genf 1998; S. 11; Eigene Berechnungen. World Trade Organization: International trade statistics; Genf 2006; S. 108-109. World Trade Organization: International trade statistics; Genf 2009; S. 41, 121.

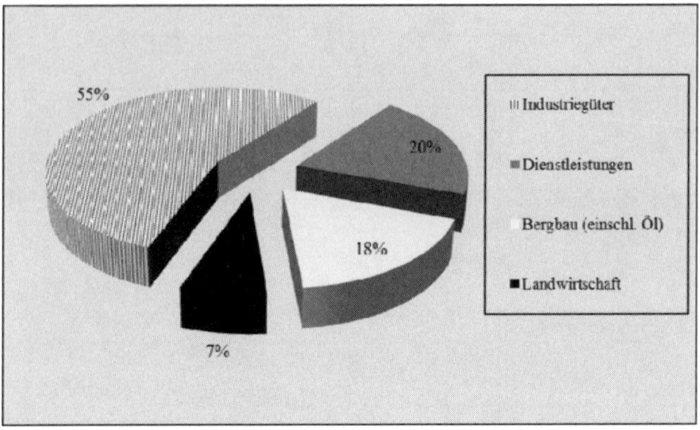

Abb. 2-3: Prozentuale Anteile der Sektoren an den Weltexporten 2008[17]

Im Sinne einer wertmäßigen Betrachtung wird deutlich, dass der sekundäre Sektor, also der Handel mit Industriegütern, den größten Anteil am Welthandel ausmacht. Auf den Agrar- und Rohstoffhandel entfallen gegenwärtig 7% des internationalen Handels, während der Anteil dieses Sektors am weltweiten Handel im Jahr 1950 beispielsweise noch 47% betrug.[18] Der Handel innerhalb dieses Sektors nimmt sonst bei der Analyse der gesamten Weltexporte nur noch einen geringen Anteil ein. Der Handel mit Agrarprodukten und Rohstoffen hat jedoch für viele Entwicklungsländer immer noch eine große Bedeutung.

---

[17] World Trade Organization: International trade statistics; Genf 2003; S. 2, 103; Annual Report; Genf 1998; S. 11; Eigene Berechnungen. World Trade Organization: International trade statistics; Genf 2006; S. 108-109. World Trade Organization: International trade statistics; Genf 2009; S. 41, 121.

[18] World Trade Organization: AD Initiations: By Level of Development; 2001; http://www.wto.org/english/tratop_adp_e/adp_stat; tab5_e.pdf; Stand 10.01.2005.

Es konnte gezeigt werden, dass die Struktur des Welthandelssystems bisher nicht zu einer Integration der großen Mehrzahl der Entwicklungsländer beigetragen hat. Es wurden primär externe Ursachenfaktoren identifiziert. Im Kontext der externen Ursachenfaktoren sollte jedoch die Globalisierung nicht per se verantwortlich gemacht werden. Das Problem sieht beispielsweise Stiglitz in der Ausgestaltung der Globalisierung. Die „unsichtbare Hand", die von Adam Smith als Steuerungsmechanismus hervorgehoben wurde, funktioniert nach Stiglitz zumindest für viele Entwicklungsländer nicht.[19]

Handel könnte im Prinzip zur Entwicklung aller beitragen, wenn er unter fairen Rahmenbedingungen stattfinden würde. Dazu bedarf es jedoch einer Umgestaltung des vorherrschenden Regelwerks. Auf der globalen Ebene müssen Handelsschranken besonders für jene Güter fallen, bei denen Entwicklungsländer komparative Vorteile haben und diese wegen der Handelshemmnisse der Industrieländer nicht nutzen können. Die ungleiche Behandlung der einzelnen Entwicklungsländer und Lösungswege werden im Human Development Report 2005 sehr differenziert aufgezeigt.[20] Auf der einzelwirtschaftlichen Ebene müssen die Produzenten in Entwicklungsländern besser in die Wertschöpfungsketten eingebunden werden, was jedoch im Kontext der Struktur des Welthandelssystems nicht möglich erscheint. Die Globalisierung ist daher fehlgesteuert und hat die einzelnen Volkswirtschaften in eine Weltwirtschaft transformiert, in der ein starkes Ungleichgewicht vorherrscht.[21]

In diesem Zusammenhang sollten jedoch die internen Ursachenfaktoren mangelnder Entwicklung besonders ländlicher Regionen nicht vernachlässigt werden. Es reicht nicht aus, den Industrieländern alleine die Verantwortung für die ungleichgewichtige Welthandelsstruktur anzulasten. Regierungen in vielen Entwicklungsländern sind

---

[19] Stiglitz, J.: Die Schatten der Globalisierung, Berlin 2002, S .36 ff

[20] UNDP: Human Development Report 2005, New York 2005

[21] Stiglitz, J.; Charlton, A.: Fair Trade for all – How Trade can Promote Development, New York 2005, S. 11 ff.

große Versäumnisse vorzuhalten, die am Ende des folgenden Abschnitts aufgeführt werden. Die politischen Versäumnisse führten besonders zu einer unbefriedigenden Entwicklung ländlicher Regionen und dem unbefriedigenden Export ländlicher Erzeugnisse.

2.2 Die aktuelle Position der Entwicklungsländer im Welthandel

Die Entwicklung des Welthandels ist in starkem Maße durch die Globalisierung geprägt, die sich durch eine zunehmende Liberalisierung der Märkte auszeichnet. Das hat neben anderen Faktoren, wie dem Zusammenbruch des Ostblocks, zu einer starken Dynamik des Welthandels geführt. Die sich immer weiter entwickelnden Informations- und Kommunikationstechnologien tragen noch zu sinkenden Kommunikationskosten bei. Aber auch der Ausbau der Infrastruktur in vielen Industrie- und Entwicklungsländern und die steigende Effizienz der Transportmittel haben zu sinkenden Transportkosten geführt, die ebenfalls zur Dynamik des Welthandels beitragen.

Der Welthandel ist jedoch – wie schon kurz aufgezeigt – nicht gleichgewichtig über den Globus verteilt. Ein wichtiges Merkmal des Welthandels ist vielmehr die ungleichgewichtige Verteilung zwischen vielen Entwicklungs- und Industrieländern, aber auch zwischen bestimmten Regionen. Die Ungleichgewichtigkeit wird also nicht ausschließlich durch Ländergrenzen festgelegt. Einen ersten Eindruck der Ungleichverteilung vermittelt das folgende Schaubild 2-4: Es hat sich eine Triade gebildet, zu der Nordamerika, Europa (besonders die EU) und Asien gehören.

In Asien gibt es jedoch nur wenige Länder (besonders die ostasiatischen Länder), die maßgeblich zum asiatischen Welthandel beitragen. Die anderen Regionen wie Afrika oder auch Südamerika sind bisher am Welthandel nur in relativ geringem Maße beteiligt. Aus dem Schaubild 2-4 ist auch der starke innereuropäische Handel zu erkennen. Für die Zukunft ist jedoch zu erwarten, dass sich die Verteilung des Welthandels verändert: Die fünf BRICS-Staaten (Brasilien, Russland, Indien, China und Südafrika) werden nach Auffassung vieler Experten ganz wesentlich an Bedeutung gewinnen.

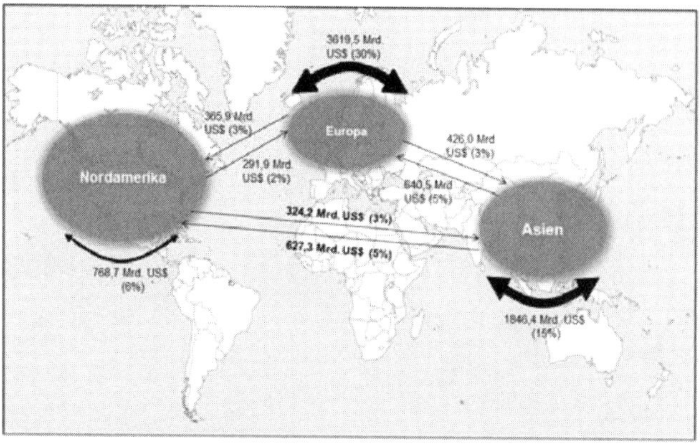

Abb. 2-4: Hauptströme des Welthandels innerhalb der Triade im Jahr 2009[22]

Der internationale Handel ist in den letzten Jahrzehnten stark angestiegen und schneller gewachsen als die weltweite Produktion. Einige wenige Entwicklungsländer haben an dem Wachstum des Welthandels erfolgreich teilgenommen. Heute kommt bereits ein Drittel der Weltexporte aus der Gruppe der Entwicklungsländer. Vor 20 Jahren waren es noch etwa 20%.[23] Hierbei ist jedoch – wie schon erwähnt – zu berücksichtigen, dass es nur wenigen Entwicklungsländern gelang, sich stärker in den Welthandel zu integrieren. In den Abbildungen 2-5 und 2-6 wird die Entwicklung der prozentualen Anteile der einzelnen Regionen an den Warenexporten aufgezeigt. Die Abbildung 2-5 zeigt sehr deutlich die ungleichge-

---

[22] Eigene Darstellung. Datengrundlage WTO (2010), Table A2.

[23] Immel, K. A. (DWHH): Afrikas Anteil am Welthandel; 2004; www.welthungerhilfe.de/WHHDE/aktuelles/infografiken/texte/afrika_handel_doc.doc; Stand: 22.04.2005.

wichtige Situation. So liegt Europa weit vor Asien und Nordamerika. Während der Anteil Europas seit Beginn der 1960er Jahre relativ konstant zwischen 42% und 47% liegt, steigt der Anteil Asiens jedoch seit 1963 kontinuierlich an. Dagegen sinkt der Anteil Nordamerikas seit 1953 ständig.

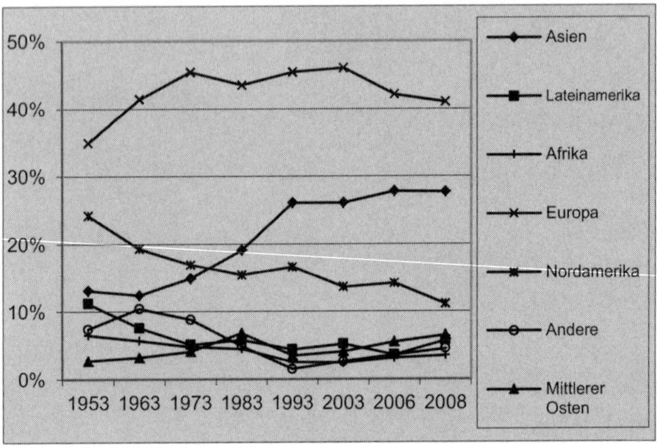

Abb. 2-5: Prozentualer Anteil an den Weltexporten (Waren) 1953-2008 nach Regionen[24]

Vergleicht man die drei „Entwicklungskontinente" Asien, Lateinamerika und Afrika, so lassen sich ganz unterschiedliche Entwicklungstrends feststellen. Für Asien gilt, dass der Anteil am Welthandel seit 1960 stark angestiegen ist. Dagegen sind die Anteile Lateinamerikas und auch Afrikas im Durchschnitt seit dem Beginn der 1950er Jahre zunächst leicht gefallen und erst in den letzten Jahren leicht gestiegen. Sie befinden sich jedoch weiterhin auf einem niedrigen Niveau.

---

[24] World Trade Organization: International Trade Statistics; Genf 2006-2009; Eigene Berechnungen.

Es sollte jedoch noch einmal erwähnt werden, dass sich die Situation zwischen den Ländern Asiens sehr unterschiedlich darstellt. Es sind nur wenige Länder, die zu dem Zuwachs des asiatischen Welthandelsanteils wesentlich beigetragen haben. Zu nennen sind besonders Japan und die vier asiatischen Tigerstaaten (Südkorea, Hongkong, Singapur und Taiwan). In den letzten Jahren kamen in zunehmendem Maße noch China und auch Indien hinzu. Aber gerade bei China und Indien ist festzustellen, dass die einzelnen Regionen der beiden Länder sehr unterschiedlich zum Welthandel beitragen, was häufig übersehen wird: In diesen Ländern besteht eine große regionale Ungleichverteilung hinsichtlich des Beitrages zum Welthandel.

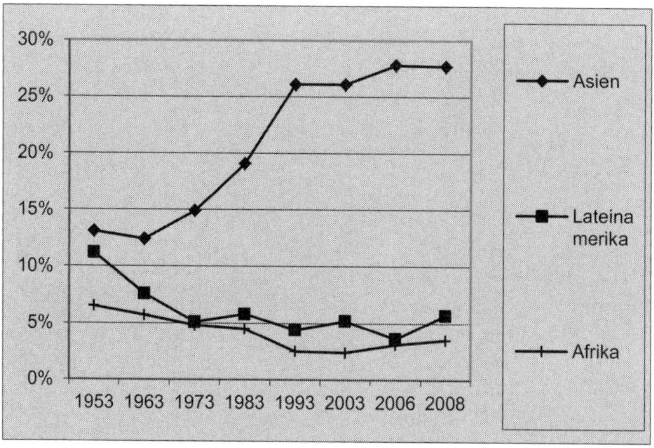

Abb. 2-6: Prozentualer Anteil an den Weltexporten (Waren) 1953-2008 (Asien, Lateinamerika, Afrika)[25]

[25] World Trade Organization: International Trade Statistics; Genf 2006-2009. Eigene Berechnungen.

Fragt man nach den Ursachen des steigenden Anteils einiger asiatischer Länder am Welthandel, so lässt sich feststellen, dass sie durch die Öffnung ihrer Märkte und einer sich dynamisch entwickelnden Weltwirtschaft aktiv am Globalisierungsprozess teilnehmen und ihre gesamtwirtschaftliche Entwicklung verbessern konnten. Hierzu gehören, auch in geringerem Maße als die schon genannten Länder, Malaysia, Thailand und die Philippinen. Das lässt sich weiterhin damit erklären, dass sich die Exporte dieser Länder in zunehmendem Maße auf Produkte des verarbeitenden Gewerbes konzentrieren.

Die ungleiche Verteilung der Globalisierungsgewinne in den aufstrebenden asiatischen Ländern führt jedoch auch in zunehmendem Maße, z. B. in China und Indien, zu sozialen Spannungen. Auch die Umweltbelastungen sind mit den Globalisierungsgewinnen stark gestiegen. Daher partizipiert die Bevölkerung an den Globalisierungsgewinnen in sehr unterschiedlichem Maße. Oder in anderen Worten: Die Entwicklung entspricht nicht dem Leitbild nachhaltiger Entwicklung.

Für die Länder Lateinamerikas kam es zu einem sehr dynamischen Liberalisierungsprozess, der zu hohen Anpassungskosten führte. Ökonomische Instabilität und eine ungleiche Einkommensverteilung sind in vielen Ländern noch heute die Folge. Für den afrikanischen Kontinent stellten besonders die schlechten Transportwege, die fehlende Kommunikationsinfrastruktur und die Instabilität einiger politischer Systeme Barrieren bei einer Integration in den Welthandel dar.[26] In einem Großteil der Länder Afrikas nahm die Verarmung der Bevölkerung zu und der Anteil an den Weltexporten fiel auf etwa 3%. Die Exporte dieser Länder konzentrieren sich auf Primärgüter (Rohöl, Erze, landwirtschaftliche Produkte wie Baumwolle, Kaffee und Kakao).[27] Die Anteile der einzelnen Län-

---

[26] Immel; 2004

[27] Nübler, I.: Die Wirkungen der Globalisierung auf die Entwicklungsländer; in: Mummert, U.; Sell, F.-L. (Hrsg.): Globalisierung und

dergruppen an den weltweiten Im- und Exporten sind in der folgenden Abbildung 2-7 und 2-8 für das Jahr 2009 dargestellt.

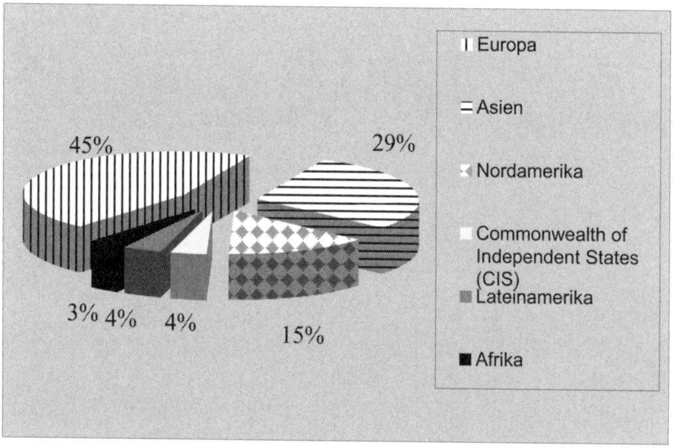

Abb. 2-7: Verteilung der Exporte (Waren und Dienstleistungen) im Jahr 2009 in Prozent[28]

---

nationale Entwicklungspolitik. Schriften zur internationalen Wirtschaftspolitik; Münster 2003; S. 37-38.

[28] World Trade Organization, http://www.wto.org/english/news_e/pres10_e/pr598_e.htm; Stand: 08.07.2010

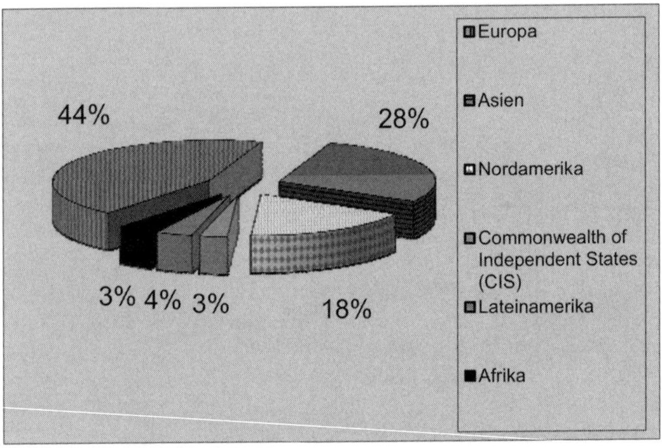

Abb. 2-8: Verteilung der Importe (Waren und Dienstleistungen) im Jahr 2009 in Prozent[29]

Die Regionen Nordamerika (Kanada und USA) und Europa hatten im Jahr 2009 einen Anteil von 60% der Exporte und einen Anteil von 62% der Importe auf sich vereint. Die verbleibenden Anteile von 40% bzw. 38% verteilen sich z. T. mit sehr geringen Quoten auf die Vielzahl der übrigen Länder. In Abbildung 2-9 und 2-10 wird noch einmal die Verteilung der Warenexporte bzw. der Warenimporte für die beiden Jahre 1953 und 2008 deutlich. Im Jahr 1953 verteilten sich 78 % der Exporte und 79% der Importe auf die Regionen Europa, Asien und Nordamerika.

In den Folgejahren nahmen diese Regionen im Warenhandel weiterhin an Bedeutung zu. Im Jahr 2008 fielen 84% der Warenexporte und 89% der Warenimporte auf diese Länder. Der gesamte Warenexport stieg zwischen den Jahren 1953 bis 2008 von 84 Milliarden

---

29 World Trade Organization, http://www.wto.org/english/news_e/pres10_e/pr598_e.htm; Stand: 08.07.2010.

USD auf 15.717 Milliarden USD. Die Importe an Waren stiegen in diesen Jahren von 85 Milliarden USD auf 16.127 Milliarden USD. An diesem Beispiel wird die dynamische Entwicklung des internationalen Handels auch unter Berücksichtigung des Rückgangs in dem Krisenjahr 2009 noch einmal sehr deutlich. Dabei sollte jedoch die Abhängigkeit von äußeren Faktoren wie der internationalen Finanzkrise nicht vernachlässigt werden.

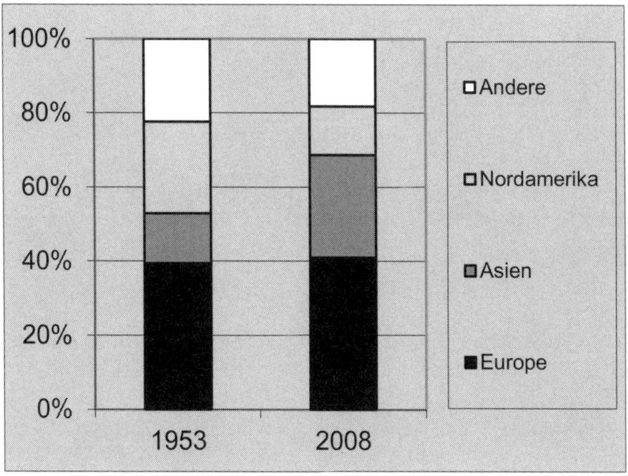

Abb. 2-9: Verteilung der Warenexporte in den Jahren 1953 und 2008[30]

[30] World Trade Organization: International Trade Statistics; Geneve 2009; S. 10.

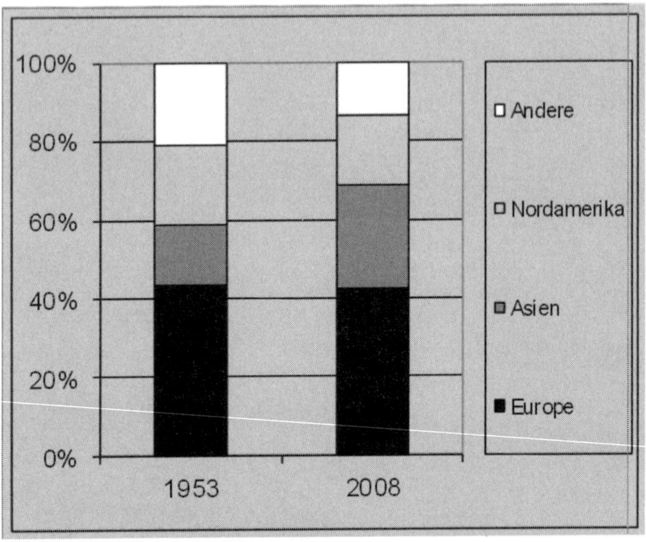

Abb. 2-10: Verteilung der Warenimporte in den Jahren 1953 und 2008[31]

Die Verteilung des Welthandels wird noch ungleichgewichtiger, wenn man von der bisher gewählten und üblichen Differenzierung abweicht. Untergliedert man die Länder nach den drei Gruppen „Developed Countries“, „Developing Countries“ und „Least Developed Countries“ so ergibt sich folgende Verteilung: Im Jahr 2009 hatten die „Developed Countries“ einen Anteil von 64% am internationalen Handel, die „Developing Countries“ einen Anteil von 35% und die „Least Developed Countries“ einen Anteil von 1%. Bei den ärmsten Entwicklungsländern (Least Developed Countries) handelt es sich um 49 Länder. Die Zusammensetzung dieser Gruppe hat sich in den vergangenen Jahren kaum geändert. Das bedeu-

---

[31] World Trade Organization: International Trade Statistics; Geneve 2009; S. 11.

tet, dass diese Länder schon seit vielen Jahren nur ganz geringfügig am Welthandel beteiligt sind. Daraus begründet sich, dass diesen Ländern hinsichtlich einer Integration in den Welthandel besondere Aufmerksamkeit zukommen sollte.

Im Kontext von Fair Trade ist es notwendig, weiterhin die regionale Verteilung der landwirtschaftlichen Produkte näher zu betrachten. Die folgenden Abbildungen 2-11 und 2-12 zeigen den wertmäßigen Anteil (in absoluten Werten und prozentualen Anteilen) der Exporte von Primärgütern (landwirtschaftliche Produkte) verschiedener Regionen. Der größte Anteil geht auf Europa zurück (47% im Jahr 2005).

	2003	+	2004	+	2005	+	2006	+	2009
Welt	681	15%	783	9%	852	11%	945	23%	1169
Nordamerika	115	14%	131	4%	137	11%	152	17%	178
Zentral- und Südamerika	67	20%	80	17%	94	10%	102	36%	139
Europa	323	14%	368	8%	396	10%	436	21%	528
GUS	19	26%	24	11%	27	12%	30	31%	39
Afrika	24	19%	28	15%	32	-1%	32	22%	39
Mittlerer Osten	8	11%	9	33%	12	11%	14	30%	18
Asien	121	18%	143	8%	154	16%	179	26%	225

Abb. 2-11: Absoluter und prozentualer Anstieg der Exporte des primären Sektors (in Mrd. USD und %) 2003-2009[32]

[32] World Trade Organization: International trade statistics 2005; Genf 2005; S. 46–86; S. 113; International trade statistics 2006; Genf 2006; S.111 and International Trade Statistics 2007; Genf 2007; S. 47, World Trade Organization: World Trade Report 2011; Genf; S. 217ff.

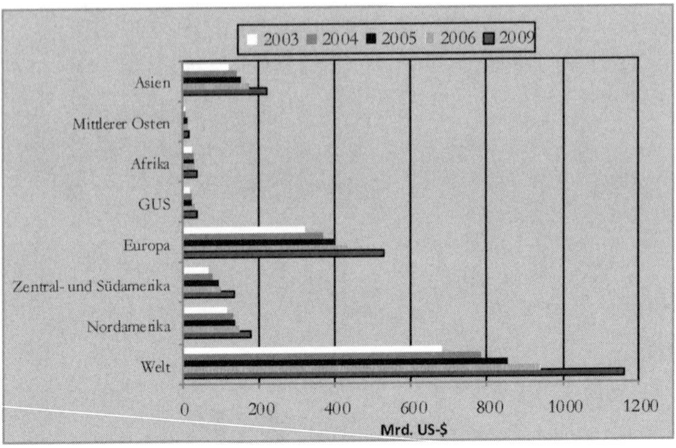

Abb. 2-12: Wachstum der Exporte von Gütern des primären Sektors nach Regionen in Mrd. USD 2003-2009[33]

Daraus ergibt sich als ein erstes Resümee, dass die Mehrzahl der Entwicklungsländer eine geringe Bedeutung hinsichtlich der Teilnahme am internationalen Handel aufweist. Hierfür gibt es eine Vielzahl von Ursachenfaktoren, die man in interne und externe Ursachenfaktoren unterscheiden kann. Zunächst werden einige interne Ursachenfaktoren genannt. Entwicklungsländer und besonders die LDCs

- verfügen nur in geringem Maße über Humankapital,
- haben qualitativ und quantitativ unzureichende Produktionskapazitäten,
- verfügen über schwache Institutionen,

---

[33] World Trade Organization: International trade statistics 2005; Genf 2005; S. 46–86; S. 113; International trade statistics 2006; Genf 2006; S. 111 and International Trade Statistics 2007; Genf 2007; S. 47, World Trade Organization: World Trade Report 2011; Genf; S. 217ff.

- weisen eine schlechte geografische Lage (schlechte Böden, häufige Naturkatastrophen) und eine unzureichende Infrastruktur auf,
- haben ein unzureichendes Gesundheitswesen,
- kaum diversifizierte Branchen,
- einen begrenzten Zugang zu sozialen Dienstleistungen und
- einen unzureichenden Zugang zu Informations- und Kommunikationstechnologien.[34]

Hinzu kommt noch eine unzureichende Energieversorgung, die in den benachteiligten ländlichen Regionen besonders ausgeprägt ist. Daraus erklärt sich, dass viele Menschen, trotz steigenden Wirtschaftswachstums im informellen Sektor darum bemüht sein müssen, ein Einkommen zu erzielen und damit zu überleben. Der informelle Sektor bleibt, gerade auch im Kontext des internationalen Handels, „im unbedeutenden Abseits“.

Nun geht es um externe Ursachenfaktoren: Die Globalisierung hat insgesamt zu einer stärkeren Verflechtung des weltweiten Handels geführt, an dem auch Entwicklungsländer direkt oder z. B. als Produktionsstandorte internationaler Unternehmen teilhaben können. Das hat jedoch bei den meisten Entwicklungsländern nicht zu der Ungleichheit des Welthandels geführt. So ist beispielsweise bei den Anteilen an den Wertschöpfungsketten immer noch eine große Ungleichverteilung festzustellen.[35] Hinzu kommt, dass die Möglichkeiten der Entwicklungsländer, Primärprodukte zu exportieren, durch Industrieländer beeinträchtigt werden: Das Zollniveau der Industrieländer für einige Produkte aus Entwicklungsländern ist hoch. Aber auch nicht tarifäre Handelshemmnisse, wie Subventionen, beeinträchtigen den Handel. Das betrifft vor allem landwirt-

---

[34] Stiglitz; Charlton; 2005.; S. 87.

[35] Sachs, W. et al.: Die zwei Ebenen einer gerechten Weltwirtschaft-Oder warum FAIRTRADE heute besonders wichtig ist. In: Eigner, C. et al. (Hrsg.): UN/Fair Trade – Die Kunst der Gerechtigkeit, Wien 2008, S. 192-201.

schaftliche Produkte und Textilien. Die Zölle der Industrieländer für Landwirtschaftsprodukte übersteigen die durchschnittlichen Zölle der Industriewaren aus diesen Ländern um das Fünffache.[36]

Weitere Maßnahmen der Industrieländer zum Schutz ihrer eigenen Märkte sind sehr häufig Anti-Dumping-Zölle. Nach Artikel 6 des GATT und dem ergänzenden Anti-Dumping-Abkommen gibt es für Länder die Möglichkeit der Einführung eines Importzolls, wenn der Preis eines zu importierenden Gutes unter dem Preis des Gutes im Exportland liegt. Alle Anti-Dumping-Maßnahmen müssen durch einen umgehenden und detaillierten Bericht an das Komitee der WTO bekannt gegeben werden. Die Regierung des jeweiligen Landes muss darlegen, dass ein Fall von Dumping vorliegt, welche bestimmte Sektoren der eigenen Wirtschaft merkbar schädigt.

Das bedeutet insbesondere, dass die Dumpingmarge (der prozentuale Anteil, um den der eigentliche Preis des Produktes den Importpreis übersteigt) über 2% liegt und das Gesamtvolumen des importierten Gutes aus dem jeweiligen Land mehr als 3% der gesamten Importe dieses Gutes ausmacht. Neben der Bestimmung des üblichen Produktpreises nach dem Binnenmarkt des Exportlandes gibt es zwei weitere Möglichkeiten der Berechnung. Der Preis, welcher für das Produkt auf einem anderen Markt verlangt wird, kann als Richtgröße verwendet werden. Die dritte Möglichkeit ergibt sich aus der Berechnung von Produktionskosten, sonstigen Kosten und einer angemessenen Profitmarge.[37]

Anti-Dumping-Maßnahmen werden oft genutzt, um die eigenen Produzenten und deren Erzeugnisse vor der ausländischen Konkurrenz zu schützen. Das hat zur Folge, dass Entwicklungsländer ihre Produkte langwierigen Kontrollen unterziehen müssen oder

---

[36] World Bank: World Development Report 2000/2001. Attacking Poverty; Washington 2001; S. 180.

[37] World Trade Organization: Understanding the WTO: The Agreements; http://www.wto.org/english/thewto_e/whatis_e/tif_e/agrm8_e.htm; Stand: 16.04.2005.

diese erst gar nicht auf den Märkten der Industrieländer anbieten können. Für die Produzenten dieser Güter entstehen aus diesem beschränkten Marktzugang große Nachteile. In der Summe ergeben sich für die Entwicklungsländer zahlreiche Hemmnisse, die es den Produzenten erschweren, auf dem internationalen Markt aktiv zu werden und mit Produkten aus den Industrieländern zu konkurrieren. In Verhandlungen mit der WTO fällt es vielen Entwicklungsländern schwer, ihre Position erfolgreich zu vertreten. Neben der mangelnden Erfahrung im Umgang mit dieser Institution beschränkt auch die geringe Verfügbarkeit finanzieller Mittel den Handlungsspielraum der Entwicklungsländer.

Während die Industrienationen eine Vielzahl von Experten zu den WTO-Verhandlungen schicken können, ist das Budget der Entwicklungsländer auch in diesem Zusammenhang begrenzt. Das hat zur Folge, dass nur eine geringe Anzahl an Delegierten zu Verhandlungen und Ausschüssen geschickt werden können.[38] Daraus leitet sich Handlungsbedarf auf der Seite der Industrienationen gegenüber den Entwicklungsländern ab. Möglichkeiten zur Unterstützung bieten sich in Form der Entwicklungspolitik der Industrieländer und in Projekten der Entwicklungszusammenarbeit. Der Faire Handel ist dabei eine Option zur Verbesserung der Lebensbedingungen von Kleinproduzenten in Entwicklungsländern.

Die ungleichen Handelsstrukturen führten – wie zu erwarten war – bei der Entwicklung des internationalen Handels zu einem starken Ungleichgewicht. Die Analyse des Welthandels auf der Grundlage der empirischen Erkenntnisse zeigt, dass es bisher nur wenigen Ländern gelungen ist, sich erfolgreich in die Handelsbeziehungen zu integrieren. Vielfach gibt es hierzu eine Kontroverse, ob primär die internen oder die externen Ursachenfaktoren für diese Situation verantwortlich sind. Die Kontroverse trägt jedoch wenig zu einer Lösung des Problems bei, da die betroffenen Gruppen, wie die Kleinfarmer, von der Kontroverse nicht profitieren, sondern nur

---

[38] Sautter; 2004; S. 328ff.

von der Veränderung der Lebensbedingungen. In der Regel handelt es sich um eine Kombination aus internen und externen Ursachenfaktoren.

Es sollte daher mit den Lösungsansätzen begonnen werden, die schon am Ende des Abschnitts 2.1 kurz aufgezeigt wurden: Abbau von Handelshemmnissen zugunsten der Entwicklungsländer und Einbeziehung der Kleinproduzenten in Entwicklungsländern in die globalen Wertschöpfungsketten. Die Doha-Verhandlungen haben die Probleme sehr deutlich gemacht und zeigen, wie schwer sich Entwicklungs- und Industrieländer mit Lösungen tun.[39] Die internen Ursachenfaktoren müssen die Entwicklungsländer gegebenenfalls mit Unterstützung entwicklungspolitischer Maßnahmen aus den Industrieländern selber lösen.

---

39 Stiglitz; Charlton; 2005; S. 57 ff.

3 Anforderungen des Paradigmas nachhaltiger Entwicklung an den internationalen Handel

Es ist auffällig, dass Fair Trade zwar einen klaren Bezug zu dem Paradigma nachhaltiger Entwicklung hat, dieser Bezug bisher jedoch inhaltlich kaum konkretisiert wurde. Daher werden die Anforderungen nachhaltiger Entwicklung an den internationalen Handel in diesem Kapitel ausführlich behandelt. Entsprechend dem Leitbild nachhaltiger Entwicklung haben nach der Agenda 21 die internationalen Wirtschaftsbeziehungen eine große Bedeutung. Das gilt besonders für die Entwicklungsländer.

„Sowohl die Wirtschaftspolitik einzelner Länder als auch die internationalen Wirtschaftsbeziehungen sind für eine nachhaltige Entwicklung enorm wichtig. Um die Entwicklung neu zu beleben und voranzutreiben, bedarf es dynamischer und kooperativer internationaler wirtschaftlicher Rahmenbedingungen und einer entschlossenen Wirtschaftspolitik auf nationaler Ebene. Ist eine dieser beiden Vorgaben nicht erfüllt, sind alle Bemühungen zwecklos. Günstige außenwirtschaftliche Rahmenbedingungen sind hierbei von entscheidender Bedeutung.“[40]

Im Kontext des internationalen Handels sind als wichtige Akteure die Handel treibenden Unternehmen, Handelsgesellschaften, aber auch Interessenverbände der Unternehmen und Banken zu nennen. Auf nationaler Ebene sind es die Regierungen, die Außenhandelspolitik betreiben. Aber auch Staatenverbünde, wie die EU, nehmen Einfluss auf den internationalen Handel. Weiterhin gibt es internationale Organisationen, die Einfluss auf den internationalen Handel

---

[40] Bundesministerium für Umwelt, Naturschutz und Reaktorsicherheit: Agenda 21, S. 5.

nehmen. Besonders hervorzuheben ist die Welthandelsorganisation (WTO), die sich in ihrer Präambel eindeutig zu dem Leitbild nachhaltiger Entwicklung bekennt. Die verschiedenen Akteure gestalten die Rahmenbedingungen bzw. nehmen darauf Einfluss. Daher geht es nun zunächst darum, die grundsätzlichen Anforderungen bzw. konstitutiven Merkmale nachhaltiger Entwicklung aufzuzeigen. Hierbei lässt sich dann bewerten, in welchem Maße die in Kapitel 2 aufgezeigte Struktur des Welthandelssystems und die Entwicklungstendenzen des internationalen Handels diesen Anforderungen entsprechen. Im folgenden Kapitel, das sich mit dem Konzept des Fairen Handels beschäftigt, wird dann analysiert, ob dieses Konzept den Anforderungen nachhaltiger Entwicklung entspricht bzw. den Anforderungen gerecht wird.

Im Jahr 1992 verpflichteten sich auf der „United Nations Conference on Environment and Development (UNCED)“ in Rio de Janeiro Vertreter aus 178 Nationen zu dem Leitbild nachhaltiger Entwicklung. Die Weltkonferenz führte dazu, dass das Leitbild nachhaltiger Entwicklung international eine große Popularität und wachsende politische Gestaltungsorientierung erfahren hat. Eine besondere Beachtung erfuhr die Agenda 21 als handlungsleitendes Programm für das 21. Jahrhundert. Seither kam es zu einer Vielzahl von Publikationen, die sich einerseits mit der theoretischen Begründung nachhaltiger Entwicklung und andererseits mit der konkreten Umsetzung des neuen Paradigmas beschäftigen. Dennoch muss sowohl die theoretische Begründung als auch die praktische Umsetzung weiterentwickelt bzw. weiter ausdifferenziert werden. Das gilt auch für einen nachhaltigen internationalen Handel.

Das Paradigma der nachhaltigen Entwicklung stellt spezifische Anforderungen, die sich beispielsweise von der neoklassischen Ökonomie eindeutig unterscheiden. Zwei wesentliche Anforderungen sind:[41]

---

41 v. Hauff, M. Kleine A.: Nachhaltige Entwicklung – Grundlagen und Umsetzung, 2009.

- die Dreidimensionalität, wonach die ökologische, die ökonomische und die soziale Dimension gleichrangig zusammengeführt werden und
- die Realisierung der intra- und intergenerationellen Gerechtigkeit.

Die Entwicklung nachhaltiger internationaler Wirtschaftsbeziehungen muss auf diesen Anforderungen basieren bzw. diesen Anforderungen gerecht werden. In dem Aktionsprogramm der Agenda 21 werden die wichtigsten Ziele, Programme und Instrumente für eine gerechte Entwicklung heutiger und zukünftiger Generationen aufgeführt. Darin wurde auch festgelegt, dass die nationalen Regierungen in Zusammenarbeit mit internationalen Organisationen bis zum Jahr 2002 jeweils eine nationale Strategie für nachhaltige Entwicklung verabschieden sollten.

Deutschland gehört mit anderen europäischen Ländern zu den wenigen Ländern weltweit, die im Jahr 2002 eine nationale Nachhaltigkeitsstrategie vorlegten. Klare Aufträge für den internationalen Handel enthält beispielsweise die nationale Nachhaltigkeitsstrategie Deutschlands aber nicht. Die nur langsam voranschreitende Ausdifferenzierung und Umsetzung des Paradigmas nachhaltiger Entwicklung lässt sich jedoch nicht mit dem hohen Abstraktionsgrad – wie häufig behauptet wird – begründen. Für das langsame Umsetzen nachhaltiger Entwicklung ist die mangelnde Bereitschaft vieler wichtiger Akteure verantwortlich. Das gilt auch für die Mehrzahl der Vertreter wirtschaftswissenschaftlicher Disziplinen, wie den internationalen Wirtschaftsbeziehungen, die das Paradigma der nachhaltigen Entwicklung bisher nicht zur Kenntnis nehmen.

Dabei gibt es über die Relevanz nachhaltiger Entwicklung einen breiten Konsens. Analysiert man die wirtschaftliche Entwicklung vieler Nationen, aber auch die weltweite wirtschaftliche Entwicklung, so lassen sich gegensätzliche Entwicklungstendenzen beobachten. Der Wohlstand, gemessen an dem Indikator Pro-Kopf-Einkommen, ist in den letzten Jahrzehnten in vielen Ländern gestiegen. In einer Reihe von Ländern, wozu auch einige Entwicklungsländer besonders in Asien und Südamerika gehören, hat der internationale Handel zur Steigerung des Pro-Kopf-Einkommens beigetragen. Daher wurde nach weitverbreiteter ökonomischer Lehrmeinung ein wesentliches Ziel wirtschaftlichen Handels realisiert. Der Handel hat zum Wohlstand beigetragen. Dabei ist jedoch nichts über die Verteilung der Handelsgewinne ausgesagt. Gleichzeitig kam es zu einer Reihe von ökonomischen Krisensymptomen bzw. Ungleichgewichten, die sich in den letzten Jahren teilweise noch verschärft haben. Beispielhaft hierfür sind zu nennen:

- die Klimaveränderungen mit ihren vielfältigen Folgen,
- die wachsende Umweltbelastung bzw. die sich verschärfende Wasserknappheit in vielen Regionen weltweit,
- die verschiedenen regionalen Finanzkrisen seit Mitte der 1980er Jahre,
- die aktuelle globale Finanzkrise der letzten Jahre,
- die steigende Verschuldung vieler Länder,
- die weitverbreitete Armut und der Hunger.

Sie beeinträchtigten bzw. beeinträchtigen auch heute zunehmend den wirtschaftlichen Entwicklungsprozess in einer wachsenden Zahl von Ländern. Ein weiteres Phänomen, das dem Paradigma nachhaltiger Entwicklung diametral entgegensteht, ist die wachsende Ungleichverteilung von Einkommen und Vermögen in der Mehrzahl der Länder, aber auch zwischen den Ländern weltweit. Hinzu kommt noch die ungleiche Chancenverteilung im Rahmen nationaler Bildungs- und Gesundheitssysteme. Somit gibt es vielfältige Belege für eine mangelnde intra- und intergenerationelle Gerechtigkeit.

Neben vielen anderen Ungleichgewichten besteht noch ein weiteres – in diesem Kontext besonders wichtiges – Phänomen. Danach sind in den reichen Ländern weniger als 2% der Erwerbs-tätigen in der Landwirtschaft tätig. Die Bauern werden staatlich subventioniert. Den Bauern aus den Entwicklungsländern, wo die Landwirtschaft die Lebensgrundlage für die meisten der armen Menschen bildet, wird der Absatz dadurch verwehrt. „Wie bizarr die Situation ist, zeigt sich daran, dass die entwickelten Länder den Entwicklungsländern jährlich mit rund 100 Mrd. USD Entwicklungshilfe unter die die Arme greifen, während gleichzeitig die protektionistische Handelspolitik der entwickelten Länder die Entwicklungsländer mit Kosten in dreifacher Höhe belastet."[42]

Die aufkommenden Krisensymptome wurden sowohl von einigen Ökonomen als auch von Vertretern internationaler Organisationen – besonders der Vereinten Nationen – bereits in den 1970er Jahren wahrgenommen und kritisch reflektiert. In diesem Kontext wurde auf internationaler Ebene beispielsweise mit der Einberufung der Brundtland-Kommission und der Durchführung einer Vielzahl von internationalen Konferenzen reagiert. Auf diesem Hintergrund entstand die Forderung nach einem neuen Paradigma, das – wie schon erwähnt – von der Völkergemeinschaft auf der Weltkonferenz 1992 in Rio de Janeiro vereinbart wurde. Nachhaltige Entwicklung (Sustainable Development) ist eine normative – keine völkerrechtlich einklagbare – Vereinbarung.

Das Paradigma der nachhaltigen Entwicklung fand bisher weder in der Theorie der internationalen Wirtschaftsbeziehungen noch in der angewandten Handelspolitik eine entsprechende Beachtung. Dabei ist zu erwarten, dass nachhaltige internationale Wirtschaftsbeziehungen ganz wesentlich zu einer gleichgewichtigeren wirtschaftlichen Entwicklung und damit auch zu mehr Stabilität beitragen können. Die aufgeführten Krisensymptome könnten langfristig verringert und die Lebensqualität der Bevölkerung, d. h. besonders der Bevölkerung in den Entwicklungsländern, deutlich erhöht werden.

Die inhaltliche Konkretisierung nachhaltiger internationaler Wirtschaftsbeziehungen erfordert jedoch zunächst eine allgemeine Klärung der Anforderungen nachhaltiger Entwicklung. Im folgen-

---

42 Stiglitz; Charlton; 2005; S. 7.

den Abschnitt wird kurz aufgezeigt, wie es zur Entstehung dieses Paradigmas kam. In Abschnitt 3.2 wird die Dreidimensionalität, d. h. die Gleichrangigkeit der drei Dimensionen Ökologie, Ökonomie und Soziales, inhaltlich konkretisiert. In Abschnitt 3.3 werden konträre Positionen nachhaltiger Entwicklung gegeneinander abgegrenzt und es wird versucht, die Kontroverse aufzulösen: Dabei geht es um die Kontroverse schwache versus starke Nachhaltigkeit. Abschließend geht es dann um die Frage, ob die Struktur des Welthandelssystems bzw. die Entwicklung des internationalen Handels den Anforderungen nachhaltiger Entwicklung entsprechen.

3.1 Wichtige Etappen der Entstehung des Paradigmas nachhaltiger Entwicklung

Nachhaltigkeit hat verschiedene historische Vorläufer, wobei einer der bedeutendsten die Forstwirtschaft ist. Carl von Carlowitz stellte bereits 1713 in seiner viel beachteten Schrift „Sylvicultura oeconomica“ fest, dass der Bergbau und die Verhüttung einen hohen Holzbedarf verursachen. Daher war die Umgebung der Bergbaustätten häufig entwaldet. Die Folge war, dass Holz über größere Entfernungen – meistens über Flößerei – transportiert werden musste. Die Holzpreise stiegen und damit stiegen auch die Produktionskosten.

Im Prinzip war diese Situation ein Vorläufer der Diskussion über die „Grenzen des Wachstums“. Daher stellte von Carlowitz fest, dass in der Forstwirtschaft ökonomisches Handeln mit den Erfordernissen der Natur in Einklang zu bringen sei. Seine Maxime war, dass pro Jahr nicht mehr Holz geschlagen werden sollte als nachwächst. Es handelt sich um das in der Literatur heute weithin akzeptierte ressourcenökonomische Prinzip. Es ist für viele Entwicklungsländer, aber natürlich auch für Industrieländer, heute von großer Relevanz. Im Jahr 2013 hat somit das Prinzip der nachhaltigen Entwicklung sein dreihundertjähriges Bestehen.

In der Fachliteratur gibt es in neuerer Zeit unterschiedliche Einschätzungen, wann die Nachhaltigkeitsdiskussion wieder aufgenommen wurde.[43] Es ist hinreichend belegt, dass einige Ökonomen wie John Galbraith, Kenneth Boulding, Wilhelm Kapp und auch Edward Mishan bereits in den 1960er Jahren auf die wachsenden Umweltprobleme aufmerksam machten und somit einen Beitrag zur ökologischen Nachhaltigkeit leisteten. Besondere Beachtung fand das Buch von Mishan mit dem Titel „The costs of economic growth" (1969). 1972 wurde der erste Bericht an den Club of Rome "The limits to growth"[44] veröffentlicht, der eine besondere Aufmerksamkeit erfuhr. Die wichtigste Botschaft des Berichtes war, dass eine Fortschreibung der aktuellen Trends hinsichtlich des Bevölkerungswachstums und der Nachfrage nach nichtregenerativen Ressourcen bis Mitte des 21. Jahrhunderts zu großen Problemen und Engpässen in Bezug auf wirtschaftliches Wachstums führen wird.

Ein wichtiger Meilenstein hinsichtlich der aufkommenden Diskussion über nachhaltige Entwicklung war 1980 die Gründung der „World Commission on Environment and Development (WCED)". Durch sie wurde die Brundtland-Kommission im Jahr 1983 eingesetzt. Vor dem Hintergrund der wachsenden ökologischen, ökonomischen aber auch sozialen Probleme nahm die Kommission unter dem Vorsitz der norwegischen Ministerpräsidentin Gro Harlem Brundtland ihre Arbeit auf. Die Kommission sollte Handlungsempfehlungen zur Erreichung einer dauerhaften Entwicklung erarbeiten und hat den Begriff „Nachhaltige Entwicklung" erstmals als globales Leitbild einer breiten Öffentlichkeit vorgestellt.

Eine besondere Aufmerksamkeit in diesem Bericht fand die folgende Definition:

---

[43] Dresdner, S.: The principles of sustainability; London 2008; S. 25.

[44] Meadows, D. et al.: The Limits to Growth; New York 1972.

„Dauerhafte Entwicklung ist Entwicklung, die die Bedürfnisse der Gegenwart befriedigt, ohne zu riskieren, dass künftige Generationen ihre eigenen Bedürfnisse nicht befriedigen können.“[45]

Der Brundtland-Bericht stellt sowohl die menschlichen Bedürfnisse der gegenwärtig lebenden Menschen als auch ihre Beziehung zu den künftigen Generationen in den Mittelpunkt. Es geht also in dieser Definition sowohl um intra- als auch um intergenerationelle Gerechtigkeit. Die Brundtland-Kommission machte schließlich auch den Vorschlag zur Durchführung einer Weltkonferenz, die 1992 als sogenannte Rio-Konferenz stattfand.

Auf der „United Nations Conference on Environment and Development (UNCED)“ verpflichtete sich die Völkergemeinschaft zu dem neuen Leitbild nachhaltiger Entwicklung. 2002 fand die Folgekonferenz, d. h. der zweite Weltgipfel für nachhaltige Entwicklung in Johannesburg statt. Auf dieser Konferenz wurde ein Implementierungsplan verabschiedet, in dem neue Ziele und Programme für Umweltschutz und Armutsbekämpfung enthalten sind. Die schon zuvor beschlossene Vereinbarung, wonach alle Länder bis 2002 eine nationale Nachhaltigkeitsstrategie entwickeln sollten, wurde auf der Johannesburg-Konferenz noch einmal mit Nachdruck eingefordert.

---

[45] v. Hauff: Unsere gemeinsame Zukunft – Der Brundtland-Bericht der Weltkommission für Umwelt und Entwicklung; Greven 1987; S. 46.

3.2 Die Konkretisierung der Dreidimensionalität

Die Übereinkunft zu nachhaltiger Entwicklung wird heute so interpretiert, dass die drei Dimensionen Ökologie, Ökonomie und Soziales gleichrangig in einer offenen Aushandlung unter Beteiligung aller Anspruchsgruppen zu berücksichtigen sind. Auf EU-Ebene hat sich die Dreidimensionalität nachhaltiger Entwicklung schon früh durchgesetzt. So „ist der Dreiklang Umweltschutz, wirtschaftlicher und sozialer Fortschritt bereits in der Präambel zum EU-Vertrag enthalten, verbunden durch den Grundsatz der nachhaltigen Entwicklung, der damit diesen Dreiklang ausfüllt und von dem Ziel eines starken Umweltschutzes nicht unbeeinflusst bleiben kann. Dadurch ist der Umweltschutz zum notwendigen integralen Bestandteil der wirtschaftlichen und sozialen Entwicklung geworden“[46]. Auch die Enquete-Kommission „Schutz des Menschen und der Umwelt“ (1998) hat das Drei-Säulen-Modell als konzeptionelle Grundlage gewählt. In diesem Sinne vertrat das BMU die Auffassung, dass der Kern des Leitbildes der nachhaltigen Entwicklung auf der Kenntnis beruhe, dass Ökologie, Ökonomie und soziale Sicherheit eine untrennbare Einheit bilden.

Das Drei-Säulen-Modell wurde jedoch mehrfach kritisiert. Es ist in der Tat unbefriedigend, dass im Drei-Säulen-Modell die Säulen Ökologie, Ökonomie und Soziales nebeneinander stehen. In diesem Kontext wird der Begriff der Nachhaltigkeit dann zu einer Art Dach über einer Säulenreihe. Es kommt zu einer Partialoptimierung, bei der die Integration der drei Säulen fehlt.[47] Daher wurde in diesem Zusammenhang das „integrierende Nachhaltigkeitsdreieck“

---

[46] Frenz, W.: Unnerstall, H.: Nachhaltige Entwicklung im Europarecht; Baden- Baden 1999; S. 173.

[47] Ott, K., Döring, R.: Theorie und Praxis starker Nachhaltigkeit, 2. Aufl.; Marburg 2008; S. 38.

eingeführt.[48] Mit dieser neuen Methodik wird das Innere des Dreiecks als Kontinuum der drei Dimensionen vollständig ausgefüllt. Es führt die drei Dimensionen zusammen, um der Anforderung nach Integration gerecht zu werden. Es lassen sich, wie in Abbildung 3.1 dargestellt wird, zunächst Bereiche abgrenzen, die anschließend in Handlungsfelder untergliedert werden. Das integrierende Nachhaltigkeitsdreieck ist auch auf internationale Wirtschaftsbeziehungen anzuwenden.

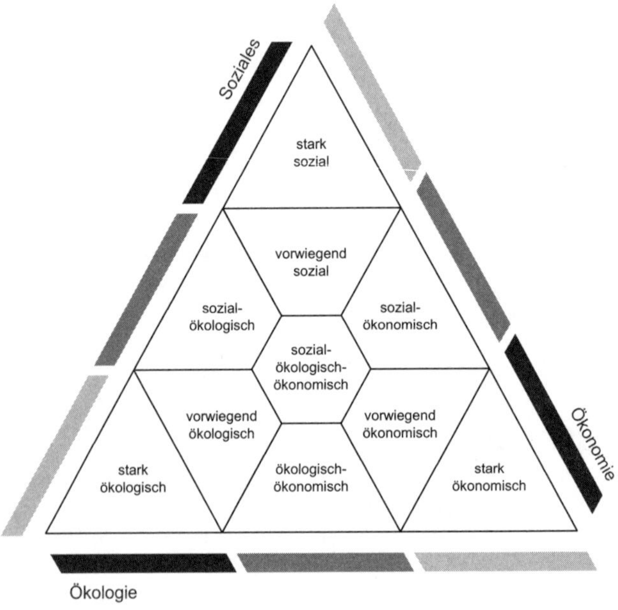

Abb. 3-1: Das Integrierende Nachhaltigkeitsdreieck[49]

---

[48] v. Hauff, Kleine; 2009; S. 113.
[49] v. Hauff; Kleine; 2009; S. 125.

Nach der Klärung der methodischen Vorgehensweise geht es nun um die inhaltliche Konkretisierung der drei Dimensionen. Aus ökonomischer Sicht (sustainability economics) zielt nachhaltige Entwicklung zunächst auf die langfristige Sicherung der Lebens- und Produktionsgrundlagen ab, wobei die Langfristigkeit durch Unsicherheit gekennzeichnet ist.[50] Die langfristige Sicherung der Lebens- und Produktionsgrundlagen führt auf der Grundlage intra- und intergenerationeller Gerechtigkeit zur Verbesserung der Lebensqualität bzw. der Wohlfahrt der heute lebenden und der zukünftigen Generationen. Der Anspruch nachhaltiger Entwicklung ist somit, die Umwelt global und dauerhaft zu erhalten, um auf dieser Grundlage die Wirtschaft und Gesellschaft weiter zu stabilisieren und zu entwickeln, d. h. im Gleichgewicht zu halten.

Es besteht heute eine breite Übereinstimmung, wonach im Kontext der Dreidimensionalität die Ökologie eine besondere Bedeutung aufweist:[51] Die Beschädigung von Ökosystemen kann nur bedingt wieder beseitigt werden (siehe hierzu den Klimawandel). Dabei gilt zu berücksichtigen, dass die Funktionsweise von Ökosystemen eine wichtige Voraussetzung für die Produktion von Gütern und Dienstleistungen, aber auch für das gesellschaftliche Zusammenleben ist. Auf dieser Grundlage ist die Gleichrangigkeit der drei Dimensionen zu verstehen. Nur die Berücksichtigung und Zusammenführung der drei Dimensionen kann zu einer Sicherung beziehungsweise Verbesserung der Lebensqualität führen. Ob es sich hierbei um das individuelle Wohlbefinden oder die gesellschaftliche Wohlfahrt handelt, ist nicht eindeutig geklärt. Vielmehr handelt es sich um zwei verschiedene Begründungsebenen, die nicht deckungsgleich sind, jedoch beide gleichermaßen ihre Berechtigung haben.[52] Die beiden Begründungsebenen lassen sich über das Konzept der Gerechtigkeit verknüpfen.

---

50 Baumgärtner; Quaas, 2010; S. 449.

51 v. Hauff; Kleine; 2009; S. 9.

52 Diefenbacher, H.; Zieschank, R.: Woran sich Wohlstand wirklich messen lässt: Alternativen zum Bruttoinlandsprodukt; München 2011; S. 70.

Die intra- und die intergenerationelle Gerechtigkeit lassen sich wie folgt abgrenzen:

- Die intragenerationelle Gerechtigkeit fordert einen gerechten Ausgleich zwischen den Interessen der Menschen in Industrie- und Entwicklungsländern.
- Die intergenerationelle Gerechtigkeit fordert, dass zukünftige Generationen in ihrer Bedürfnisbefriedigung nicht durch die Lebensweise der gegenwärtig lebenden Generation beeinträchtigt werden.

Die beiden Formen der Gerechtigkeit gehen in alle drei Dimensionen mit ein und sind somit als Querschnittanforderung nachhaltiger Entwicklung zu verstehen.

Ökologische Nachhaltigkeit: Die Menschheit ist ohne eine bestimmte Qualität und Stabilität der Natur bzw. der ökologischen Systeme nicht überlebensfähig. Anders formuliert: Das ökonomische, aber auch das soziale System, können für sich alleine nicht nachhaltig sein. Ihre dauerhafte Existenz hängt von dem Zusammenspiel der Wirtschaft und der Gesellschaft und von dem ökologischen System ab.[53] Obwohl es hierzu sowohl national als auch international einen breiten Konsens gibt, haben die Natur bzw. einzelne ökologische Systeme teilweise schon ein Niveau der Übernutzung erreicht, die von der Menschheit verursacht wurde und die für die Menschheit – besonders für die nächsten Generationen – zunehmend bedrohlich wird.

Das gilt sowohl für den Abbau und die Nutzung von Rohstoffen als auch für die zunehmende Belastung durch Emissionen. Die wachsenden Bedrohungspotenziale erfordern es daher, sowohl die Produktionsformen als auch die Konsumstile an die ökologischen Systeme anzupassen. Daher fordert die ökologische Nachhaltigkeit

53 Majer, H.: Nachhaltige Entwicklung – Leitbild für Zukunftsfähigkeit, in: Volkswirtschaftslehre, Nr. 7; 2003; S. 937.

von der Politik, den Akteuren der privaten Wirtschaft (Unternehmen und Wirtschaftsverbänden), den Haushalten und sonstigen gesellschaftlichen Akteuren eine stärkere Anpassung an die Belastbarkeit ökologischer Systeme. Hierzu gibt es in der Ökonomie die Kontroverse zwischen Vertretern der schwachen Nachhaltigkeit und jenen der starken Nachhaltigkeit, die noch näher erläutert wird. Die ökologische Nachhaltigkeit fordert daher die Einhaltung von Handlungsregeln, wie sie in der folgenden Abbildung aufgezeigt werden. Weiterhin fordert sie, jene Ökosysteme konsequent zu schonen, die für das Überleben der Menschheit notwendig sind.

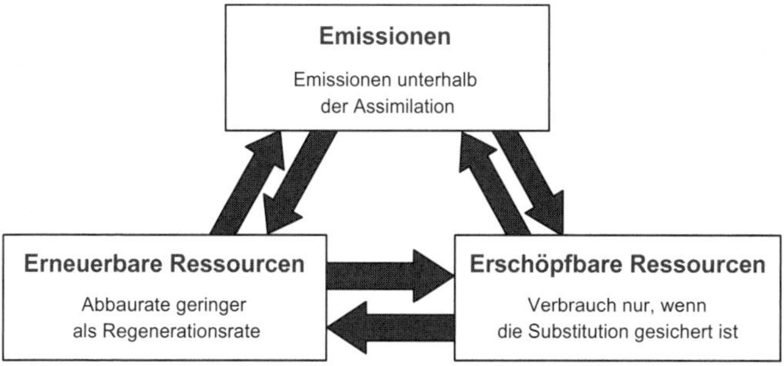

Abb. 3-2: Handlungsregeln für eine nachhaltige Entwicklung[54]

Aus der Abbildung wird deutlich, dass

- erneuerbare Ressourcen nur in dem Maße abgebaut werden dürfen, in dem sie sich erneuern können,
- nicht erneuerbare Ressourcen nur dann verbraucht werden dürfen, wenn die Substitutionsmöglichkeit zur Verminderung zukünftigen Ressourcenabbaus geschaffen werden sowie

---

54 in Anlehnung an Daly; 1990; S. 2.

- die Grenzen der Aufnahmefähigkeit der Natur als Senke für Emissionen eingehalten werden.

Es ist hinreichend belegt, dass die Menschen sowohl von dem Abbau und der Nutzung von Rohstoffen als auch von der zunehmenden Belastung durch Emissionen sehr unterschiedlich profitieren bzw. belastet werden. Es ist weiterhin unbestritten, dass die zukünftigen Generationen durch den starken Abbau von Rohstoffen, aber auch durch die zunehmende Belastung durch Emissionen, stärker als die heute lebende Generation belastet werden. Insofern ist davon auszugehen, dass weder die intra- noch die intergenerationelle Gerechtigkeit befriedigend realisiert werden.

Ökonomische Nachhaltigkeit: Einen weit verbreiteten Zugang zu der ökonomischen Nachhaltigkeit bietet die Wachstumstheorie. Deren Kernaussage ist, dass im langfristigen Gleichgewicht eine Steigerung des Pro-Kopf-Wachstums, besonders durch technischen Fortschritt und ein verbessertes Humankapital, möglich ist. Hierzu gibt es in den Wirtschaftswissenschaften, zumindest seit dem ersten Bericht an den *Club of Rome* „Grenzen des Wachstums", eine intensive Kontroverse über die Relevanz von Wachstumsraten. In diesem Zusammenhang ist jedoch daran zu erinnern, dass in dem Bericht der *Brundtland-Kommission* die Relevanz des technischen Fortschritts und des wirtschaftlichen Wachstums, besonders zur Armutsbekämpfung, hervorgehoben wird.[55] Die Notwendigkeit des Wachstums wird jedoch nicht nur im Kontext der Bekämpfung von Armut in Entwicklungsländern, sondern auch mit der Notwendigkeit der Verwirklichung intragenerationeller Gerechtigkeit in Industrieländern begründet.

Das führt zu der Frage, wie technischer Fortschritt auf die Inanspruchnahme der Produktionsfaktoren Arbeit, Sachkapital und natürliches Kapital wirkt. Geht man davon aus, dass der technische

---

[55] v. Hauff.; 1987.

Fortschritt arbeits- oder kapitalvermehrend wirkt, während die Produktivität des natürlichen Kapitals nicht bzw. nicht in gleichem Maße steigt, induziert Wachstum einen höheren Einsatz natürlicher Ressourcen bzw. eine höhere Beanspruchung der Aufnahmekapazität der Umweltmedien.[56] Langfristig führt das zu einer Überlastung der Umwelt. Durch einen umweltorientierten technischen Fortschritt kann es aber auch zu einer Entkopplung von Wachstum und der Nutzung des natürlichen Kapitals bzw. der Natur als Senke kommen. Die Entkopplung kann neben technischen Innovationen durch soziale und institutionelle Innovationen verstärkt werden. Die Forderung nach Gerechtigkeit kann sowohl über die Einkommens- und Vermögensverteilung bzw. -umverteilung erfolgen als auch durch – wie Sen es bezeichnet – die Verwirklichungschancen.[57]

Betrachtet man die ökonomische Nachhaltigkeit von der Nachfrageseite, so zielt sie auf die Aufrechterhaltung bzw. die Steigerung einer gewünschten Lebensqualität im Zeitablauf ab. Dabei wird die Lebensqualität oft mit ökonomischem Wohlstand und daher mit dem Indikator des Bruttoinlandsproduktes (BIP) bzw. Pro-Kopf-Einkommens verbunden. Das Wohlbefinden der Bürger wird jedoch zunehmend von einem stetigen Wirtschaftswachstum abgekoppelt. Einerseits ist nicht sichergestellt, dass alle Bevölkerungsgruppen von einem steigenden Pro-Kopf-Einkommen profitieren, und andererseits können sich auch negative ökologische Ereignisse positiv darin niederschlagen (z. B. durch die Erfassung von Aufbauarbeiten nach Naturkatastrophen). In diesem Kontext wird zunehmend ein qualitatives bzw. nachhaltiges Wachstum gefordert. Das betrifft natürlich auch das aus dem internationalen Handel begründete Wachstum.

---

[56] Hillebrand, B. u. a.: Nachhaltige Entwicklung in Deutschland – ausgewählte Problemfelder und Lösungsansätze; Untersuchungen des Rheinisch-Westfälischen Instituts für Wirtschaftsforschung, Nr. 36, Essen 2000; S. 32.

[57] Sen, A. K.: Equality of What?, in: McMurren, S.M. (eds): The Tanner Lecture on Human Values; Salt Lake City 1980; S. 195-220.

Dieser Begründungszusammenhang spiegelt sich in der aktuellen Diskussion um alternative Messmethoden zum BIP bzw. alternative Indikatoren wider. Dabei steht häufig nicht die Abschaffung des traditionellen Indikators BIP im Mittelpunkt, der weiterhin als Strukturindikator erhalten werden soll.[58] Als solcher kann er aufzeigen, welche Branchen bzw. Wirtschaftssektoren in welchem Maße wachsen. Daraus lässt sich dann die wirtschaftliche Entwicklung im Sinne einer nachhaltigen Entwicklung ableiten und gestalten.

Ergänzend hierzu sollten aber auch Indikatoren entwickelt werden, die etwas über die Wohlfahrtsentwicklung einer Gesellschaft aussagen. Zu nennen ist beispielsweise der in Deutschland jüngst entwickelte „Nationale Wohlfahrtsindex (NWI)". Der NWI erfasst Faktoren wie eine gerechte Einkommensverteilung, den Wert von sozialen Netzwerken und bürgerschaftlichem Engagement sowie die Minderung von Umweltbelastungen.[59] Hier wird noch einmal der integrative Zusammenhang der drei Dimensionen nachhaltiger Entwicklung besonders deutlich.

Soziale Nachhaltigkeit: In der wirtschaftswissenschaftlichen Diskussion zur nachhaltigen Entwicklung findet die soziale Dimension eine wachsende Aufmerksamkeit. Sie hat bisher jedoch noch nicht die Bedeutung erfahren wie die anderen beiden Dimensionen. Dabei ist die soziale Nachhaltigkeit, die den gesellschaftlichen Zusammenhalt in Humanität, Freiheit und Gerechtigkeit zum Ziel hat, nicht weniger bedeutend als die zwei anderen Dimensionen, um die Zukunftsfähigkeit einer Gesellschaft bzw. einer Volkswirtschaft zu gewährleisten.[60] In diesem Zusammenhang spricht man auch von der Kohäsionsfunktion sozialer Nachhaltigkeit.

---

[58] Stiglitz, J. E.; Sen, A. K.; Fitoussi, J.-P. (2009): Issues Paper, Commission on the Measurement of Economic Performance and Social Progress,o.O.,
http://www.stiglitz-sen-fitoussi.fr/documents/rapport_anglais.pdf.

[59] Diefenbacher, Zieschank; 2011; S. 75ff.

[60] v. Hauff, M.; Schiffer, H.: Soziale Nachhaltigkeit im Kontext der Neuen Institutionsökonomik, Volkswirtschaftliche Diskussionsbeiträge

Einen möglichen theoretischen Zugang zur sozialen Nachhaltigkeit bietet die Neue Institutionenökonomik. In der Neuen Institutionenökonomik geht es um formelle und informelle Normen und Regeln, die den dauerhaften Zusammenhalt einer Gesellschaft begünstigen oder beeinträchtigen können. Ein wichtiger Ansatz innerhalb der Neuen Institutionenökonomik ist der Transaktionskostenansatz. Danach weisen alle Güter physische sowie eigentumsrechtliche Merkmale auf, wobei bei der Änderung von Letzteren Transaktionskosten entstehen.[61] Dabei können die Transaktionskosten unterschiedlich hoch ausfallen.[62] In Bezug auf die soziale Nachhaltigkeit bedeutet dies, dass eine Norm, die den gesellschaftlichen Zusammenhalt fördert, dann von der Gesellschaft anerkannt wird, wenn ihr Grenznutzen (z. B. die Sicherheit) ihre Grenzkosten (z. B. die Einschränkung der individuellen Handlungsmöglichkeiten) übersteigt.[63]

Eine Verknüpfung zwischen individueller Nutzenmaximierung und dem gesellschaftlichen Wohlergehen bieten interdependente Nutzenfunktionen. Individuen sind demnach bereit, ein nicht normenkonformes, die Gemeinschaft schädigendes Verhalten anderer Gesellschaftsmitglieder zu sanktionieren, auch wenn es sie scheinbar nicht direkt betrifft.[64] Ein Individuum sorgt sich demnach nicht nur um sein eigenes Wohlergehen, sondern auch um das seiner Mitmenschen und das der zukünftigen Generationen, wenn seine eigene Nutzenfunktion positiv von deren Güterbündeln abhängt:

---

an der Technischen Universität Kaiserslautern, Nr. 30-10, Kaiserslautern 2010; S. 1.

61 North, D. C.; Wallis, J.J.: Integrating Institutional Change and Technical Change in Economic History. A Transaction Cost Approach, in: Journal of Institutional and Theoretical Economics; Jg. 150, Heft 4, 1994; S. 611ff.

62 Scott, W. R.: Reflexionen über ein halbes Jahrhundert Organisationssoziologie, in: Senge, K.; Hellmann, K.-U. (Hrsg.): Einführung in den Neo-Institutionalismus; Wiesbaden 2006; S. 207.

63 v. Hauff, Schiffer; 2010; S. 15.

64 Voigt, S.: Institutionenökonomik, 2. Aufl.; Paderborn 2009; S. 196.

Ein Unternehmen lässt sich auf des Prinzip von Fair Trade z. B. als Produzent von Schokolade oder auf den Verkauf fair gehandelter Produkte dann ein, wenn es davon einen Nutzen hat.

Gerechtigkeit in Verbindung mit der sozialen Dimension nachhaltiger Entwicklung geht mit gerechter Verteilung von Sozialkapital, den Ressourcen, die nach Pierre Bourdieu auf der Zugehörigkeit zu einer Gruppe beruhen, einher.[65] Das kann dann erfolgen, wenn man zwischen den unterschiedlichen Gesellschaftsgruppen eine Verbindung herstellt.[66] Eine besondere Bedeutung kommt dabei dem lebenslangen Lernen, das zur Bildung und Weiterentwicklung individueller Kompetenzen beiträgt, und dem Zugang zu Kultur zu.[67] Kultur kann in ihrem weitesten Sinne „als die Gesamtheit der einzigartigen geistigen, materiellen, intellektuellen und emotionalen Aspekte angesehen werden […], die eine Gesellschaft oder eine soziale Gruppe kennzeichnen. Dies schließt nicht nur Kunst und Literatur ein, sondern auch Lebensformen, die Grundrechte des Menschen, Wertsysteme, Traditionen und Glaubensrichtungen."[68]

Die inhaltliche Konkretisierung der drei Dimensionen konnte nur ansatzweise deren Beziehung zueinander aufzeigen. Daher ist es wichtig, die Komplementarität der drei Dimensionen zu analysieren und zu verdeutlichen. In der neueren Diskussion wird beispielsweise zunehmend die Rolle des sozialen Kapitals für die Erhaltung, die Akkumulation und Produktivität der beiden anderen Kapitalarten, wie Sachkapital und Naturkapital, diskutiert. Das lässt sich durch die Bereiche der Rechtssicherheit, der Verwirklichung von Chancengleichheit und der Partizipation (z. B. Bürgerbeteiligung), die der sozialen Nachhaltigkeit zuzuordnen sind, nachweisen. Aber auch die ökologische Nachhaltigkeit kann für die ökonomische

---

65 Bourdieu, P.: Ökonomisches Kapital, kulturelles Kapital, soziales Kapital; in: Kreckel, R. (Hrsg.): Soziale Ungleichheiten, Göttingen 1983, S. 190f.

66 Stiglitz, J. E.; Sen, A. K.; Fitoussi, J.-P.; 2009; S. 10.

67 v. Hauff, Schiffer; 2010; S. 18ff.

68 Deutsche UNESCO- Kommission e. V.; 2010.

Nachhaltigkeit einen wichtigen Beitrag leisten: So lässt sich exemplarisch verdeutlichen, dass saubere Luft und sauberes Wasser die menschliche Gesundheit und somit die Produktivität von Humankapital verbessern. Es lässt sich also ableiten, dass die Synergien aus der Komplementarität von zwei oder mehr Kapitalarten die Lebensqualität erhöhen. Abschließend ist noch einmal zu bedenken, dass die gleichrangige Realisierung und Zusammenführung der drei Dimensionen zu einem neuen Gleichgewicht ein Idealzustand ist, der angestrebt wird, aber nur in Ausnahmesituationen zu erreichen ist.

3.3 Die Kontroverse schwache Nachhaltigkeit versus starke Nachhaltigkeit

Internationale Wirtschaftsbeziehungen fördern die internationale Arbeitsteilung und tragen dadurch ganz wesentlich zum Wachstum und Wohlstand der beteiligten Volkswirtschaften bei. Diese Position wurde bereits von Adam Smith vertreten und führte seither in der Literatur zu den internationalen Wirtschaftsbeziehungen zu einem breiten Konsens. Daher ist die Einordnung und Analyse wirtschaftlichen Wachstums im Rahmen nachhaltiger Entwicklung von hoher Relevanz. Hierzu gibt es eine bis heute andauernde Kontroverse. In der Literatur wird häufig die Position vertreten, dass der erste Bericht an den Club of Rome, „The Limits to Growth“, die kontroverse Diskussion über Wirtschaftswachstum auslöste. In der Tat kam es als Reaktion auf den Bericht an den Club of Rome zu dem wegweisenden „Symposium on the Economics of Exhaustible Resources“, bei dem die Möglichkeit des wirtschaftlichen Wachstums mit endlichen Ressourcen diskutiert wurde. So kam es zu einer ersten Positionierung der neoklassischen Theorie hinsichtlich nachhaltiger Entwicklung, die Widerspruch auslöste und damit die Kontroverse einleitete.

Die Position, wonach die abnehmende Verfügbarkeit vieler erschöpflicher Ressourcen dazu führt, dass Wirtschaftswachstum an seine Grenzen stößt, wurde von vielen Ökonomen kritisiert bzw. infrage gestellt (Solow 1974a). Dagegen knüpfen Vertreter der

Ökologischen Ökonomie, die in den 1980er Jahren als neue Disziplin entstand, an die Erkenntnisse von Meadows an und stellten die ökologischen Grenzen der Ressourcennutzung in den Mittelpunkt der Diskussion. Einer der Hauptvertreter der Ökologischen Ökonomie ist Herman Daly. Besondere Aufmerksamkeit erlangten die beiden konträren Positionen, da sie hinsichtlich des Zieles einer nachhaltigen Entwicklung unterschiedliche Herangehensweisen vertraten, die in den beiden folgenden Abschnitten vorgestellt werden.

3.3.1 Nachhaltigkeit im Kontext der Neoklassik

Der Bericht „The Limits to Growth" ist als eine Fundamentalkritik an der bestehenden neoklassischen Ökonomie einzuordnen, in dem das grundlegende Paradigma eines ständigen Wachstumspfades infrage gestellt wird. Die in der Wachstumstheorie übliche Begründung für ein ständiges Wachstum durch den Einsatz der Faktoren, wie sie aus einer Produktionsfunktion bekannt sind, wurde kritisch hinterfragt und als unvereinbar mit den natürlichen Grenzen des menschlichen Handelns angesehen. Als Reaktion darauf wurden – wie schon erwähnt – auf dem Symposium des „Review of Economic Studies" die Möglichkeiten des wirtschaftlichen Wachstums mit endlichen Ressourcen diskutiert. In der Folge entstanden ressourcenökonomische Modelle, die als Grundlage für den nutzenorientierten Nachhaltigkeitsbegriff des neoklassischen Ansatzes einzuordnen sind. Die heute vorherrschende Ressourcen- und Umweltökonomie basiert immer noch stark auf diesem Ansatz. Die Modelle sind im Prinzip der Wohlfahrtsökonomie entlehnt, die sich mit der Sicherung bzw. Steigerung einer Befriedigung menschlicher Grundbedürfnisse befasst.

Auf dem Symposium war Stiglitz einer der bedeutenden Ökonomen für die weitere Entwicklung der Nachhaltigkeitsdiskussion. Er wies in seinem Beitrag auf die von dem Bericht an den Club of Rome nicht berücksichtigten Faktoren hin, welche die Begrenzungen durch die endlichen Ressourcen überwinden können:

„There are at least three economic forces of setting the limitations impost by natural resources: technological change, the substitution of man-made factors of production (capital) for natural resources, and returns to scale.'[69]

Diese drei Faktoren ermöglichen nach Auffassung der Ökonomen, die am Symposium teilnahmen, ein im Zeitraum nicht sinkendes Nutzenniveau. Damit muss der durchschnittliche Nutzen zukünftiger Generationen mindestens dem Durchschnittsnutzen der heute lebenden Generation entsprechen. Dieses Nutzenverständnis wird jedoch kritisch hinterfragt. So stellen beispielsweise Ott und Döring fest, dass Nutzen eine sehr große Variationsbreite aufweist und insofern einer Konkretisierung bedarf.[70] Sie reicht von der utilitaristischen Position der „Lust" über die Mikroökonomik als Funktion des Konsums $U(C_t)$ bis zur Ausübung von Fähigkeiten. Im Kontext der schwachen Nachhaltigkeit wird Nutzen jedoch nur als Funktion des Konsums interpretiert. Dabei wird ein enges Konsumverständnis, d. h. der Konsum von materiellen Gütern, vorausgesetzt und der Konsum von immateriellen Gütern, wie ein schöner Sonnenuntergang, bleibt unberücksichtigt.

Das neoklassische Paradigma hat die optimistische Sichtweise bezüglich des technischen Fortschritts und der höheren Effizienz der eingesetzten Produktionsfaktoren bis in die Gegenwart beibehalten, abgesehen von einigen Differenzierungen, die jedoch nicht grundsätzlich zu einer Neuorientierung führten. Ebenso wird an der Position einer Substituierbarkeit der verschiedenen Kapitalformen festgehalten, wodurch dem gesamtwirtschaftlichen Kapitalstock (Natur- und Sachkapital) weiterhin die zentrale Bedeutung zukommt. Die Position der Substituierbarkeit wurde von Robert Solow bereits 1974 in einem viel zitierten Satz begründet:

---

[69] Stiglitz, J.E.: Growths with Exhaustible Natural Resources: The Competitive Economy, Review of Economic Studies, Symposium on the Economics of Exhaustible Resources, 1974; S. 123.

[70] Ott, Döring; 2008; S. 102.

„If it is very easy to substitute other factors for natural resources, than there is in principal 'no problem'. The world can, in effect, get along without natural resources, so exhaustion is just an event, not a catastrophe."[71]

Während Solow damit eine egalitäre Gerechtigkeitsvorstellung bezüglich der allen Generationen zur Verfügung stehenden Konsummöglichkeiten bezieht, greifen andere Autoren auf eine utilitaristische Sichtweise zurück. Solow positioniert sich somit klar als Vertreter der sogenannten schwachen Nachhaltigkeit, die von einer vollständigen Substituierbarkeit des natürlichen Kapitalstocks durch den reproduzierbaren Kapitalstock ausgeht. In Anlehnung an den Brundtland-Bericht definiert Solow Nachhaltigkeit wie folgt:

„I could think of this to say that it is an obligation to conduct ourselves so that we leave to the future the option or capacity to be as well off as we are."[72]

Das Zitat zeigt, dass es nach Solow kein Gebot gibt, bestimmte Naturbestandteile zu erhalten. Das zentrale Axiom ist die Interpretation der Kapitalerhaltungsregel. Die Substitution von Naturkapital durch anthropogenes Sachkapital ist in der schwachen Nachhaltigkeit grundsätzlich unbegrenzt möglich. Auch der Abbau von nicht regenerativen Ressourcen kann demnach durch Sachkapital substituiert werden. Grundsätzlich ist also nicht der Naturerhalt von Bedeutung, sondern die Sicherung des Gesamtwohlstandes, was auch für den internationalen Handel von großer Bedeutung ist.

Solow kommt im Kontext der Nachhaltigkeitsdiskussion zu der Erkenntnis, dass wirtschaftliche Entwicklung ohne natürliche Ressourcen möglich sei (Solow 1997, S. 267). In Kosten-Nutzen-Analysen wird die Effizienz der Erhaltung von Naturgütern rational bewertet. Projekte sind dann durchzuführen, wenn der Nutzen die Kosten übersteigt. Dabei geht die schwache Nachhaltigkeit

---

[71] Solow, R.M.: The Economics of Resources or the Resources of Economices, American Eonomic Reciew 64/1974a, S. 11.

[72] Solow, R.M.: Sustainability: An Economist´s perspective, in: Dorfman, R.; Dorfman, N.S. (eds): Economics of the Environment – Selected Readings; New York, 1993; S. 181.

davon aus, dass nachteilig betroffene Personen in der Regel entschädigt werden können und so die Pareto-Optimalität gesichert werden kann.

Diese Sichtweise findet im Technikoptimismus ihren Niederschlag. In Technologien, wie Wasserstofftechnologie oder Kernfusion, wurden ursprünglich große Hoffnungen gesetzt, wodurch die Substitution natürlicher Ressourcen realisierbar wäre. Heute geht es um regenerative Energieträger, die zu einer Substitution natürlicher, nicht erneuerbarer Ressourcen führen sollen. Die Idee ist, dass bei steigenden Preisen durch die Verknappung einer Ressource verstärkt nach Substituten gesucht wird. Ob dieser Ansatz auf sämtliche Naturgüter übertragbar ist und ob alle Naturgüter substituierbar sind, bleibt hierbei fragwürdig. Nach Klepper ist schwache Nachhaltigkeit immer dann erreicht, „wenn die Investitionsquote einer Volkswirtschaft groß genug ist, um den wertmäßigen Verbrauch an Umweltressourcen gerade zu kompensieren.“[73]

3.3.2 Nachhaltigkeit im Kontext der Ökologischen Ökonomie

Der Gegenpol zur schwachen Nachhaltigkeit ist die starke Nachhaltigkeit. Sie wird von Vertretern der Ökologischen Ökonomie und vielfach auch von Naturwissenschaftlern vertreten. In neuerer Zeit hat sich in diesem Kontext auch die Diskussion um die Postwachstumsgesellschaft entwickelt, die hier jedoch nicht vertieft werden soll (Jackson 2009; Seidl, Zahrnt 2010). Als einer der prominentesten Vertreter der Ökologischen Ökonomie gilt Herman E. Daly. Nach Daly ist Wirtschaftswachstum auf lange Sicht nicht möglich.[74] Die starke Nachhaltigkeit fordert daher eine „Steady-

---

[73] Klepper, G.: Wachstum und Umwelt aus der Sicht der neoklassischen Ökonomie, in: Jahrbuch ökologischer Ökonomik, Bd. 1, 1999, S. 314.

[74] Daly, H.E.: On Sustainable Development and National Accounts, in: Collard, D., Pearce, D., Ulph, D. (eds.): Economics, Growth and Sustainable Environment; New York 1988; S. 42.

State Economy“ hinsichtlich des Materialdurchsatzes und des Sozialproduktes (Daly 1991, S. 35ff).

Das ökonomische Subsystem sollte nach Meinung der Vertreter der Ökologischen Ökonomie nicht weiter wachsen und in den Industrieländern möglichst schrumpfen. Bei steigendem Bruttoinlandsprodukt ist das durch Dematerialisierung möglich und bedeutet demnach keine Stagnation. Eine Volkswirtschaft ist daher als Subsystem der umfassenden Biosphäre bzw. der ökologischen Systeme einzuordnen. Die Ökonomie ist dann von der Ressourcenverfügbarkeit und der Aufnahmefähigkeit natürlicher Senken abhängig. Die natürlichen Senken spiegeln die Aufnahmekapazität von Emissionen wider.

Daher wird im Rahmen der starken Nachhaltigkeit die Frage gestellt, wo die Grenzen der Inanspruchnahme der Biosphäre liegen. Dabei geht es vor allem um die Vermeidung von Irreversibilitäten in Ökosystemen, was in der neoklassischen Umweltökonomie kaum thematisiert wird. Die zentrale Kritik der Ökologischen Ökonomie an der neoklassischen Sichtweise besteht also darin, dass die neoklassische Theorie mit ihrer einseitigen Betonung der marginalen Gleichgewichtsanalyse nicht in der Lage ist, komplexe Phänomene ganzheitlich zu erfassen, wie es im Prinzip die ökologische Realwelt erfordert.

Vor dem Hintergrund globaler Probleme, wie dem exponentiellen Bevölkerungswachstum, dem steigenden Weltbruttoinlandsprodukt, zunehmender Umweltverschmutzung und -zerstörung, dem anthropogen verursachten Klimawandel und dem stark zunehmenden Verbrauch nicht regenerierbarer Ressourcen, wird eine Verringerung der Inanspruchnahme der Natur im Wirtschaftsprozess als notwendig angesehen. Nur so kann die Natur als Gesamtsystem erhalten bleiben und das nicht exakt zu ermittelnde Risiko von Rückwirkungen des Ökosystems reduziert werden. Im Kontext intergenerationeller Gerechtigkeit ist nach Constanza et al. nur so eine gerechtere Verteilung der Umweltnutzung zwischen den Generationen gesichert.[75]

Durch umweltpolitische Korrekturen von Wirtschafts- und Lebensweisen soll die Bevölkerung in die ökologischen Grenzen zurückgeführt werden. Natürliches Kapital ist dauerhaft zu erhalten, und die Biodiversität muss bewahrt bleiben. Daher ist ein Bewusstseinswandel des Individuums bzw. der Gesellschaft nötig. Die Bereitschaft zur Erhaltung der Natur für zukünftige Generationen muss gestärkt werden, indem der Eigennutz diesem Ziel untergeordnet wird. Die starke Nachhaltigkeit geht entsprechend von einer Komplementarität von Natur- und Sachkapital aus, sofern die Natur in die Güterproduktion eingeht. Man spricht dann von Komplementarität, wenn zur Herstellung eines Gutes ein bestimmtes Verhältnis des Inputs verschiedener Produktionsfaktoren erforderlich ist.

Auch dem Diskontierungsansatz, d. h. der möglichen Entschädigung zukünftiger Generationen, wie sie in der schwachen Nachhaltigkeit möglich ist, stehen die Vertreter der starken Nachhaltigkeit kritisch gegenüber. Abgesehen von der Erkenntnis, dass eine uneingeschränkte Substitution der Kapitalarten nicht möglich ist, gehen sie davon aus, dass zukünftige Generationen für den Verlust an Naturkapital nicht entschädigt werden wollen, sondern zumindest einen bestimmten Bestand an Naturkapital beanspruchen. Dabei ist auch zu berücksichtigen, dass Naturkapital bei fortschreitender Naturzerstörung zum limitierenden Faktor der Produktion werden kann. Daher muss der Abbau nicht erneuerbarer Ressourcen reduziert werden und durch den Aufbau von erneuerbaren Ressourcen, d. h. nicht durch andere Kapitalarten, ersetzt werden.

---

[75] Constanza, R.; Perrings, C.; Cleveland, C.J.: The Development of Ecological Economics; Cheltenham 1997; S. 83.

3.4 Überwindung der Kontroverse im Rahmen der ausgewogenen Nachhaltigkeit

Die beiden Ansätze der schwachen und starken Nachhaltigkeit stehen sich in ihren Grundpositionen konträr bzw. unversöhnlich gegenüber. In neuerer Zeit gibt es jedoch Bestrebungen, die beiden Ansätze mit dem Ansatz der ausgewogenen Nachhaltigkeit zusammenzuführen. Während die schwache Nachhaltigkeit nach einem anthropozentrischen Ansatz verfährt, basiert die starke Nachhaltigkeit auf einem ökozentrischen Ansatz. Hier stellt sich zunächst die Frage, ob einer der beiden Ansätze die Realität annähernd abzubilden vermag. Im Grundsatz gibt es keinen Zweifel, dass sich der Mensch in die Grenzen der Natur einordnen muss.[76] Dies erklärt sich daraus, dass ein funktionsfähiges Ökosystem zur Mehrung des Wohlstandes unerlässlich ist, wodurch ein öko-anthropozentrischer Ansatz sinnvoll erscheint.

Während die starke Nachhaltigkeit die Wachstumsverlangsamung bzw. den Wachstumsstopp als unerlässlich ansieht, strebt die schwache Nachhaltigkeit nach weiterem Wachstum als Schlüssel zur Nachhaltigkeit. In diesem Kontext ist festzustellen, dass ein genereller Verzicht auf Wachstum positive Effekte vernachlässigt, die ein kontrolliertes bzw. selektives Wachstum aufweisen kann. So ist dem Brundtland-Bericht zufolge Armut durch Wachstum, sowohl in Industrie- als auch in Entwicklungsländern zu bekämpfen.[77] Umweltschutz wird auch nach Pearce durch Wachstum aus motivationalen, strukturellen und finanziellen Gründen erleich-

---

[76] Neumayer, E.: Weak versus Strong Sustainabilty; Cheltenham, 1999; S. 9.
[77] v. Hauff; 1987.

tert.[78] Dabei sind jedoch die beiden Kategorien Wachstum und Umweltqualität voneinander zu entkoppeln, was durch Effizienzsteigerung, Sparsamkeit, Recycling, Strukturverbesserung und Nutzung erneuerbarer Ressourcen möglich erscheint.

Wie im Rahmen des Berichtes von Stiglitz et al. aufgezeigt wird, ist also entscheidend, wie Wachstum entsteht bzw. sich zusammensetzt.[79] Entspricht diese Zusammensetzung nicht den ökologischen und sozialen Anforderungen nachhaltiger Entwicklung, muss die Struktur des Wachstums verändert werden. Hierzu bietet sich besonders die Umwelt-, aber auch die Wirtschafts- und Finanzpolitik an. Entsprechend fordern Vertreter der ausgewogenen Nachhaltigkeit eine ökonomisch, ökologisch und sozial optimierte Wachstumsentwicklung. Die ausgewogene Nachhaltigkeit sieht eine Wachstumsverlangsamung oder einen Wachstumsstopp nur als mögliche Ergebnisse einer ökologischen Umstrukturierung der Gesellschaft an.[80] Grundsätzlich wird nach diesem Ansatz eine Harmonisierung von Wachstum und Umweltqualität angestrebt.

Entsprechend der Definition von Nachhaltigkeit im Brundtland-Bericht wird deutlich, dass intra- und intergenerationelle Gerechtigkeit neben den Anforderungen der Dreidimensionalität an Wachstum von zentraler Bedeutung ist. Danach soll Wachstum in der heute lebenden Generation gerecht verteilt werden und zukünftige Generationen sollen nicht schlechter gestellt sein als die gegenwärtige. Hinsichtlich der Forderung der intergenerationellen Nachhaltigkeit sind sich im Prinzip die Vertreter der schwachen, der ausgewogenen und auch der starken Nachhaltigkeit einig.

Die Frage, wie diese Anforderung erreicht werden soll, steht bisher jedoch noch zur Diskussion. So wird die oben beschriebene Kapi-

---

[78] Pearce, D. W.: Low Print to Greening the World Economy; London 1991; S. 11.

[79] Stiglitz; Sen; Fitoussi; 2009.

[80] Steuerer, R.: Paradigmen der Nachhaltigkeit, in: Zeitschrift für Umweltpolitik (ZfU), Bd. 24/2001; Frankfurt 2001; S. 544.

talerhaltungsregel nach Pearce differenziert betrachtet: Die schwache Nachhaltigkeit geht von der Substituierbarkeit der Kapitalarten aus, die starke Nachhaltigkeit hingegen lehnt dies ab. Im Mittelpunkt der Kontroverse steht das Problem, wonach durch einen zu hohen Ressourcenverbrauch und durch eine zu starke Umweltverschmutzung das Naturkapital abnimmt.

Eine unbegrenzte Substitution, wie sie entsprechend der schwachen Nachhaltigkeit möglich ist, erscheint der Forderung nach intergenerationeller Gerechtigkeit nicht gerecht zu werden. Oft lassen sich die Risiken eines zunehmenden Verbrauchs an Naturkapital nicht abschätzen. Es lässt sich nicht konkret bestimmen, ob durch technische Innovationen rechtzeitig das besonders „kritische Naturkapital" gleichwertig ersetzt werden kann. Es müsste danach für jede ökologische Funktion ein artifizielles Substitut existieren. Will man beispielsweise Wälder ersetzen, muss dies funktional gleichwertig erfolgen. Das Substitut darf somit im Verhältnis zu dem Original keine Nachteile aufweisen.

Auf der Grundlage der evolutionären und von Unwissenheit und Unsicherheit geprägten Weltsicht der Vertreter der Ökologischen Ökonomie reicht der Preis als Lenkungsfunktion für wirtschaftliche Aktivitäten nicht aus. Vielmehr muss ein Kapitalstock erhalten werden, der sowohl aus natürlichem als auch aus „menschengeschaffenem Kapital" besteht. Daraus begründet sich die starke Nachhaltigkeit. Sie stellt die Substituierbarkeit von Natur- durch Sachkapital grundsätzlich infrage. Die Substitutionselastizität ist gleich null. Constanza und andere Autoren definieren in diesem Kontext sehr prägnant ein System dann als „nachhaltig", wenn es überlebt bzw. fortdauert.[81] Ein gewisses „kritisches Naturkapital"

---

81 Constanza, R.; Patten, B.C.: Defining and Predicting Sustainability, in: Ecological Economics, Bd. 15/1995; S. 194.

zur Sicherung der Ökosysteme und deren Funktionsfähigkeit darf also nicht unterschritten werden.[82]

Eine begrenzte Substitutionsmöglichkeit hat auch Auswirkungen auf den Diskontierungsansatz der schwachen Nachhaltigkeit. Diskontiert werden darf nur, was in Zukunft vermutlich in gleichem oder in größerem Maße als heute vorhanden sein wird. All das, was knapper geworden ist (z. B. Regenwald, landwirtschaftliche Nutzfläche, Trinkwasser, natürliche Ressourcen, Biodiversität), dürfte demnach nicht diskontiert werden. Unterstellt man, dass in Zukunft die Wertschätzung von Natur höher sein könnte als heute und dass die Naturausstattung geringer wäre, entfällt jede Rechtfertigung für das Diskontieren von Naturkapital.[83]

Die ausgewogene Nachhaltigkeit nimmt auch hier eine vermittelnde Position ein und geht davon aus, dass nicht nur das Gesamtkapital konstant gehalten werden muss, sondern dass aufgrund einer nur eingeschränkten Substituierbarkeit des Naturkapitals kritische Bestandteile des Naturkapitals (Voraussetzung für ein Klimagleichgewicht, globale Stoffkreisläufe, Wälder, Gewässer, Ozonschicht etc.) zumindest konstant bleiben müssen. Natur- und Sachkapital sind demnach weder rein komplementär noch vollständig austauschbar. Für weniger kritische Bestände wird der Erhalt einer Mindestreserve gefordert. Es erscheint jedoch äußerst schwierig, alle relevanten Informationen hierzu zusammenzutragen, die eine Identifikation kritischen Naturkapitals ermöglichen würden. Aus der Unsicherheit begründet sich, dass sich die ausgewogene Nachhaltigkeit tendenziell an der starken Nachhaltigkeit orientiert. Die Diskontierung wird jedoch von der ausgewogenen Nachhaltigkeit nicht strikt abgelehnt. Sie fordert lediglich eine differenzierte Anwendung.

---

82 Pearce, D.W.; Atkinson, G.D.; Duborg, W.R.: The Economics of Sustainable Development in Annual Review of Energy and the Environment; 19. Jg. 1994; S. 468ff.
83 Ott; Döring; 2008; S. 126.

Resümierend lässt sich somit feststellen, dass die Vertreter der ausgewogenen Nachhaltigkeit Wirtschaftswachstum nicht per se ablehnen, sondern, wie schon erwähnt, an bestimmte Bedingungen knüpfen. Entsprechend ist die Struktur, d. h. die Zusammensetzung des Wachstums, zu analysieren und mit den Anforderungen der ökologischen Systeme abzustimmen. In Anlehnung an die Definition des Brundtland-Berichts bestimmen Common und Stagl nachhaltige Entwicklung wie folgt: „*sustainable development as a form of economic growth that would meet the needs and desires of the present without compromising the economy-environment system's capacity to meet them in the future […]*"[84]

3.5 Anforderungen nachhaltiger Entwicklung an das Welthandelssystem und die Entwicklung des internationalen Handels

In Kapitel 2 konnte gezeigt werden, dass die Struktur des Welthandelssystems und die Entwicklungstendenzen des internationalen Handels sich durch große Ungleichgewichte auszeichnen und daher den Anforderungen nachhaltiger Entwicklung nicht entsprechen. Dabei weist die Präambel der WTO eindeutig auf die Verpflichtung zu dem Leitbild nachhaltiger Entwicklung hin. Die vielfältigen Verhandlungsrunden im Rahmen des GATT und seit 1995 der Welthandelsorganisation führten jedoch nicht dazu, dass es zu einer nachhaltigen Integration der Mehrzahl der Entwicklungsländer in das Welthandelssystem kam. Das konnte exemplarisch auch am Beispiel der Doha-Runde verdeutlicht werden. Dies ist jedoch, wie auch gezeigt werden konnte, nicht nur den Akteuren der internationalen Wirtschaftsbeziehungen zuzuschreiben.

---

84 Common, M., Stagl, S.: Ecological Economics; Cambridge New York 2005; S. 254.

Es gibt eine Vielzahl von internen Ursachenfaktoren, wie die mangelnde Infrastruktur, das unzureichende Bildungssystem, aber auch eine unzureichende Versorgung mit Energie und Wasser, die eine Integration vieler Kleinfarmer in Entwicklungsländern in das Welthandelssystem mit verhindert haben. Betrachtet man sich die externen Ursachenfaktoren, so hat die „unsichtbare Hand", die bereits 1786 von Adam Smith als Steuerungsmechanismen hervorgehoben wurde, nicht funktioniert. Dazu bedarf es einer Umgestaltung des vorherrschenden Regelwerkes und der Machtstrukturen des Weltwirtschaftssystems.

Die ungleichgewichtigen Handelsstrukturen spiegeln sich auch in der Entwicklung des internationalen Handels wider. Zweifellos ist es einigen wenigen Entwicklungsländern, wie beispielsweise China und Brasilien und in zunehmendem Maße auch Indien, gelungen, ihren internationalen Handel auszudehnen. Insgesamt ist jedoch festzustellen, dass die Entwicklung des internationalen Handels für viele Entwicklungsländer ein starkes Ungleichgewicht aufweist. Betrachtet man besonders den internationalen Handel primärer Produkte (landwirtschaftlicher Produkte), so ist die Entwicklung des Handels mit diesen Produkten nur dann zu ändern, wenn die Handelshemmnisse der Industrieländer weiter abgebaut werden. Weiterhin müsste es entsprechend der Anforderungen nachhaltiger Entwicklung auch dazu kommen, dass die kleinen Produzenten in Entwicklungsländern stärker in die globalen Wertschöpfungsketten mit einbezogen werden. Daher stellt sich nun die Frage, ob der Faire Handel die aufgezeigten Defizite des internationalen Handels kompensieren kann.

4 Das Konzept und die Bedeutung des Fairen Handels

Die Existenz zahlreicher Akteure und Organisationen im Fairen Handel hat im Laufe der Zeit dazu geführt, dass verschiedene Definitionen zu dem Konzept entwickelt wurden. Im Jahr 2002 einigten sich die Mitglieder der Organisation „International Federation of Alternative Trade (IFAT, heute World Fair Trade Organisation, WFTO)", welcher sowohl Produzenten als auch Importorganisationen fair gehandelter Produkte angehören, auf eine Definition des Fairen Handels. Dabei gilt zu berücksichtigen, dass die WFTO, eine Mitgliedsorganisation besonders für Handwerksproduzenten, und die Fair Labelling Organisation (FLO), die später noch ausführlich gewürdigt wird, auf landwirtschaftliche Standards und Zertifizierungen spezialisiert ist.

„Fair Trade is a trading partnership, based on dialogue, transparency and respect, that seeks greater equity in international trade. It contributes to sustainable development by offering better trading conditions to, and securing the rights of, marginalized producers and workers – especially in the south.'[85]

Im Folgenden wird nun das Konzept des Fairen Handels vorgestellt. Zunächst wird in Abschnitt 4.1 die historische Entwicklung aufgezeigt. Dabei wird deutlich, wie sich in den vergangenen Jahrzehnten die Ausrichtung des Konzeptes verändert hat. In dem darauf folgenden Abschnitt werden dann die Grundsätze und Ziele aufgezeigt. In Abschnitt 4.3 werden die Organisationsstrukturen betrachtet, die in den vergangenen Jahren ebenfalls einen Prozess der Veränderung durchlaufen haben.

Veränderungen gab es teilweise auch bei den Produkten und den Produzenten, die in Abschnitt 4.4 vorgestellt werden. Ein wesentli-

---

[85] WFTO: What is fair trade? 2009; www.wfto.com Stand: 21.03.2011.

ches Merkmal von Fair Trade ist die spezielle Bildung des „Fairen Preises“, dessen Zusammensetzung in Abschnitt 4.5 aufgezeigt wird. In Abschnitt 4.6 wird dann die Distribution der Produkte analysiert. Welche Stellung der Faire Handel innerhalb des Welthandelssystems einnimmt, wird in Abschnitt 4.7 erläutert. Im letzten Abschnitt 4.8 wird schließlich der politische Einfluss des Fairen Handels betrachtet.

Neben den Anforderungen, die an die Partnerschaft und die Handelsbeziehung zwischen den Importorganisationen und den Produzenten gestellt werden, ist es also wichtig zu analysieren, welche Rolle der Faire Handel in der Politik und bei der Kaufentscheidung der Konsumenten spielt. Um die Idee des Konzeptes des Fairen Handels zu verstehen, ist es weiterhin wichtig, die Verflechtung der verschiedenen Initiativen und Organisationen nachvollziehen zu können. Schließlich ist im Kontext von Kapitel 4 zu prüfen, wie sich das Konzept Fair Trade in das Paradigma der nachhaltigen Entwicklung einordnet.

4.1 Historische Entwicklung

Die Entwicklung des Fairen Handels lässt sich in verschiedene Phasen unterteilen. Die Differenzierung der Phasen in chronologischer Folge ist insofern wichtig, da sich die einzelnen Phasen auch inhaltlich ganz wesentlich voneinander unterscheiden. Zu einer grundlegenden Veränderung kam es in den 1980er und 1990er Jahren. Die Veränderung lässt sich dadurch verdeutlichen, dass sich die Bewegung, gekennzeichnet durch FHOs mit integrierter Supply Chain, zu einer auf Zertifizierung und Verwendung von Labeln basierender Bewegung weiterentwickelte.[86] Nach Moore (2004) und

[86] Raynolds,L.;Long, M.: Fair/alternative Trade – Historical and empirical dimensions. In: Raynolds, L.; Murray, D.; Wilkinson, J. (eds): AIRTRADE The challenges of transforming globalization; New York 2007; S. 17.

Schaber und van Dok (2008) lassen sich vier Phasen unterscheiden.[87]

Erste Phase 1945 bis Ende der 1960er Jahre: Fairer Handel als Wohltätigkeit

Die Anfänge der Fair-Trade-Bewegung begannen nach dem Zweiten Weltkrieg in den USA. Die religiös begründete Wohlfahrtsorganisation „Ten Thousand Villages“ (ehemals „Selfhelp Crafts“) begann im Jahr 1946, Handwerksprodukte aus Puerto Rico zu importieren. Diese wurden dann über ihr kircheneigenes Netzwerk verkauft. Im Jahr 1958 eröffnete in den USA der erste Fair-Trade-Laden. In dieser Zeit kam es zu einer Zweiteilung der Länder, die sich am Welthandel beteiligten, in die Gruppe der marktwirtschaftlich und der planwirtschaftlich orientierten Länder. Es kam eine dritte Gruppe hinzu: die Gruppe der weniger entwickelten Länder, der Entwicklungsländer, für die dann auch der Begriff „Dritte Welt“ entstand. In dieser Zeit entwickelte sich ein Bewusstsein für die im internationalen Handel benachteiligten Produzenten in den Entwicklungsländern.

Danach begannen Organisationen in Nordeuropa und auch in Nordamerika, Handwerksprodukte von Kunsthandwerkern aus Entwicklungsländern zu verkaufen. Der Verkauf der Produkte wurde u. a. von den Organisationen „Oxfam UK“, „Dutch Catholic Fairtrade Organisatie (S.O.S Wereldhandel)“ in Europa und „Mennonite Central Committee“ in Nordamerika initiiert. Die britische Hilfsorganisation Oxfam, die in Europa eine gewisse Vorreiterrolle einnahm, begann, Handwerkserzeugnisse von Flüchtlingen aus China in ihren eigenen Oxfam-Geschäften zu verkaufen. Sie gründete im Jahr 1964 die erste einhundertprozentige Food and Agricul-

[87] Moore, G.: The Fair Trade Movement: Parameters, Issues and Future Research, in: Journal Business Ethics, No 1-2, 53. Jg.; 2004: S. 80, Schaber, C.; van Dok, G.: Die Zukunft des Fairen Handels; Luzern 2008; S. 28.

tural Organization (FAO), die sich ausschließlich dem Geschäft des Fairen Handels widmete.[88]

In den folgenden Jahren entstanden daraus die sogenannten Alternativ Trade Organizations (ATO). In dieser Zeit wandten sich die Entwicklungsländer auch verstärkt an internationale Organisationen wie die „United Nations Conference on Trade and Development (UNCTAD)“ die 1968 eine Konferenz in New Delhi abhielt. Während dieser Konferenz etablierte sich der Slogan „Trade not Aid“. Dieses Motto beschreibt die Forderung nach einer fairen und gleichberechtigten Handelsbeziehung zwischen Entwicklungsländern und Industrieländern.

Die „Dritte Welt Läden“ sahen ihre Aufgabe jedoch nicht nur im Vertrieb der Produkte aus Entwicklungsländern, sondern machten es sich auch zum Ziel, das Bewusstsein der Konsumenten gegenüber den Produzenten und Produkten aus Entwicklungsländern zu wecken bzw. zu schärfen. Das führte zu einer gezielten Kampagnenarbeit. Die FAOs wurden noch als „alternative Handelsorganisationen (AHO)“ bzw. „Alternative Trade Organizations (ATO)“ bezeichnet. Sie waren in dieser Phase noch kirchlich organisiert. Ihre Motivation bestand darin „Gutes zu tun“ wodurch der faire Handel die Form einer reinen „Charity Initiative“ einnahm.[89] Die historische Entstehungsphase war ganz wesentlich durch das Engagement der Zivilgesellschaft geprägt, die den traditionellen Handel als zunehmend ungerecht empfand. Hierbei spielten kirchliche Gruppen bzw. Organisationen eine wichtige Rolle.

---

88 Kocken, M.: 50. Jahre Fairer Handel – Eine kurze geschichtliche Darstellung der Bewegung des Fairen Handels; http://doku.cac.at/geschichte_fairtrade_byifat.pdf; Stand: 23.11.2010.

89 Nicholls, A.; Opal, C.: Fair Trade – Market-Driven Ethical Consumption; London 2004; S. 99.

Zweite Phase: Beginn der 1970er bis Mitte der 1980er Jahre: Fairer Handel als Handel aus Solidarität

Im Jahr 1969 öffnete der erste Weltladen in den Niederlanden. In Deutschland km es im Jahr 1972 zur Gründung des ökumenischen Arbeitskreises Entwicklungshilfe, aus dem eine der größten Importorganisationen im Fairen Handel hervorging. Das war im Prinzip der Beginn der Fair-Trade-Bewegung in Deutschland.[90] Der Arbeitskreis Entwicklungshilfe organisierte Altkleidersammlungen und Basare und wandte sich der schwierigen Stellung der Entwicklungsländer im Welthandelssystem zu. Der Faire Handel entwickelte sich zu Beginn der 1970 Jahre zu einer großen Solidaritätsbewegung. In den 1970er und 1980er Jahren vergrößerte sich das Fair-Trade-Netzwerk und die Verkaufszahlen stiegen.

In Österreich, Deutschland und der Schweiz kam es zur Gründung von Tochtergesellschaften von S.O.S Wereldhandel. Die Gesellschaft für Handel mit der Dritten Welt wurde als deutsche Tochter in der Form einer Stiftung ins Leben gerufen und war der Vorläufer der Gesellschaft zur Förderung der Partnerschaft mit der Dritten Welt (GEPA). Bis zu diesem Zeitpunkt wurden ausschließlich Handwerksprodukte im Rahmen des Fairen Handels verkauft. Als erstes Lebensmittel wurde der Kaffee in das Produktsortiment einbezogen: Im Jahr 1973 initiierte Fairtrade Organisatie den Verkauf des ersten fair gehandelten Kaffees. Im Rahmen des Fair Trade kam es verstärkt zum Import von Waren aus weniger entwickelten Ländern, die aufgrund politischer Bedingungen vom Welthandel ausgeschlossen waren. Der erste fair gehandelte Kaffee wurde beispielsweise von kleinen Produzenten aus Guatemala importiert.

Im Gegensatz zu Nordamerika wuchs der Markt für fair gehandelte Produkte in Europa immer weiter. In den 1990er Jahren gab es

---

[90] Raschke, M.: Fairer Handel – Engagement für eine gerechte Weltwirtschaft, 2. Aufl.; 2009; S. 47ff.

bereits mehr als 60 Organisationen, die Fair-Trade-Produkte aus Entwicklungsländern importierten. Das hatte zur Folge, dass immer mehr Weltläden eröffnet wurden. Im Jahr 1988 wurde die Max Havelaar Foundation in den Niederlanden gegründet. Das vorrangige Ziel dieser Stiftung war die Entwicklung eines Labels. Dieses Label sollten Importorganisationen gegen Zahlung einer Zertifizierungsgebühr erhalten. Die Einfuhr der Produkte auf der Basis festgelegter Standards galt als Voraussetzung der Zertifizierung. Die GEPA weitete ihren Betrieb im Jahr 1989 auf Bio- und Naturkostläden, den Lebensmitteleinzelhandel und den -großhandel aus und erweiterte so den Zugang der Konsumenten zu fair gehandelten Produkten.

Aus ökonomischer Perspektive lässt sich feststellen, dass der Faire Handel Anfang der 1970er bis Ende der 1980er Jahre weitestgehend angebotsorientiert war. Das Konzept entwickelte sich auf der Grundlage des Angebotes der Produzenten und Händler, wogegen die Nachfrage der Kunden eher eine untergeordnete Rolle spielte. Mit der Gründung der nationalen Zertifizierungsgesellschaften und strategischer Organisationen, wie die der European Fairtrade Association (EFTA) und der „ International Federation of Alternative Trade“, erfolgte immer mehr eine Entwicklung zu einem produktorientierten Handel.

Bezeichnend für die zweite Phase ist auch, dass die Produzenten im Süden immer stärker zu Partnern der Fair-Trade-Organisationen in den Industrieländern wurden. Die Produzenten entwickelten sich von Wohltätigkeitsempfängern zu Handelspartnern. Der Handel wurde auch zunehmend durch Förderprogramme begleitet, womit die Produzenten sich besser auf die Situation im globalen Markt vorbereiten konnten. Die FAOs verstanden sich in dieser Phase hauptsächlich als Bindeglied zwischen dem Produzenten und Konsumenten, die die Idee des Fairen Handels unterstützten und ein anderes bzw. alternatives Handelsgefüge etablieren wollten. Im Vordergrund stand weiterhin die Erzielung eines höheren Einkommens für die Handelspartner aus den Entwicklungsländern.[91] Das übergeordnete Ziel war die Transformation des Regelwerkes des traditionellen Welthandels in ein gerechteres Regelwerk.

Dritte Phase: Mitte der 1980er bis Ende der 1990er Jahre: Konsolidierung und Professionalisierung

Die Strategie, wonach die hergestellten Produkte sich überwiegend an den Möglichkeiten der Produzenten ausrichteten und weniger auf die Nachfrage der Konsumenten abzielten, stellte sich als zunehmend problematisch heraus. Die AHOs und Weltläden waren in zunehmendem Maße mit rückläufigen Verkaufszahlen konfrontiert. Daher mussten viele AHOs erhebliche Verluste hinnehmen und die Geschäftsbedingungen führten in verschiedenen Bereichen zu Ineffizienz. In einer Analyse der Handelskette Oxfam fand die Unternehmensberatung McKinsey im Jahr 2000 heraus, dass Oxfam ein Produkt für 36 USD verkaufte, wobei die Kosten 54 USD betrugen. Grund für den niedrigen Verkaufspreis war, dass Oxfam das Produkt am Markt absetzen musste. Dadurch verlor Oxfam pro Produkt, das sie verkauften, 18 USD. Von dem Verkaufspreis blieben für die Produzenten maximal 5 USD, während die restlichen 13 Dollar für das Handelsgeschäft aufgewendet werden mussten.[92]

In dieser Phase stellten sich viele AHOs nicht in ausreichendem Maße auf veränderte Bedingungen ein und gingen daher in Insolvenz. Hinzu kam, dass das Scheitern des internationalen Kaffeeabkommens zu einem starken Einkommensrückgang der Kleinproduzenten führte. Die Preise sanken deutlich, wodurch der Absatz der Waren zu einer existenziellen Frage wurde. Die AHOs erkannten zunehmend, dass eine Steigerung der Absatzmenge nötig war. Als Lösung wurde ein Label angestrebt, das sich am Biosiegel orientie-

---

[91] Nicholls; Opal; 2004; S. 80.
[92] Ebenda; S. 83.

ren und somit auch den Verkauf im konventionellen Handel möglich machen sollte.

Die Orientierung an der Nachfrage der Kunden gewann daher in der dritten Phase, d. h. in den 1990er Jahren, an Bedeutung. Ende der 1990er Jahre gab es bereits verschiedene nationale Initiativen (Max Havelaar, TransFair, Fairtrade Foundation) in Europa, Nordamerika und Japan, die seit 1997 unter der Fairtrade Labelling Organization (FLO) koordiniert wurden.[93] Grundsätzlich lassen sich FLO international (sie erläutert die Standards für Produkte) und Flo.cert (die Zertifizierungsorganisation) unterscheiden. In den Niederlanden wurde beispielsweise das erste Gütesiegel unter dem Namen „Max Havelaar" im Jahr 1988 eingeführt. In Deutschland kam es zur Gründung von Transfair e.V. Transfair als deutsche Labelinitiative wurde von vielen kirchlichen Organisationen mitgegründet. Heute sind 38 überwiegend zivilgesellschaftliche Organisationen und Initiativen Mitglied bei Transfair. In den 1990er Jahren folgten dann weltweit Fair-Handelsimportorganisationen, kirchliche Initiativen und NGOs dieser Vorgehensweise und gründeten ebenfalls nationale Label-Initiativen.

Diese Initiativen führten zu einem Kontroll- und Zertifizierungssystem, mit dem garantiert wurde, dass die gelabelten Produkte unter fairen Bedingungen produziert und gehandelt werden. Nun war es möglich, dass auch in Bioläden und kleineren Einzelhandelsketten die Produkte verkauft werden konnten. Das erste Produkt mit einem Label war Kaffee, wonach dann aus dem Landwirtschaftssektor weitere Produkte wie Kakao, Honig und Tee folgten. Daraus begründete sich, dass die Zahl der beteiligten Akteure deutlich zunahm und sich nun die Fair-Handelsimporteure und Weltläden besser koordinieren mussten und kooperativer zusammenar-

93 Fridell, G.: The Fair Trade Network in Historical Perspective, in: Canadian Journal of Development Studies, Bd. 25, 2004; S. 411ff.

beiteten. Eine logische Schlussfolgerung daraus war, dass Dachverbände gegründet wurden.[94]

Im Jahr 1994 schlossen sich die europäischen Weltläden in dem neu gegründeten „Network of European Worldshops (NEWS!)" zusammen. Das Ziel dieses Zusammenschlusses war, die Markteffizienz zu erhöhen, gemeinsame Kampagnen zu koordinieren und durchzuführen, ein verbesserter Informationsaustausch in Bezug auf die Markttrends und Absatzentwicklungen. Im Jahr 2007 waren in NEWS! 13 nationale Dachverbände (2060 Weltläden) in zwölf Ländern zusammengeschlossen.[95]

Vierte Phase: Ende der 1990er Jahre bis zur Gegenwart: Stetiges Wachstum und zunehmende Kommerzialisierung

Das Produktlabel führte dazu, dass konventionelle Einzel- und Großhändler die Möglichkeit erhielten, Produkte aus dem Fairen Handel zu verkaufen. Der Anstieg der Verkaufsmenge und der nationalen Label-Initiativen führte zu dem Bedürfnis einer verbesserten Koordination und erhöhten Kooperation. So wurde 1997 die Dachorganisation der nationalen Label-Initiativen, die FLO, gegründet. Dabei wurden die Standards für die Produkte und den Handel vereinheitlicht und gleichzeitig wurde das gesamte Kontrollsystem zentralisiert und professioneller gestaltet. In diesem Kontext kam es dann auch zu dem informellen Zusammenschluss aller vier Dachorganisationen unter der Bezeichnung „FINE".

FINE ist somit ein loser Zusammenschluss der vier internationalen Organisationen des Fairen Handels: Fairtrade Labelling Organisati-

---

[94] Schaber, C.; van Dok, G.: Die Zukunft des fairen Handels; Luzern 2008; S. 33f.

[95] Krier, J.–M.: Fair Trade 2007: News Facts and Figures from an ongoing Success Story – A report on Fair Trade in 33 consumer countries, Dutch Association of Worldshop (DAWS), supported oft the FINE advocacy office, http://www.european-fair-trade-association.org/efta/Doc/FT-E-2007.pdf, Stand: 28.9.2010; S. 32.

on International (FLO), International Fairtrade Association (IFTA), Network of European Worldshops (NEWS!) und European Fairtrade Association (EFTA). Die Anfangsbuchstaben der einzelnen Organisationen führen dann zu dem Kürzel FINE. FINE ist somit als Dachorganisation bzw. als Netzwerk des Fairen Handels besonders gegenüber der Wirtschaft und der Politik zu verstehen, um eine gemeinsame Position zu vertreten. Parallel zu diesem Netzwerk haben sich in den folgenden Jahren sowohl im Süden als auch im Norden weitere regionale Netzwerke gebildet: Asia Fairtrade Forum, Ecota Fairtrade Forum in Bangladesch, Fairtrade Group Nepal, Associated Partners for Fairtrade Philippines, Fair Trade Forum India, Kenia Federation for Alternative Trade, Coordinadora in Latin America u.a.[96]

Der Zusammenschluss der nationalen Labelling-Initiativen und die damit verbundene Einbeziehung der konventionellen Unternehmen führte für viele Experten zur endgültigen Integration in den Mainstream.[97] Dadurch wurde teilweise auch eine klare Trennung zum konventionellen Handel infrage gestellt. Teilweise wird dies als „Zerreißprobe für die Fair-Trade-Bewegung" eingeordnet.[98] Zu dieser Entwicklung stellt Dolan fest:[99]

"The fairtrade movement diverged into two discrete paths: an idealist orientation toward trade justice, structural change, and human solidarity; and an instrumentalist focus on certification, standardization and market expansion. The first approach, pursued by the International Fairtrade Association (IFAT), markets goods that are produce, imported and/or distributed by specialized

---

[96] Kocken; 2010.

[97] Nicholls, Opal; 2008; S. 80.

[98] Brot für die Welt, eed, BUND: Zukunftsfähiges Deutschland in einer globalisierten Welt, 2. Aufl.; Frankfurt 2008; S. 497ff.

[99] Dolan, C.S.: Virtual Moralities: The Mainstreaming of Fairtrade in Kenyan tea fields, in: Geoforum, H. 1, 41. Jg.; 2008; S. 33-43.

Fairtrade or Alternative Trade Organizations (FTOs or ATOs) through alternative distribution chains that are oriented toward speciality outlets and defined shared understandings of fairness, grassroots development and north south partnerships. The second approach, epitomized by FLO, certifies and markets fairtrade products through mainstream distribution channels, with sales increasingly targeted toward supermarkets and transnational food corporations."

4.2 Grundsätze und Ziele

Der Faire Handel soll primär Kleinbauern in Entwicklungsländern unterstützen und ihnen die Möglichkeit geben, am internationalen Handel zu partizipieren. Sie befinden sich grundsätzlich in einer Situation, in der sie nur in geringem Maße von der Produktion ihrer Produkte profitieren können. Ihnen fehlt der Zugang zur Infrastruktur, um die Waren auf entsprechende Märkte zu transportieren und dort zu verkaufen. Daher sind sie von Zwischenhändlern abhängig, welche die Produkte vor Ort abholen und dem Importeur eine größere Menge des nachgefragten Gutes anbieten können. Für die Kleinbauern ist der Zwischenhändler die alleinige Informationsquelle für den Marktpreis und das Marktgeschehen.

Der Zwischenhändler befindet sich somit in einer für ihn vorteilhaften Situation. Die Kleinbauern sind auf ihn angewiesen und erhalten somit nur einseitige Informationen. In der Konsequenz verfügen sie über unzureichende Informationen hinsichtlich Marktpreis und Qualitätsanforderungen. Durch den Fairen Handel soll der Export der Produkte in die Industrieländer direkt, d. h. ohne Zwischenhandel, erfolgen. Um die Position der Kleinbauern zusätzlich zu stärken, ist der Zusammenschluss mehrerer Produzenten zu Kooperativen ein weiterer Bestandteil des Konzeptes „Fairer Handel".

Die Bedingungen, unter denen der Faire Handel zwischen Importeuren und Produzenten stattfindet, können zwischen den Organisationen variieren. Dennoch stehen hinter dem Konzept grundlegende Prinzipien, die von allen Organisationen akzeptiert und angestrebt werden. Aber auch diese Prinzipien können von den

Organisationen unterschiedlich interpretiert und wahrgenommen werden. Ein Beispiel hierfür ist die Behandlung von zusammengesetzten Produkten. So war es in der Vergangenheit nicht immer klar, ab welchem Anteil ein Produkt über den Fairen Handel verkauft werden kann bzw. das Fair-Trade-Siegel erhält.[100]

In Abbildung 4-1 wird deutlich, welche Prinzipien Bestandteil der Partnerschaft zwischen den Produzenten und den Fair-Handelshäusern sind. Die Verbindung zum Modell der drei Dimensionen der Nachhaltigkeit wird hier deutlich. Das Konzept des Fairen Handels setzt sich aus den drei in Abschnitt 3.2 vorgestellten Dimensionen Ökologie (Erhalt von Natur bzw. Ökosystemen für nachfolgende Generationen), Ökonomie (verantwortungsvoller Umgang mit wirtschaftlichen Ressourcen mit dem Ziel der Wohlstandsmehrung) und Soziales (Entwicklung einer Gesellschaft, in der alle Mitglieder gleichermaßen partizipieren) zusammen.[101] Das Konzept beinhaltet:

- die Festsetzung eines Mindestpreises für die Erzeugnisse,
- die Unterstützung der Produzenten bei der Finanzierung der Projekte,
- die zuverlässige Handelsbeziehung zwischen den Importeuren im Norden und den Produzenten im Süden,
- die sozial verträglichen Arbeitsbedingungen auf den Plantagen und den Produktionsstätten in den Produzentenkooperativen sowie
- die Einhaltung bestimmter Umweltstandards zur Verbesserung der Umweltsituation in den Entwicklungsländern.

Im Folgenden werden die einzelnen Prinzipien näher erläutert.

---

100 Kunz, M.: Fair Trade im Vergleich mit anderen Bemühungen, Arbeitsbedingungen in der globalen Wirtschaft zu verbessern; Wiesbaden 1999; S. 11-12.

101 v. Hauff; Kleine; 2009; S. 15 ff.

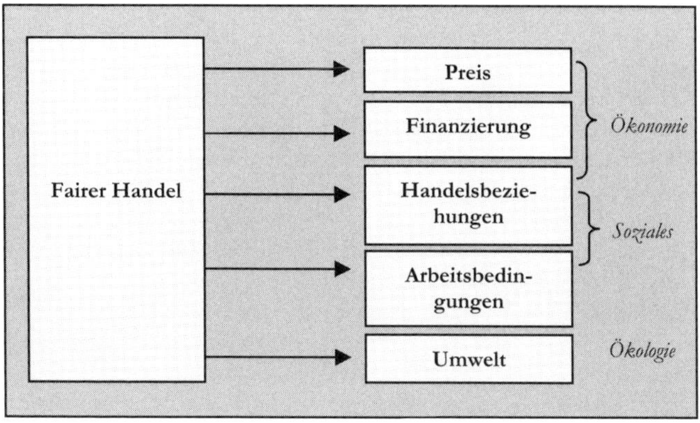

Abb. 4-1: Bestandteile des Konzeptes „Fairer Handel“[102]

Preis

Im Rahmen des Fairen Handels werden hauptsächlich Primärprodukte (landwirtschaftliche Produkte) angeboten, die sich durch eine geringe Preiselastizität auszeichnen. Das bedeutet, dass sie auf dem Weltmarkt zu einem Preis angeboten werden, bei dem der Erlös, den die Produzenten für ihre Güter erhalten, teilweise die Produktionskosten nicht abdeckt. Das gilt zumindest für Kleinproduzenten. Hier setzt das Konzept des Fairen Handels mit einem Mindestpreis für die Produkte an, der im Idealfall von den Importorganisationen in den Industrieländern und den Produzenten in den Entwicklungsländern gemeinsam festgelegt wird.

Der Preis für die Produkte setzt sich daher aus einem Mindestpreis und einem „Fair-Trade-Aufschlag“ zusammen. Der so festgelegte Preis soll die Produktionskosten decken und die Löhne der Klein-

[102] Eigene Darstellung.

bauern sichern. Die Kooperation FINE (der bereits erwähnte Zusammenschluss der fachnahen Dachverbände Fair Trade Labelling Organisation (FLO), International Fairtrade Association (IFTA), Network of European Worldshops (NEWS!) und European Fair Trade Association (EFTA)), legt in diesem Zusammenhang die „Fairen Löhne" fest, die sich nicht an den gesetzlichen Mindestlöhnen der Länder orientieren, sondern den realen Lebenshaltungskosten der Produzenten entsprechen.[103]

Die Produzenten sollen von den Erlösen der exportierten Produkte somit direkt profitieren. Die Entscheidung über einen effizienten Einsatz der Erlöse findet innerhalb der Organisation bzw. Genossenschaft, zu der sich die Produzenten zusammengeschlossen haben, statt. Das Ziel ist die Verwirklichung und Sicherung gemeinschaftlicher Projekte, an denen alle an der Produktion beteiligten Produzenten teilhaben sollen. So kann der Gewinn dafür eingesetzt werden, die Lebensbedingungen der Produzenten (vielfach Kleinbauern) zu verbessern. Als Beispiel hierfür ist der Bau von Schulen für die Kinder der Produzenten zu nennen.[104] Der Mehrpreis, der von den Handelsgesellschaften für die Produkte gezahlt wird, ist für die Produzenten ein Anreiz, um ökologische und soziale Standards bei der Produktion einzuhalten.

Vorfinanzierung

Ein weiteres Element des Konzeptes des Fairen Handels ist die Vorfinanzierung. Das bedeutet, dass die Produzenten einen Teil der Bezahlung für ihre Produkte im Voraus erhalten. Die Vorfinanzierung trägt dazu bei, dass die Produzenten in die Lage versetzt werden, ihre Produktion durchführen zu können. Die Finanzmittel können beispielsweise für den Einkauf von Rohmaterialen, Saatgut

---

103 Die VERBRAUCHER INITIATIVE e.V.: Begleitmaterial Fairer Handel; http://www.oeko-fair.de/media/file/60.64.pdf; Stand: 22.03.2011; S. 1.

104 Steinrücken, T.: Funktioniert 'fairer' Handel? Ökonomische Überlegungen zum alternativen Handel mit Kaffee; Diskussionspapier Nr. 32; TU Illmenau; Illmenau 2003; S. 8.

oder Produktionsanlagen verwendet werden. Die Produzenten sind durch diese finanzielle Unterstützung nicht mehr gezwungen, Kredite bei lokalen Geldverleihern aufzunehmen, die vielfach völlig überzogene Zinsen verlangen. Die Kleinfarmer müssen sich somit auch nicht mehr verschulden, um die Produktion und die Produktionsmaterialien finanzieren zu können.

Handelsbeziehungen

Die Handelsbeziehungen mit den Importorganisationen sollen für die Produzenten eine langfristige Alternative zum konventionellen Welthandel darstellen. Die Produzenten sind dadurch in der Lage, die Herstellung und den Vertrieb ihrer Produkte und damit ihre Wirtschaftlichkeit zu planen. In diesem Zusammenhang ist es wichtig, dass die Waren direkt von den Produzenten zu den Importorganisationen gelangen. Dadurch wird der Zwischenhandel weitgehend ausgeschaltet und es können Abhängigkeitsverhältnisse vermieden werden, die sich aus der Konstellation der Zwischenhändler in Entwicklungsländern und den Produzenten häufig einstellen. Der Zwischenhandel begründet sich daraus, dass besonders für Kleinfarmer ein Mangel an Verkehrsinfrastruktur und finanziellen Ressourcen besteht und sie somit keinen Zugang zu den regionalen bzw. internationalen Märkten haben.

Viele Produzenten haben auch aufgrund der kleinen Menge, die sie produzieren, keine Möglichkeit, direkt an Importeure zu verkaufen. Die Unternehmen aus Industrieländern kaufen die Produkte von Zwischenhändlern, da diese große Mengen anbieten können. Dadurch werden der Transport und die Aufbereitung der Güter kostengünstiger. Diese Situation erklärt, dass die Zwischenhändler oft die einzigen Abnehmer für die Güter der Kleinfarmer sind. Die Vielzahl von Kleinfarmern (vollständige Konkurrenz) führt dazu, dass die einzelnen Anbieter keinen Einfluss auf den Preis ihrer Produkte haben. Da es oft nur eine begrenzte Anzahl von Zwischenhändlern (Oligopolisten) gibt, können diese die Preise maßgeblich beeinflussen.[105] Im Kontext des Fairen Handels kann diese Preisbildung durch die direkte Handelsbeziehung zwischen den Produzenten und den Importorganisationen verhindert werden.

Im Rahmen des Fairen Handels hat das Konzept der Kooperative eine große Bedeutung: Als Handelspartner der Importorganisationen in Industrieländern treten oft Produzentenzusammenschlüsse in Form von Kooperativen auf. Aber auch auf der Seite der Importeure gibt es vereinzelt kooperative Strukturen. Von der International Co-Operative Alliance wird eine Kooperative wie folgt definiert:

„*A co-operative is an autonomous association of persons united voluntarily to meet their common economic, social and cultural needs and aspirations through a jointly-owned and democratically-controlled enterprise.*"[106]

Die beiden folgenden Abbildungen zeigen die Verflechtung der einzelnen Akteure im kooperativen Modell und in einem Modell, welches beispielsweise für Plantagenarbeiter denkbar ist. Im Modell der Kooperative verkaufen die Kleinbauern ihre Ware an die Kooperative. Die Kooperative ist ein Zusammenschluss von Kleinbauern und wird von ihnen geleitet. Die Produkte werden für den Export vorbereitet und an Handelspartner aus den Industrieländern verkauft. Die Kooperative erhält einen Fair-Trade-Preis und eine Prämie. Die Bezahlung der Bauern erfolgt nach Absprache durch die Kooperative. Ein Teil der Einnahmen verbleibt in der Kooperative und wird für Projekte verwendet (Entwicklungsprojekte, technische Verbesserungen).

---

[105] Liebig, K.; Sautter, H.: Politische Wirkungen des Fairen Handels; in: Misereor, Brot für die Welt, Friedrich-Ebert-Stiftung (Hrsg.): Entwicklungspolitische Wirkungen des fairen Handels. Beiträge zur Diskussion; Aachen 2000; S. 128-132.

[106] International Co-operative Alliance: Defintion of Co-operatives; www.ica.coop/coop/principles.html; Stand: 22.03.2011.

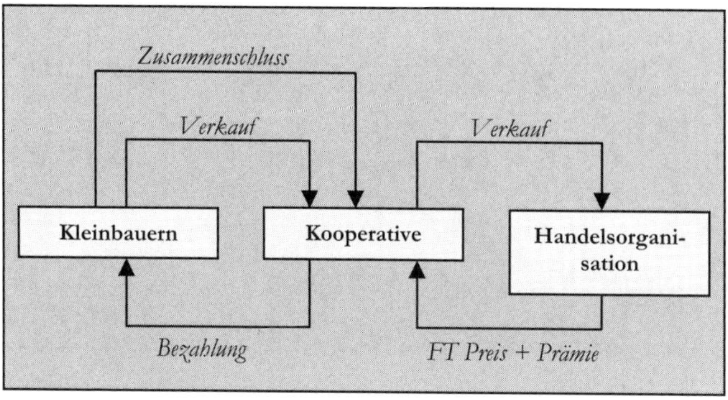

Abb. 4-2: Corporate Structure[107]

Im Plantagenmodell wählen die Mitarbeiter der Plantage einen Ausschuss (Joint Body). Dieser setzt sich sowohl aus Plantagenarbeitern als auch aus Mitgliedern des Managements zusammen. Die Plantage verkauft ihre Produkte an Handelsorganisationen aus den Industrieländern und erhält dafür den Fair-Trade-Preis und eine Prämie. Der Ausschuss entscheidet dann über die Verwendung der Prämie.

---

[107] Nicholls; Opal 2004; S. 92 ff.

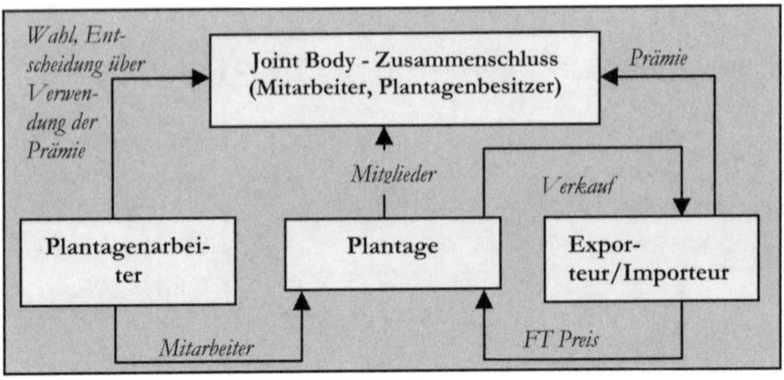

Abb. 4-3: Hired Labour Structure[108]

Der Vorteil eines Zusammenschlusses von Kleinfarmern zu einer Kooperative besteht darin, dass größere Mengen des Produktes hergestellt und vertrieben werden können und damit auch höhere Gewinne zu erzielen sind. Weiterhin profitieren die Produzenten von einem institutionalisierten Eigentum, den Bedingungen nachhaltiger Entwicklung und einer Organisationsstruktur, die intensiver auf Entscheidungen zuarbeitet, die in Verbindung mit dem Fairen Handel zu einer gesicherten gemeinsamen Prämie führt. Für die Fair-Trade Organisationen in den Industrieländern ist die Zusammenarbeit mit einer Produzentenkooperative ebenfalls von Vorteil, da ein höherer Grad an Verlässlichkeit und Stabilität gegeben ist.[109]

Arbeitsbedingungen

Die Arbeitsbedingungen auf den Plantagen, Feldern und in den Produktionsstätten in Entwicklungsländern sind oft sehr schlecht. In der Regel stehen den Erwerbstätigen keine Sozialleistungen oder ärztliche Versorgung zur Verfügung. Das Konzept des Fairen Handels möchte dem entgegenwirken, indem darauf hingearbeitet wird,

---

[108] Nicholls; Opal 2004; S. 92ff.

[109] Develtere, P.; Pollet, I.: Co-operatives and Fair-Trade (COPAC); Leuven 2005; S. 19.

dass die international festgelegten Menschenrechte die Grundlage für die Gestaltung der Arbeits- und Lebensbedingungen sind. Ein Bestandteil davon sind die Kernarbeitsnormen nach den ILO-Standards:

- Recht auf Versammlungsfreiheit,
- Recht zur kollektiven Verhandlungsführung,
- Verbot von Kinderarbeit und Zwangsarbeit,
- Verbot der Diskriminierung.

Die Rechte der Kinder und Frauen in Entwicklungsländern sollen im Rahmen des Fairen Handels besonders gestärkt werden. So ist beispielsweise Kinderarbeit nach den Grundsätzen des Fairen Handels verboten. Weiterhin wird die Gleichstellung von Mann und Frau gefördert. Aus-, Fort- und Weiterbildungsprogramme besonders für Frauen sollen dabei einen wichtigen Beitrag leisten. Durch die besondere Förderung von Frauen soll deren Unabhängigkeit gestärkt werden. Bestimmte Sozialleistungen wie beispielsweise eine gesicherte Gesundheitsversorgung sollen allen Produzenten zur Verfügung stehen. Vielfach werden auch basisdemokratische Strukturen gefördert.[110]

Umwelt

Neben den bereits aufgezeigten sozialen Standards wird im Rahmen des Fairen Handels auch eine ökologisch verträgliche Produktion gefordert. Dies wird in Form einer verbindlichen Festlegung ökologischer Standards gewährleistet und erfordert eine Umstellung der Produktions- und Anbaumethoden der Produzenten entsprechend der von dem Fair-Trade-Konzept vorgegebenen Standards. Maßnahmen in diesem Zusammenhang sind eine alternative, umweltgerechte Abwasserentsorgung, die Umstellung der Schädlingsbekämpfung durch die Vermeidung von Pestiziden und Fungiziden und die Vermeidung von Monokulturen. Die Produzenten werden bei der Umstellung ihrer Produktionsweise von den Fair-Handels-

---

[110] Brot für die Welt et al 2008; S. 496.

organisationen gefördert und unterstützt. Das geschieht durch gezielte und erprobte Beratungsangebote und durch das zur Verfügung gestellte Informationsmaterial.

Die genannten Standards gelten als Richtlinien für die gesamte Produktion. Weiterhin werden produktspezifische Standards festgelegt, welche die Zusammensetzung des Preises (Abschnitt 4.5), die Qualität der Produkte und die zum Einsatz kommenden Produktionsverfahren betreffen. Bei der Aufnahme einer Handelsbeziehung mit den Importeuren in den Industrieländern müssen die Kleinbauern nicht alle genannten Standards erfüllen. Sie müssen sich jedoch zu den Anforderungen des Fairen Handels bekennen und die Bereitschaft zur Umsetzung der Standards zeigen und anstreben.

Jede Fair-Handelsorganisation legt darüber hinaus weitere Prinzipien als Grundlage der Partnerschaft fest. Die Bereitstellung von Informationen durch die Fair-Handelsorganisationen leistet einen Beitrag zur Verbesserung der Lebens-, Arbeits- und Einkommenssituation der Kleinfarmer. Neben der Unterstützung bei der Umsetzung von Umweltstandards und effizienteren Produktionsmethoden sind Seminare für Marketingaktivitäten in Zusammenarbeit mit den Produzenten eine weitere Programmkomponente der Organisationen.[111] Sie soll dazu beitragen, dass die Standards der Nachhaltigkeit im Konsumenten entsprechend angenommen werden.

Fazit

Die Beratung und Unterstützung der Produzenten bzw. der Kooperativen, zu denen sie sich zusammengeschlossen haben, zielt auf die Förderung der Eigenverantwortlichkeit und der Beteiligung an Entscheidungsprozessen innerhalb der Kooperativen ab. Von den Initiativen und den Akteuren, die sich am Fairen Handel aktiv beteiligen, werden die Grundprinzipien des Konzeptes unterschied-

---

[111] Piepel, K.; Möller, A.; Spiegel, K.-H.: Einleitung; in: Misereor, Brot für die Welt, Friedrich-Ebert-Stiftung (Hrsg.); a.a.O.; 2000; S. 13-15.

lich definiert und wahrgenommen. Das gilt auch für Umweltstandards. Die Definition des Konzeptes kann anhand unterschiedlicher Ansätze erfolgen. Einerseits kann der Faire Handel darauf ausgerichtet sein, altruistische Ziele zu verfolgen und in erster Linie auf entwicklungspolitische Probleme aufmerksam zu machen. Andererseits kann die Definition des Fairen Handels darauf ausgerichtet werden, dass das Konzept auf den gesamten internationalen Handel zu übertragen ist und die Standards für Nachhaltigkeit für jegliche Handelsaktivitäten erstrebenswert sind.[112] Hier stellt sich die entwicklungspolitisch bedeutsame Frage, ob der Faire Handel sich grundsätzlich als eine Alternative oder als Neuorientierung zum konventionellen Handel versteht.[113] Das Ziel der Importorganisationen ist es, den Produzenten in Entwicklungsländern den Zugang zum Weltmarkt und somit die Teilnahme am Welthandel zu ermöglichen. Unter Berücksichtigung der Tatsache, dass der Faire Handel ursprünglich aus der Kritik am konventionellen Handel entstanden ist, entsteht ein Widerspruch, sobald eine Eingliederung der Beteiligten in den konventionellen Handel angestrebt wird bzw. erfolgt. Es stellt sich also die Frage, welche Intention mit dem Fairen Handel angestrebt wird und was entsprechend bewertet werden soll.

Gegenwärtig ist – wie schon erwähnt – eine verstärkte Kommerzialisierung, also die Vermarktung der Produkte auch über konventionelle Handelswege, wie z. B. Supermärkte, zu erkennen. Die Befürworter begründen diese Zielrichtung mit dem Slogan „raus aus der Nische“. Das lässt sich durchaus im Sinne einer möglichst umfangreichen und spürbaren Verbesserung der Lebenssituationen und Marktzugänge der Produzenten, aber auch mit der Perspektive

---

[112] Jones, S. u.a. (Oxford Policy Management, Sustainable Markets Group): Fair Trade: Overview, Impact, Challenges. Study to inform DFID's support to Fair Trade; Oxford, London 2000; S. vi.

[113] Piepel, K.; Möller, A.; Spiegel, K.-H.: Fairer Handel, wohin? Diskussionsanstöße aus den Studien über die entwicklungspolitischen Wirkungen des Fairen Handels; in: Entwicklungspolitik; H. 19; 2000; S. 40.

einer gerechteren Welthandelsordnung begründen.[114] Ein Motiv der Supermärkte hierbei ist, dass sie sich ein neues Marktsegment erschließen wollen und als „Nebenprodukt" sich auch als entwicklungspolitisch engagiert und verantwortungsbewusst zeigen möchten.

Von einigen Befürwortern des Fairen Handels wird diese Entwicklung der Kommerzialisierung und die Organisation und Koordination der Akteure über Initiativen, wie beispielsweise die FLO, kritisiert. Der Bedeutungsverlust der politischen Zielsetzung in Verbindung mit dem Fairen Handel steht dabei im Mittelpunkt der Diskussion.[115] Hierbei gilt jedoch zu berücksichtigen, dass diese Entwicklung schon längst eingeleitet wurde (vgl. die historische Phase 4) und nicht rückgängig zu machen ist. Daher sollten den Befürchtungen, die besonders von politisch, solidarisch motivierten Kreisen des Fairen Handels geäußert werden, die Chancen entgegengehalten werden: diese Entwicklung dient durchaus – wenn von allen Akteuren die Standards eingehalten werden – den Lebensbedingungen der Produzenten, was dem Anliegen der Fair-Handels-Bewegung entspricht. Nach Raschke könnte es auch zu einer weiteren Professionalisierung und Profilierung der Informations-, Bildungs- und Kampagnenarbeit im Fairen Handel kommen, wenn Bewusstseins- und Informationspolitik nicht zur reinen Werbepolitik verkommt.[116]

---

[114] Raschke 2008; S. 467.

[115] Liebrich, A.: Standards und Labels – Das Beispiel des fairen Handels; in: Ulrich, P. (Hrsg.): Standards und Labels. Einsatz und Wirkung in der Entwicklungspolitik; Bd. 2; St. Gallen 2002; S. 25-26.

[116] Raschke 2008; S. 469.

4.3 Organisation des Fairen Handels

Im Bereich des Fairen Handels gibt es eine Vielzahl von Akteuren und Organisationen. Wie schon erwähnt, haben sich in Entwicklungsländern Produzenten teilweise zu Produzentengruppen (Kooperativen) zusammengeschlossen. In den Industrieländern gibt es eine Vielzahl von Importorganisationen und Initiativen, wobei eine Konzentration auf den europäischen Raum festzustellen ist.

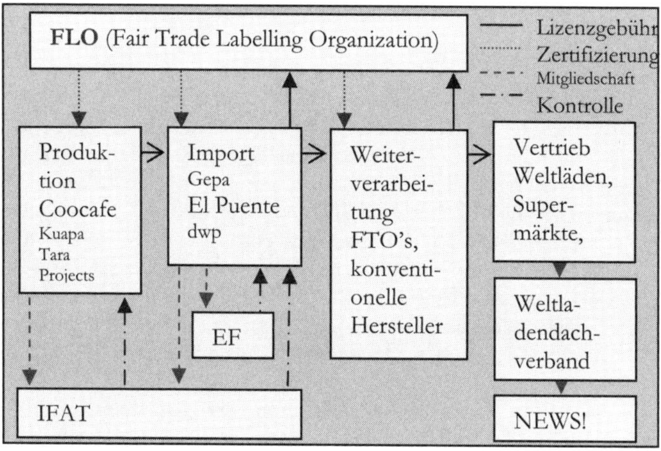

Abb. 4-4: Organisation des Fairen Handels[117]

In Abbildung 4-4 werden einige ausgewählte Organisationen und ihre Beziehungen zueinander exemplarisch dargestellt. Die größte europäische Fair-Handelsorganisation, die Gepa, wurde bereits 1975 gegründet.[118] Die Gepa und andere Importorganisationen, wie

---

[117] Eigene Darstellung.

[118] Gepa; http://www.gepa.de/p/cms/media///pdf/profil/ZahlenDatenFakten_D_2009_10.pdf. Stand 22.03.2011.

El Puente und Dritte-Welt-Partner (dwp), importieren die Produkte aus Asien, Afrika und Lateinamerika und sind für den Vertrieb und teilweise auch für die Weiterverarbeitung zuständig. Im Jahr 1992 wurde der TransFair e.V. gegründet, dem kirchliche Organisationen, wie Brot für die Welt und MISEREOR, aber auch entwicklungspolitische Organisationen sowie politische Stiftungen (Friedrich-Ebert-Stiftung, Konrad-Adenauer-Stiftung, Heinrich-Böll-Stiftung) und Verbraucher-, Umwelt- und Produzentenorganisationen angehören. Der TransFair e.V. handelt nicht selbst mit Waren, sondern vergibt lediglich ein Siegel. Das Fair-Trade-Siegel (früher TransFair-Siegel) wird an Produktgruppen vergeben, die nach den FLO-Standards produziert und gehandelt werden.

In anderen europäischen Ländern existierten bis 2001 weitere Siegel, wobei durch die FLO eine Vereinheitlichung angestrebt wurde. Seit Februar 2003 gibt es das „Fair-Trade-Logo", welches weltweit zur Kennzeichnung verwendet wird. Zu den Lizenznehmern gehören Handelsunternehmen, Importeure und Lebensmittelhersteller. Die FLO wurde 1997 vom TransFair e.V. und ähnlichen Organisationen aus anderen europäischen Ländern als Europäische Dachorganisation gegründet. Die FLO vereint gegenwärtig 19 Label-Initiativen aus 24 Ländern, 3 regionalen Produzentenorganisationen als Vertreter von Kleinfarmern und Mitarbeitern aus Asien, Afrika und Südamerika und externe Experten.[119]

Durch die FLO erfolgt die Koordinierung der Zertifizierungsinitiativen innerhalb des Fairen Handels, die Entwicklung der FLO-Standards für die einzelnen Produktgruppen und die Kontrolle der Produzenten und Importeure (Monitoring), die ein Siegel auf der Grundlage der FLO-Standards erhalten.[120] Die Fair-Trade-

[119] FLO http://www.fairtrade.net/our_members.0.html; Stand: 23.03.2011.

[120] Kommission der Europäischen Gemeinschaften, Mitteilung der Kommission an den Rat, das Europäische Parlament und den europäischen Wirtschafts- und Sozialausschuss; Brüssel 2009; S. 7. http://trade.ec.europa.eu/doclib/docs/2009/may/tradoc_143091.pdf.

Standards werden vom FLO Standards Committee festgelegt. Dieses Komitee setzt sich aus Interessenvertretern der verschiedenen Mitgliedergruppen zusammen. Werden Produzentengruppen in das FLO-Register aufgenommen, erfolgt eine jährliche Kontrolle durch Mitarbeiter der FLO, aber auch durch Berater aus dem jeweiligen Entwicklungsland.[121] Die Zertifizierung erfolgt durch ein unabhängiges Zertifizierungsunternehmen, die FLO-CERT GmbH. Die FLO-CERT arbeitet mit 60 unabhängigen Kontrolleuren zusammen, welche die Produzenten besuchen.

Der Vorschlag zur Zertifizierung wird dem Zertifizierungskomitee (Produzenten, Labelling-Initiativen, externe Experten) zur Entscheidung vorgelegt. Die Importeure erhalten eine Lizenz, für die sie eine Gebühr bezahlen. Die Lizenzgebühr wird zur Finanzierung der FLO und des TransFair e.V. verwendet. Unternehmen, die mit TransFair einen Lizenzvertrag abgeschlossen haben, dürfen unter Berücksichtigung der FLO-Standards ihre Produkte mit dem Fair-Trade-Label kennzeichnen und verkaufen. Bis 2003 erhielten die nationalen Zertifizierungsinitiativen eine Lizenzgebühr von den jeweiligen Organisationen, welche auf der Basis des Verkaufspreises berechnet wurde. Die nationalen Initiativen deckten damit ihre Ausgaben und bezahlten eine Gebühr an die FLO, die von der Menge der verkauften Fair-Trade-Produkte im jeweiligen nationalen Markt abhing.

Im Jahr 2004 wurde von den Mitgliedern des FLO Board die Einführung einer Abnahmegebühr beschlossen. Diese Gebühr muss bei Aufnahme und dann jährlich in Form einer Verlängerungsgebühr an die FLO gezahlt werden. Hinzu kommt eine variable Gebühr, die wiederum die verkaufte Menge an fair gehandelten Produkten als Basis hat.[122] Im Mai 2007 wurde die FLO durch drei Produzentennetzwerke (Zusammenschluss aus verschiedenen Produzentenorganisationen) aus Lateinamerika (CLAC: Coordina-

121 Liebrich; 2002; S. 27-29.

122 Nicholls; Opal; 2008; S. 135-136.

dora Latinoameriacana y del Caribe de Concercio Justo), Afrika (AFN: African Fair Trade Network) und Asien (NAP: Network of Asian Producers) erweitert.[123]

Im Rahmen der internationalen Zusammenarbeit haben sich Fair-Handelsorganisationen (FTO – Fair Trade Organization) zusammengeschlossen. Ein solcher Zusammenschluss ist die World Fair Trade Organization (WFTO). Sie wurde im Jahr 1989 als IFAT (International Federation of Alternative Trade) gegründet. Die WFTO vereint Mitglieder aus der gesamten Fair-Trade-Handelskette (z. B. Produktion, Marketing und Verkauf). So gehören ihr Produktionskooperationen, Export- und Marketinggesellschaften, Importeure, Einzelhändler und unterstützende Organisationen an. Im Jahr 2011 zählt die WFTO bereits über 450 Mitglieder (u. a. Gepa, dwp).[124] Alle Mitglieder durchlaufen ein Kontrollsystem. Somit können auch Produkte gehandelt werden, für die noch keine Lizenzverträge mit der FLO bestehen. Die WFTO bietet eine Kommunikationsplattform zum direkten Austausch von Informationen und Erfahrungen.[125] Ein weiterer Zusammenschluss ist die EFTA, welcher gegenwärtig zehn Importorganisationen aus neun europäischen Ländern angehören.[126]

Der Vertrieb der Waren erfolgt zum größten Teil über Weltläden. In Deutschland existieren circa 800 Weltläden, von denen die meisten Mitglieder im Weltladendachverband mit Sitz in Mainz sind.[127] In anderen europäischen Ländern existieren ähnliche Organisationen. Ein Beispiel dafür ist die claro Fair Trade AG, das schweizeri-

---

[123] FLO: http://www.transfair.org/ueber-fairtrade/was-ist-fair trade/struktur-und-organisationen/produzentennetzwerke.html Stand: 22.03.2011.

[124] IFAT: www.ifat.org; Stand: 02.03.2008.

[125] Commission of the European Communities; http://www.justice.gov/criminal/cybercrime/intl /netsec_comm.pdf; S. 7.

[126] EFTA http://www.european-fair-trade-association.org/efta/members.php; Stand: 22.03.2011.

[127] Weltladendachverband: www.weltlaeden.de; Stand: Juni 2008.

sche Pendant zum Weltladendachverband. Auf der internationalen Ebene etablierte sich 1994 NEWS! zum europäischen Dachverband der Weltläden. Während EFTA, IFAT und NEWS! vorrangig bestrebt sind, die Effizienz existierender Fair-Trade-Organisationen zu verbessern, um mit konventionellen Gesellschaften konkurrieren zu können, möchte die FLO den Verkauf über konventionelle Wege, wie Supermarktketten, fördern. Dennoch arbeiten die vier Dachverbände **F**LO, **I**FAT, **N**EWS! und **E**FTA unter der Gesamtorganisation **FINE** zusammen.[128] Neben dem Austausch von Informationen wird unter FINE eine Vereinheitlichung der Kriterien für die Auswahl der Produzenten und die Umsetzung des Konzeptes des Fairen Handels angestrebt. Ebenfalls zu nennen ist die Fair Trade Federation (FTF) in Nordamerika, ein Zusammenschluss aus Produzenten, Groß- und Einzelhändlern, die Fair Trade Association (FTA), eine Organisation aus Importeuren und Großhändlern.

Als weitere Initiativen des Fairen Handels sind das Blumenlabel und das Rugmark-Siegel zu nennen. Rugmark wurde 1995 als eine Initiative zur Vermeidung der Kinderarbeit bei der Teppichproduktion in Ländern wie Indien, Nepal und Pakistan ins Leben gerufen. Seit 1999 wird das Rugmark-Siegel ebenfalls vom TransFair e.V. vergeben. Mit dem Rugmark-Label werden Teppiche gekennzeichnet, die unter definierten Standards produziert wurden. Dazu gehören das Verbot von Kinder- und Zwangsarbeit, ein gesetzlicher Mindestlohn für die Arbeiter, sowie Sozialprogramme, wie z. B. Rehabilitationsmaßnahmen für ehemalige Kinderarbeiter und Kinderarbeiterinnen.

---

128 Fridell; 2004; S. 421.

4.4 Produkte und Produzenten

Im Rahmen des Fairen Handels wird eine Vielzahl von Produkten aus Entwicklungsländern angeboten. Insgesamt lassen sich drei Produktgruppen unterscheiden, die in Abbildung 4-5 aufgezeigt werden. Betrachtet man die Anteile der drei Produktgruppen, entspricht der Anteil der verkauften Lebensmittel etwa 60% des Umsatzes. Differenziert man nach exportierten Erzeugnissen, so weist Kaffee einen Anteil am Gesamtumsatz fair gehandelter Lebensmittel von 50% auf.[129] Die verbleibenden Anteile der Lebensmittel entfallen auf die Produkte Kakao, Tee, Schokolade, Bananen oder Trockenfrüchte. Eine geringere Bedeutung haben die Produkte wie Kunsthandwerk, Spielzeug oder Textilien (T-Shirts, Pullover, Kleider, Teppiche). Verarbeitete Produkte, wie Schokolade, können mit dem Fair-Trade-Siegel versehen werden, wenn sie die von der FLO festgelegte 51%-Regel erfüllen. Das bedeutet, dass 51% des Gewichtes des jeweiligen Produktes aus fair gehandelten Zutaten bestehen muss.[130]

---

[129] Commission of the European Communities; 2001, S. 8.

[130] Fairtrade Labelling Organizations International (FLO): Generic Fair-trade Standards; 2003; http://www.fairtrade.net/sites/standards/standards.html; Stand: 17.04.2005.

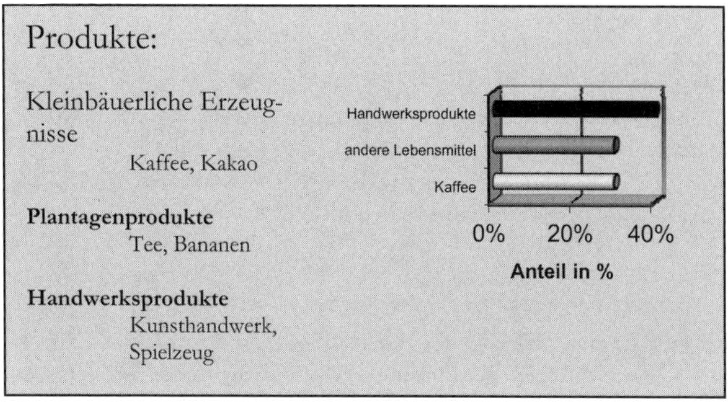

Abb. 4-5: Produktgruppen und prozentualer Anteil am Gesamtumsatz fair gehandelter Produkte[131]

Allgemein konzentrieren sich die Exporte der Entwicklungsländer auf Rohstoffe und landwirtschaftliche Erzeugnisse. Dabei gilt zu berücksichtigen, dass diese Produkte auf den Weltmärkten starken Preisschwankungen ausgesetzt sind. Gleichzeitig weist sowohl die Nachfrage als auch das Angebot eine geringe Preiselastizität auf. Das bedeutet, dass sich die Nachfrage nach diesen Gütern bei Preisschwankungen nur geringfügig ändert oder sogar konstant bleibt. Diese Produkte zählen zu den Grundnahrungsmitteln und der Konsum verändert sich selbst bei steigendem Preis kaum. Auch die Angebotsseite dieser Produkte ist sehr charakteristisch. Die Produktionsbedingungen bei der Herstellung von Gütern mit einer geringen Preiselastizität können nur im Laufe der Zeit verändert bzw. angepasst werden. So können beispielsweise Kaffeebauern erst nach ein paar Jahren vom Anbau neuer Kaffeesträucher profitieren. Bezeichnend ist es aber auch, dass es zu einer starken Preisänderung kommen kann, wenn sich die Nachfrage nach den Pro-

131 Jones u. a.; 2000; S. 12.

dukten oder das Angebot, z. B. als Folge von exogenen Schocks in Form von Missernten, verändert.[132]

Die folgenden Ausführungen zu ausgewählten Einzelmärkten – am Beispiel von Kaffee und Tee – geben einen Einblick in die Marktsituation für typische Exportprodukte der Entwicklungsländer. Sie sind für die spätere Einschätzung der Wirkungsweisen der Initiativen des Fairen Handels von Bedeutung.

Tee

Im Jahr 2009 wurden 41,4% der weltweiten Teeproduktion exportiert. Die Preise für Tee unterliegen auf dem Weltmarkt starken Schwankungen. Diese Schwankungen stellen für die Produzenten ein hohes Risiko dar. Dennoch ist die Teeproduktion in den letzten Jahren stark gestiegen. Die niedrigen Weltmarktpreise führen zu sinkenden Löhnen für die Produzenten und die Arbeiter auf den Plantagen. Als Folge der geringeren Exporteinnahmen sind – so die Erklärung des Phänomens – die Produzenten vielfach gezwungen, die Exportmengen und damit die Anbaumenge zu erhöhen. Diese Entwicklung hat in den letzten zwei Jahrzehnten dazu geführt, dass die Teeproduktion um 60% auf 3,9 Mio. Tonnen im Jahr 2009 angestiegen ist.[133]

Die Warengeschäfte an der Börse haben keine Auswirkungen auf die Preise für Tee, wie das bei anderen Lebensmitteln der Fall ist. Der Preis wird also allein durch Angebot und Nachfrage bestimmt. Angebot und Nachfrage werden aber stark von einflussreichen Interessengruppen geprägt, die sich vielfach auf der Seite der nachfragenden Vertriebskonzerne befinden. Diese Konzerne haben die Möglichkeit, den Kauf von Tee in bestimmten Ländern einzustellen und ihren Bedarf in anderen Regionen zu decken. Diese für die betroffenen Produzenten unvorteilhafte Situation führt zu sinken-

---

132 Kortmann, W.: Reale Außenwirtschaftslehre. Fakten – Erklärungen – Maßnahmen; Stuttgart 1998; S. 162-166.

133 Statista, http//de.statista.com; Stand: 24.7.2011

den Preisen, weil es notwendig ist, die produzierten Mengen in Erlöse umzuwandeln, um die Grundbedürfnisse zu decken. Die Teeproduktion ist sehr arbeitsintensiv. Die Produzenten erhalten aber nur 50% bis 70% des späteren Verkaufspreises. Der restliche Erlös wird für die Verpackung und die Mischung der Teesorten, welche in den Einfuhrländern stattfinden, verwendet.[134] Es besteht ein breiter Konsens, dass ein Potenzial in den Entwicklungsländern besteht, die Weiterverarbeitung der angebauten Teesorten in die Entwicklungsländer zu verlagern, d. h. die Wertschöpfungskette in Entwicklungsländern aufzubauen.

Kaffee

In den Ländern der Dritten Welt leben ungefähr 25 Mio. Bauern und ihre Familien vom Kaffeeanbau. Die Entwicklung des Kaffeepreises bestimmt ganz wesentlich die Existenzsituation dieser Familien. Im Jahr 2009 wurden 8,21 Mio. Tonnen Kaffee produziert. 80% der weltweiten Ernte werden in zehn Ländern produziert (siehe Abbildung 4-6).

---

[134] Stamp, K.: Tee. “Fair Cup”? In: EFTA (Hrsg.): Fair Trade Yearbook 2001; http://www.eftafairtrade.org/yearbook.asp; Stand: 11.11.2004; S. 73-77.

Länder	**Mio. Tonnen**	**Prozent**
Brasilien	2,43	30%
Vietnam	1,17	14%
Kolumbien	0,88	11%
Indonesien	0,70	9%
Äthiopien	0,26	3%
Indien	0,28	3%
Mexiko	0,25	3%
Guatemala	0,24	3%
Peru	0,25	3%
Honduras	0,20	2%
andere Länder	1,55	19%
Welt	**8,21**	**100%**

Abb. 4-6: Weltproduktion Kaffee nach Ländern 2009[135]

Der größte Kaffeeproduzent der Welt ist Brasilien (2,25 Mio. Tonnen in 2007), gefolgt von Vietnam (0,92 Mio. Tonnen in 2007). Vietnam ist jedoch erst in den 1990er Jahren, auch mit der Unterstützung von Entwicklungshilfegeldern, zur zweitgrößten Produzentennation von Kaffee aufgestiegen.[136,137] Dabei gilt es jedoch zu berücksichtigen, dass Vietnam zu den traditionellen Kaffeenationen gehört. Eine wichtige Rolle bei der Steigerung der Kaffeeproduk-

[135] FAOSTAT 2009, http://faostat.fao.org/, Stand 01.09.2011.

[136] Food and Agriculture Organization of the United Nations; http://faostat.fao.org/; Stand: 27.07.2010.

[137] Prüller, M.: Überproduktion und Preisverfall stürzen Kaffeebauern in die Krise; in: Die Presse; 19.05.2003; S. 15.

tion in Vietnam spielte auch die vietnamesische Regierung. Den Bauern in den Anbaugebieten wurden Ertragsziele gesetzt (2 Tonnen pro Hektar Land). Diese Ziele sowie eine Frostperiode in Brasilien im Jahr 1995, die Aufhebung des Embargos gegen vietnamesische Erzeugnisse und die Abwertung des Dong erklären weiterhin den Aufstieg Vietnams in der Kaffeeproduktion.[138]

Die Struktur des Kaffeemarktes wirkt sich bereits negativ auf die Produzenten aus. Der Kaffeemarkt ist ein typischer Käufermarkt mit oligopolistischer Struktur. Eine kleine Anzahl internationaler Handelsunternehmen und Kaffeeröster hat etwa einen Marktanteil von 50% (in Deutschland beschränkt sich die Kaffeeindustrie auf nur 6 Anbieter, die sich 85% des Marktes teilen). Mit steigender Wertschöpfungsstufe nimmt die Konzentration der involvierten Akteure jedoch zu. In den Entwicklungsländern müssen eine große Zahl an Kleinbauern ihre Produkte an wenige lokale Händler verkaufen.[139] Der Markt für Kaffee ist – wie schon erwähnt – von starken Preisschwankungen geprägt. Des Weiteren wird der Preis für Kaffee wie auch für andere Rohstoffe (z. B. Kakao, Zucker) durch die Warengeschäfte an der Börse und durch weitere Faktoren beeinflusst. Eine wichtige Bedeutung hierbei hat der Marktmechanismus, der Angebot und Nachfrage zusammenführt. Außerdem haben Termingeschäfte und Spekulationen über zukünftige Geschäfte und über die Preisentwicklung eine große Bedeutung. Die damit einhergehenden Schwankungen auf dem Weltmarkt für Kaffee haben große und weitreichende Auswirkungen auf Länder, für die Kaffee ein wichtiges Exportgut ist.

Ein geringes Angebot an Rohkaffee, beispielsweise aufgrund von Ernteausfällen, führt zu einem Anstieg des Preises pro Pfund Kaf-

---

[138] Boris, J.-P.: (Un)Fair Trade: Das profitable Geschäft mit unserem schlechten Gewissen; Paris 2005; 73-78.

[139] Imhof, S.; Lee, A.: Assessing the Potential of Fair Trade for Poverty Reduction and Conflict Prevention: A Case Study of Bolivian Coffee Producers, Seco (Schweizerisches Staatssekretariat Wirtschaft); University of Basel; Basel 2007; S. 21.

fee. Durch den relativ hohen Preis, den die Produzenten für ihren Kaffee erhalten können, fühlen sie sich bestätigt, in den Ausbau ihrer Produktion zu investieren und zusätzliche Sträucher anzubauen. Mit der Ernte der neu angebauten Kaffeepflanze kann jedoch erst nach drei bis fünf Jahren begonnen werden. Erst nach dieser Zeit ist eine höhere Ausbringungsmenge zu erwarten. Das Angebot an Rohkaffee steigt und als Folge sinkt der Preis pro Pfund. Die Produzenten vernachlässigen nun ihre Sträucher, da es sich durch den schlechten Verkaufspreis nicht lohnt, in die Produktion zu investieren und sie nicht über die finanziellen Mittel verfügen.[140] Das verdeutlicht, welcher schwierigen Situation die Kaffeeproduzenten per se schon ausgesetzt sind. Hinzu kommt, dass Investoren immer zu Zeiten eines niedrigen Preises große Mengen an Kaffee kaufen. Dadurch sinkt das Angebot an Kaffee und der Preis steigt wieder. Während die Investoren den eingekauften Kaffee mit einem hohen Gewinn verkaufen können, partizipieren die Produzenten an dieser Entwicklung nicht.

Es ist eine typische Eigenschaft vieler landwirtschaftlicher Produkte in Entwicklungsländern, dass sie in großen Mengen produziert werden und das Angebot die Nachfrage übersteigt. Tendenziell ist besonders Kaffee von einer weltweiten Überproduktion geprägt. Während jährlich etwa 7 Mio. Tonnen Kaffee produziert werden und sich der Vorrat auf ca. 1 Mio. Tonnen beläuft, werden pro Jahr nur etwa 6 Mio. Tonnen des Produktes konsumiert. Dadurch wird im Trend der Kaffee für die Konsumenten immer billiger. In den 1990er Jahren beliefen sich beispielsweise die Ausgaben für Kaffee auf 30 Milliarden USD. Heute betragen die Ausgaben für Kaffeeprodukte etwa 70 Milliarden USD, wobei die Produzenten nur etwa 5 Milliarden USD erhalten.[141] Seit 2004 steigen die Kaffeepreise wieder an.

---

[140] Steckelbach, L.: Gibt es bessere Lösungen als „Fair Trade"? Schriften zur Wirtschaftsforschung; Universität Siegen; Siegen 1998; S. 6-7.
[141] Johnson, D.: Die glückliche Bohne; in: TAZ; 25.09.2004; S. 4.

Durch verschiedene Initiativen der Internationalen Kaffeeorganisation (ICO = International Coffee Organisation) und der Association of Coffee Producing Countries (ACPC) konnten bisher keine befriedigenden Lösungen zu den Problemen auf dem Kaffeemarkt ausgearbeitet werden.[142] Eine neue Initiative hat seit 2003 unter dem deutschen Kaffeeverband und der Deutschen Gesellschaft für Technische Zusammenarbeit (GTZ) dieses Anliegen weiter gebracht. In dem Verein Common Codes for the Coffee Community (4C) Association, der im Jahr 2007 gegründet wurde, haben sich bis zum Jahr 2011 147 Mitglieder zusammengeschlossen. Das sind zum einen Produzentenorganisationen und zum anderen Unternehmen aus Handel und Industrie sowie zivilgesellschaftliche Akteure (Adecoagro Brasilien, Café Andes Amazónicos Peru, Alois Dallmayr Kaffee OHG Deutschland, Tchibo Deutschland, Coex Coffee International USA, Kraft Foods International USA, Rainforest Alliance USA, Coop Schweiz, Nestlé S.A. Schweiz, Oxfam International Schweiz, Sara Lee International Niederlande, Finlays UK).[143]

Die „Common Codes for the Coffee Community“ (4C) stellen einen Verhaltenskatalog dar, der soziale und ökologische sowie qualitative Standards enthält. Die Mindeststandards für den Kaffeeanbau sind in einer Code Matrix festgelegt. Die Kaffeeeinkäufer müssen bestimmte Teilnahmeregeln (Rules of Participation) einhalten. Sie verpflichten sich, steigende Mengen an 4C-Kaffee einzukaufen, Berichte abzugeben, Schulungsprogramme für Kaffeebauern durchzuführen und die Qualität des Kaffees mit entsprechenden Preisen zu bezahlen, welche gleichzeitig die Kosten für die Einhaltung der festgelegten sozialen und ökologischen Standards decken.

---

[142] Renkema, D.: Kaffee. Spielball der Spekulanten. in: EFTA (Hrsg.): Fair Trade Yearbook; 2001; http://www.european-fair-trade-association.org/efta/Doc/yb01-ge.pdf; Stand: 11.11.2004; S. 62-67.

[143] Common Code for the Coffee Community: List of members of the Common Code of Community Association http://www.4c-coffeeassociation.org/downloads/about4c/4CDoc_List_of_members_by_3_Feb_2011_en.pdf; 22.03.2011.Stand: 22.03.2011.

Die Prüfung der Standards wird über die Mitgliedsbeiträge finanziert.[144]

Die festgelegten Standards betreffen den Kaffee, der über den konventionellen Markt verkauft wird. Es ist demnach kein neues Label vorgesehen. Das internationale Projekt hat zum Ziel, die Billigkaffeesorten mit unzureichender Qualität zu reduzieren und die Lebensstandards der Kaffeebauern durch ein besseres Einkommen und ein gesundes Arbeits- und Lebensumfeld zu verbessern.[145] Entsprechend einer Pressemitteilung der Organisation werden bereits 30 % des weltweiten Rohkaffees nach den Kriterien der 4C produziert. Die Gewährleistung eines Mindestpreises für Kaffee oder die Zahlung eines Preisaufschlags sind kein Bestandteil des 4C-Konzeptes. Der erste 4C-Kaffee wird seit Oktober 2007 international gehandelt.[146]

Die bisherigen Ausführungen zeigen, dass die Produktion und der Verkauf von Lebensmitteln mit vielfältigen Problemen für die Produzenten, insbesondere für die Kleinfarmer in Entwicklungsländern, einhergehen. Im Prinzip sind die Produzenten von den Exportprodukten abhängig und ihr Einkommen wird von den aktuellen Preisen auf dem Weltmarkt bestimmt. Einen wesentlichen Unterschied gibt es in der Produktion von Handwerksprodukten. Die Herstellung dieser Produkte (Kunsthandwerk) ist für die meisten Produzenten eine Nebentätigkeit. Hier können die Produzenten flexibler agieren, da diese Arbeit nicht die einzige Einkommens-

---

144 Humbert, F.; Jaspers, L. (Oxfam Deutschland): Ist die Kaffeekrise nun vorüber?; Berlin 2007; S. 11-12.

145 Thuy, N.: 4C Code to guide coffee sector; Vietnam Economic News; 2004; http://www.ven.org.vn/print_news.php?id=968; Stand: 21.01.2004.

146 Common Code for the Coffee Community: Pressemitteilung; Globale Kaffee-Initiative präsentiert erste Ergebnisse; http:// www.sustainable-coffee.net; Stand: 22.03.2011.

quelle ist.[147] Die Vergabe eines Labels für Handwerksprodukte erweist sich jedoch als sehr schwierig, weil in den unterschiedlichen Ländern und von den unterschiedlichen Produzenten eine große Vielfalt an Produkten hergestellt wird. Der Vergleich der Erzeugnisse und die auf dieser Grundlage zu erfolgende Festlegung definierter Standards und Preise gestalten sich schwierig. Für Handwerksprodukte gibt es deshalb keinen einheitlichen Zertifizierungsprozess. Die Preisbildung erfolgt auf der Grundlage von Absprachen mit den regionalen oder lokalen Organisationen.

Die Fair-Handelsorganisationen gehen zum einen Partnerschaften mit organisierten Kleinproduzenten ein, zum anderen sollen aber auch die Lohnarbeiter auf den Plantagen oder in den Weiterverarbeitungsanlagen vom Fairen Handel profitieren. Partner dieser Organisationen in den Entwicklungsländern können entsprechend Kooperativen, Familienbetriebe, staatliche Organisationen, Privatunternehmen, Produzentenzusammenschlüsse oder auch Behindertenwerkstätten sein. Die Produzenten müssen sowohl bei der Produktion als auch bei ihren Produkten bestimmte Bedingungen erfüllen. Dabei sind demokratische Arbeitsstrukturen, eine nachhaltige Produktion und akzeptable Arbeitsbedingungen von besonderer Bedeutung. Aber auch hier gilt, dass die Anforderungen, die an die Produzenten gestellt werden, nicht bei der Aufnahme der Handelsbeziehungen erfüllt sein müssen. Die Produzenten müssen sich zu dem Konzept des Fairen Handels bekennen und darauf hinarbeiten, dass sie alle festgelegten Standards erfüllen.[148] Die FLO gibt folgende Kriterien für die Teilnahme am Zertifizierungsprozess für Kooperativen und Plantagenarbeiter vor:

*"**Small Farmers** can join Fair Trade if they have formed organizations (in co-operatives, associations or other types of organizational forms) which are able*

---

[147] Krier, J.-M. (KommEnt): Fachgespräch Fair Trade, Wien 2003; http://www.komment.at/dokumente/download/Protokoll_des_Fachgespraeches_zum_Fairen_Handel_Maerz2003.pdf; Stand: 08.02.2005; S. 27.
[148] Vgl. EFTA: Fair Trade: Let's go fair; Brüssel 1998.

to contribute to the social and economic development of their members and their communities and are democratically controlled by their members. Organizations can be certified by FLO if they comply with the requirements of the Generic Standards for Small Farmers' Organizations."[149]

*"**Workers** can participate in Fair Trade if they are organized (normally into unions) and if the company that they work for is prepared to promote its workers' development and to share with them the additional revenues generated by Fair Trade. Companies of this sort working with hired labour (farms and plantations, factories, manufacturing industries, etc.) can gain certification if they comply with the requirements of the Generic Standards for Hired Labour."*[150]

Die Kooperativen spezialisieren sich zum größten Teil auf ein Produkt, wie z. B. Consorcio de Cooperativas de Cafetaleras de Guanacaste y Monte de Oro (Coocafe) in Costa Rica, ein Zusammenschluss von Kooperativen, welche sich auf die Produktion von Kaffee spezialisiert haben. 60% des Gesamteinkommens wird aus dem Verkauf des Kaffees erwirtschaftet und 40% entfallen auf die Produkte „Macadamia Nuts" und „Latino Chips" sowie auf verkaufte Überschüsse aus der Produktion für den Eigenverbrauch der Produzenten.

„El Ceibo", eine Genossenschaft von Kakaobauern in Bolivien, hat sich auf den Export von Kakao spezialisiert.[151] Der größte Zusammenschluss von Produzenten existiert im kaffeeproduzierenden

---

[149] FLO: Generic Fairtrade Standards for Small Farmers' Organizations http://www.fairtrade.net/generic_producer_standards.0.html?&L=title Stand: 22.03.2011.

[150] FLO: Generic Fairtrade Standards for Hired Labour http://www.fairtrade.net/generic_producer_standards.0.html?&L=title Stand: 22.03.2011.

[151] o.V.: Who is who im Fairen Handel; in: Verbraucher Konkret; H. 1; 2004; S. 16-29.

Sektor und umfasst ein Netzwerk von 200.000 Kaffeebauern, die „Frente Solidario de Pequeños Cafetaleros de América Latina“. Durch den geringen Anteil des Fairen Handels am Weltmarkt ist die Anzahl der Produzenten, die ihre Produkte über die alternativen Vertriebswege verkaufen können, begrenzt. In den meisten Fällen wird nur ein relativ kleiner Anteil der Produktion über den Fairen Handel abgesetzt.

4.5 Zusammensetzung des „fairen Preises“

Der Preis für Fair-Trade-Produkte wird von den Organisationen unterschiedlich festgelegt. Im Folgenden sollen die Systeme der Preisbildung der FLO sowie der Importorganisationen BanaFair, El Puente und Gepa in Ansätzen und an Beispielen erläutert werden. Die FLO legt die Preise für fair gehandelte Waren nach vorgegebenen Kriterien fest. Ein Mindestpreis ist dabei noch nicht für jedes Produkt festgelegt. Der Fair-Trade-Preis der FLO setzt sich wie folgt zusammen:

$$FTP = COSP + DFC + MD + OD + FIP$$

COSP	Cost of sustainable production
DFC	Direct Fair Trade Costs
MD	Market Differential
OD	Organic Differential
FIP	Fair Trade Investment Premium

Die COSP beinhalten zum einen die Produktionskosten, welche von den Produzenten angegeben werden. Zum anderen ist eine Business Margin Bestandteil der COSP. Die Business Margin wird angewandt, weil viele Kleinbauern in den Entwicklungsländern die Kosten ihrer Produktion nicht genau ermitteln können. Sie entspricht somit einem Zuschlag, der auch unter Unsicherheit der endgültigen Produktionskosten ihre Deckung erlaubt. Die DFC sollen die Kosten der Zertifizierung ausgleichen. Kosten der Zertifizierung entstehen beispielsweise bei der Überprüfung der Einhaltung der festgelegten Standards und der Vergabe des Fair-Trade-Labels.

Bei der Produktion wird ein MD (Market Differential) berücksichtigt, das sich in der Qualität unterscheidet. Ein Aufpreis für Produkte aus einem ökologischen Anbau wird im Rahmen des OD gewährleistet. Dieser stellt einen Bonus dar, den sich die Produzenten durch ein nachhaltiges, in erster Linie ökologisches Wirtschaften sichern können. Der Fair-Trade-Aufschlag geht in Form des FIP in den FTP ein und orientiert sich an den Produktionskosten (≈ 15% der Produktionskosten).[152] Das FIP ermöglicht den Produzentenorganisationen ein angemessenes Einkommen, durch welches nicht nur die Produktionskosten gedeckt werden können.

An den Beispielen Kaffee und Orangensaft soll die Bildung der Mindestpreise deutlich gemacht werden. Dabei ist p^W der Preis für das jeweilige Produkt auf dem Weltmarkt, p^K der Preis für 0,4536 kg Kaffee (= ein englisches Pfund) und p^O der Preis für 1 t Orangenkonzentrat der von TransFair festgelegt wird:

Kaffee:[153]

$$p^K = 121_{\text{US-cent}};\ p^W \leq 121_{\text{US-cent}}$$

$$p^K = p^W + 10_{\text{US-cent}};\ p^W > 121_{\text{US-cent}}$$

(zusätzlich 20 US-Cent pro Pfund bei biologischem Anbau)

[152] Jung, D. (FLO): Vortrag. Forum Fairer Handel – Was ist ein fairer Preis? 2005; Frankfurt/Main; 17.01.05.

[153] TransFair e.V.; http://www.transfair.org/produkte/kaffee/wissenswertes.html; Stand: 17.02.2008.

Orangenkonzentrat:[154]

$$p^O = 1200 \text{ US-\$} + 100 \text{ US-\$}; \; p^W \leq 1200 \text{ US-\$}$$

$$p^O = p^W + 100 \text{ US-\$}; \; p^W > 1200 \text{ US-\$}$$

BanaFair (Gründungsjahr 1986 als Solidaritätsorganisation mit Nicaragua) handelt ausschließlich mit Bananen. Die Preisbildung erfolgt auf der Grundlage der Produktionskosten. Die Produzentenkooperativen geben ihre Kostenkalkulationen für die Herstellung der Bananen an BanaFair. Darin werden auch Ausgaben aufgeführt, die für zusätzliche Projekte, wie beispielsweise die Anschaffung neuer Geräte, anfallen würden. Hinzu kommt ein Solidaritätsbeitrag in Höhe von 1,80 EUR/Karton. Der Preisunterschied von BanaFair-Bananen aus Ecuador zu anderen Vertriebswegen für Bananen aus diesem Land wird in der folgenden Abbildung deutlich:

Vermarktung	**Preis pro Karton**
konventioneller Handel	1-3$
Bio-Label	5-7$
FLO (traditioneller Anbau)	5,25$+1,75$ (Fair-Trade-Prämie)
FLO (biologischer Anbau)	7,25$+1,75$ (Fair-Trade-Ramie)
BanaFair	9,50$+1,80€ (Solidaritätsbeitrag)

Abb. 4-7: Preis pro Karton (ca. 18,2 kg) Bananen von Urocal/Ecuador[155]

[154] TransFair e.V.; http://www.transfair.org/produkte/fruchtsaefte/wissenswertes.html; Stand: 17.02.2008.

[155] Banafair: Preiskalkulation Bio- & Fair-Trade-Bananen; http://www.banafair.de/banane/preis.htm; Stand: 04.03.2008.

Die in der Abbildung aufgeführten Preise geben den FoB-Preis (FoB = free on board) wieder. Dieser Preis entspricht dem Marktwert der Waren an der Zollgrenze des exportierenden Landes. Ein weiterer interessanter Aspekt in Verbindung mit BanaFair ist die Überschussware, die dann auftritt, wenn die Nachfrage nach dem Produkt Schwankungen unterliegt. Die überschüssige Lagerware wird an den konventionellen Handel verkauft. Dennoch bleibt auch hier sichergestellt, dass die Produzenten den verhandelten fairen Preis für ihre Produkte erhalten. Die Differenz zwischen dem Preis im Verkauf des konventionellen Handels und dem Preis, der auf dem alternativen Absatzmarkt erzielt werden kann, wird von BanaFair getragen.[156] Die Preisberechnung bei El Puente erfolgt nach dem Schema in Abbildung 4-8.

156 Pfeifer, R. (BanaFair): Vortrag. Forum Fairer Handel – Was ist ein fairer Preis? 2005; Frankfurt/Main; 17.01.2005.

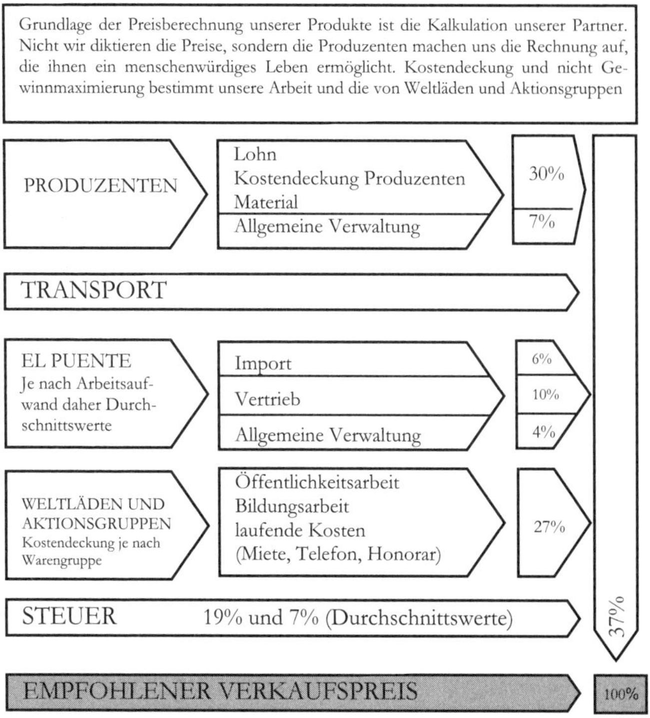

Abb. 4-8: Preisbildung bei der Importorganisation El Puente[157]

Bei der Gepa orientiert sich die Preisbildung ebenfalls an den FoB-Preisen. Die FoB-Preise beinhalten die Produktionskosten (Arbeit, Material und Kapital), die Verpackungskosten, die Servicekosten beim Exporteur und die Transportkosten bis zum Verschiffungsha-

---

[157] El Puente: Preiskalkulation; http://www.el-puente.de/index.php?page=2/6&key=1076898061; Stand: 22.03.2011.

fen. Die Gepa akzeptiert die Preise, welche die FLO für einige Produkte (Kaffee, Tee, Orangensaft, Kakao, Honig und Zucker) festgelegt hat. Dennoch werden die Handelspartner, die bei der Gepa nicht zwingend Produzenten sein müssen (häufig sind es die Exporteure oder die Weiterverarbeiter der Produkte), ermutigt, eine Kalkulation vorzulegen.

Die bisherigen Ausführungen zeigen, dass es keine einheitliche Vorgehensweise gibt. Die Preisbildungssysteme der einzelnen Organisationen unterscheiden sich in der Einbeziehung bestimmter Faktoren und der Berechnungsgrundlage. Daraus folgt, dass die fair gehandelten Produkte in den Weltläden zu unterschiedlichen Preisen zu erwerben sind. Weiterhin ist zu beachten, dass sich die aufgeführten Preiskalkulationen der Organisationen zum größten Teil auf den Bereich der Lebensmittel konzentrieren. Im Non-Food-Bereich erweist sich die Preisgestaltung als sehr schwierig. Am Beispiel der Sportbälle wird in Abschnitt 6.1 eine Möglichkeit des Fairen Handels aufgezeigt. Dennoch existieren für diesen Bereich noch keine festgelegten Berechnungsschemata.

4.6 Distribution der Produkte

Der Import der Produkte erfolgt über die bereits in Abschnitt 4.3 erwähnten Importorganisationen. Organisationen wie die Gepa, El Puente und der dwp bieten ein Vollsortiment an, während sich andere Organisationen wie BanaFair auf die Vermarktung eines einzelnen Produktes spezialisiert haben. Die fair gehandelten Produkte werden über Weltläden, den Versandhandel, Naturkostläden sowie verstärkt auch in Supermärkten wie Real, Edeka und Spar, Lebensmittelabteilungen einiger Kaufhausketten und institutionellen Einrichtungen (Kantinen oder Behörden) verkauft.

In Europa gibt es etwa 3.000 Weltläden und 70.000 Verkaufsstätten.[158] In Deutschland werden Produkte aus dem Fairen Handel in

[158] Commission of the European Communities; 2001, S. 8.

ca. 800 Weltläden und 27.000 Supermärkten verkauft. Die Mitarbeit im Weltladen erfolgt meist auf freiwilliger Basis, mit dem Ziel, dass die Produzenten einen größeren Anteil am Endverkaufspreis erhalten als bei dem sonst üblichen Handel. Der Verkauf der Produkte in Weltläden erfolgt auf Vertrauensbasis. Es werden also auch Produkte verkauft, die noch nicht von der FLO lizenziert und demzufolge nicht durch das Fair-Trade-Siegel gekennzeichnet sind. Produkte, die über den konventionellen Handel vertrieben werden, benötigen aufgrund der nicht vorhandenen Vertrauensbasis das Fair-Trade-Siegel.[159]

4.7 Die Stellung des Fairen Handels innerhalb des Welthandelssystems

Die Globalisierung und die Liberalisierung der Weltmärkte führten dazu, dass sich die Länder der Dritten Welt unterschiedlich entwickelten. Einige asiatische Länder, wie Hongkong, Südkorea, Singapur, Taiwan und China, konnten ihre wirtschaftliche Entwicklung durch steigende Exporte und andere Faktoren, wie Bildung und hohe Sparraten, verbessern.[160] Das gilt auch in zunehmendem Maße für Indien. Das wirtschaftliche Wachstum in diesen Ländern hat zugenommen und die Armut ist gesunken. Die Länder in Lateinamerika, wie beispielsweise Brasilien, konnten ebenfalls von wirtschaftlichem Wachstum profitieren. In einigen Ländern hat die Armut teilweise durch eine sehr ungleiche Verteilung zugenommen.

Die Mehrheit der Entwicklungsländer, vor allem in Afrika, konnten am Globalisierungsprozess nur in geringem Maße oder gar nicht teilhaben.[161] Ein Grund dafür ist die unzureichende Diversifizierung ihrer Exportgüter. Viele Entwicklungsländer haben sich auf den Export weniger Primärgüter spezialisiert, deren Nachfrage auf

[159] Steinrücken; 2003; S. 6-7.
[160] Krugmann; Obstfeld; 2009; S. 265-270.
[161] Nübler; 2003; S. 23.

dem Weltmarkt aufgrund einer geringen Elastizität stagniert. Bei einem Anstieg des Anteils der Weltexporte am Bruttoinlandsprodukt (BIP) von 13,6% (1970) auf 24,2% (2009) entfallen wertmäßig ungefähr zwei Drittel der weltweiten Ausfuhren auf die Industrieländer, während die Exporte der 49 ärmsten Entwicklungsländer bei etwa 1% liegen.[162][163]

Fair gehandelte Produkte können mit anderen Produkten verglichen werden, die unter bestimmten Standards produziert werden. Dazu gehören Bioprodukte oder Güter, deren Produktionsprozesse sozialen und ethischen Anforderungen gerecht werden. Gemeinsamkeiten treten daher in besonderem Maße zwischen dem Fairen Handel und dem „Ethischen Handel (Ethical Trade)" auf. Die Standards, denen die Unternehmen im Ethischen Handel gerecht werden müssen, werden von der Ethical Trading Initiative (ETI) wie folgt zusammengefasst:[164]

- ILO-Standards,
- sichere und gesunde Arbeitsbedingungen,
- Zahlung eines angemessenen Gehalts, welches mindestens die Befriedigung der Grundbedürfnisse sichert,
- angemessene Arbeitszeiten (weniger als 48 Stunden pro Woche und 12 Stunden pro Tag, im 7-Tage-Rhythmus mindestens ein freier Tag),
- regelmäßige Beschäftigung,
- Verbot unmenschlicher Behandlung.

Die Unternehmen erkennen in diesem Kontext ihre Verantwortung für die Arbeitsbedingungen in den Fabriken und auf den Farmen der Produzenten (insbesondere in Entwicklungsländern) an. Aus

---

162 Sautter; 2004; S. 5.
163 Vgl. Worldbank; http://data.worldbank.org; Stand: 24.7.2011.
164 Ethical Trading Initiative (ETI): Code of Practice; o.J.; http://www.ethicaltrade.org; Stand: 15.04.2005.

ihrem Bewusstsein für die Situation der Produzenten heraus kaufen die Konsumenten diese Produkte mit dem Wunsch, aktiv zu einem Veränderungsprozess beizutragen. Genau dieser Mehrwert wird auch den Konsumenten fair gehandelter Produkte angeboten.

Der Anteil des Fairen Handels am und seine Bedeutung innerhalb des internationalen Handels ist quantitativ als relativ gering einzuschätzen. Der Verein TransFair e. V. stellt fest, dass der Bekanntheitsgrad des Fair-Trade-Siegels bereits bei 42% liegt.[165] Dennoch befindet sich der Faire Handel in einer Nische. Fair gehandelte Produkte erreichen in Deutschland bislang nur einen durchschnittlichen Marktanteil von 1 bis zwei 2%.

Auf die Gesamtheit der Industrieländer bezogen, ist dieser Prozentsatz noch geringer. In der Schweiz und Großbritannien ist der Anteil der fair gehandelten Produkte am größten. In der Schweiz erzielen Bananen, welche mit dem Max Havelaar Label zertifiziert sind, bereits einen Marktanteil von ca. 50 %. Diese für den Fairen Handel positive Entwicklung wurde maßgeblich von der Supermarktkette Coop beeinflusst. In Coop-Supermärkten werden ausschließlich Bananen mit dem Max Havelaar Siegel verkauft.

Der Erfolg fair gehandelter Produkte in der Schweiz wird zusätzlich durch den Marktanteil von Fair-Trade-Kaffee (6%) und Tee (5%) deutlich.[166] Insgesamt kann der Faire Handel jedoch einen jährlichen Zuwachs verzeichnen. Laut FLO kauften die Konsumenten im Jahr 2009 fair gehandelte Produkte im Wert von 3,4 Milliarden Euro. Dies sind 0,44 Milliarden Euro mehr als im Jahr 2008, was einem Zuwachs von 15% entspricht. Die verkaufte Menge an fair gehandeltem Kaffee stieg dabei um 12%, der Verkauf von fair gehandelten Fruchtsäften um 62%, Kräuter und Gewürze

---

165 Brück, C. (TransFair e.V.): Neue Tendenzen im Fairen Handel; Köln 2007; S. 11.

166 Krier, J.-M.: Fair Trade in Europe. Facts and Figures on Fair Trade in 25 European countries. Fair Trade Advocacy Office; Brüssel 2005; S. 65–66.

sogar um 266%. Bei Früchten und Trockenfrüchten sank der Umsatz hingegen um jeweils 24%, ebenso bei Sportbällen um 16% und bei Baumwolle um 15%.

Bezogen auf Deutschland ergibt sich ein Umsatzplus von 26% auf 267 Mio. Euro.[167] Die folgende Abbildung zeigt die Entwicklung des Absatzes fair gehandelter Produkte in Deutschland. Dabei wird deutlich, dass es seit 2005 einen starken Anstieg des Umsatzes gibt.

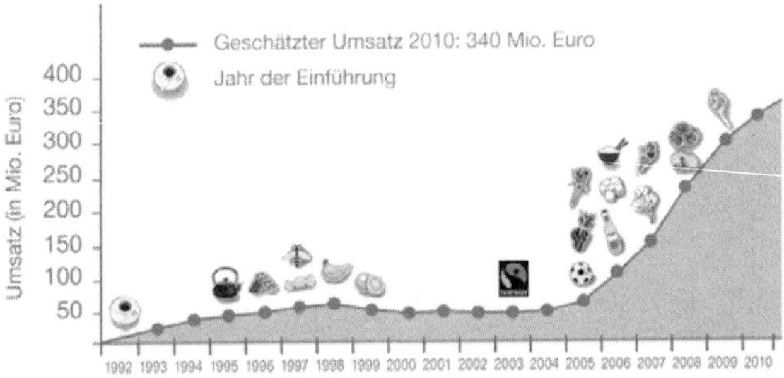

Abb. 4-9: Entwicklung der TransFair Produkte 1992-2010 in Deutschland[168]

---

[167] FLO: Growing Stronger Together; Annual Report 2009/10, Bonn 2010, S. 13f.

[168] TransFair e.V.: http://www.transfair.org/produkte/absatz-fair trade-produkte.html; Stand: 16.05.2011.

Vergleicht man die internationale Entwicklung des Absatzes von Fair-Trade-Produkten, so liegt Deutschland hinter England, den USA und Frankreich auf dem 4. Platz. Unter Berücksichtigung der unterschiedlichen Bevölkerungszahlen der einzelnen Länder erscheint es jedoch sinnvoller, den Umsatz pro Kopf zu berechnen und auszuweisen. Dabei zeigt sich, dass im Jahr 2009 Irland mit einem durchschnittlichen Pro-Kopf-Umsatz von 26,26 EUR führt. Auf dem zweiten Platz befindet sich die Schweiz mit einem Pro-Kopf-Umsatz von 23,81 EUR, während Deutschland sich mit einem Wert von 3,26 EUR auf dem 15. Platz befindet. In der folgenden Abbildung wird der Absatz für die 15 wichtigsten Absatzmärkte in absoluten Umsatzzahlen und Pro-Kopf-Werten aufgezeigt. Eine differenzierte Analyse von insgesamt 33 Ländern bietet Krier.[169]

[169] Krier, J.-M.: Fair Trade 2007: new facts and figures from an ongoing success story – A report on Fair Trade in 33 consumer countries; Culemborg 2008.

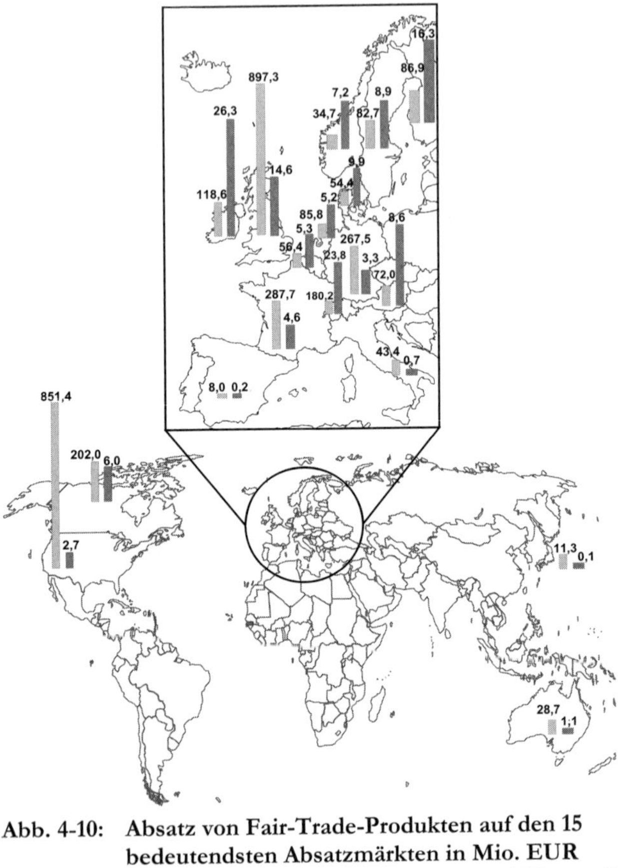

Abb. 4-10: Absatz von Fair-Trade-Produkten auf den 15 bedeutendsten Absatzmärkten in Mio. EUR (Vergleich in absoluten und Pro-Kopf-Werten für 2009)[170]

---

170 Eigene Darstellung. In Anlehnung an FLO 2010, S. 12 und UN: UN World Population Prospect, http://esa.un.org/undp/wpp2008/pdf/WPP2008_Selected_Tables_1.pdf, Tabelle A.1.

Es folgt nun die Verteilung der Produzentenorganisationen in den verschiedenen Regionen. Gegenwärtig gibt es 827 Produzentenorganisationen in 60 Ländern, die von FLO zertifiziert sind. 231 Produzentenorganisationen befinden sich in 21 Ländern der Region Afrika/Naher Osten. 120 Organisationen sind in 12 Ländern Asiens und die Mehrzahl der Produzentenorganisationen (476) in 20 Ländern des lateinamerikanischen und karibischen Raums angesiedelt [171]. Insgesamt arbeiten 1,2 Mio. Kleinbauern und Arbeiter im Rahmen des Fair-Trade-Systems. Rechnet man die Familienangehörigen dazu, so sind es 6 Mio. Menschen, die von dem Fair- Trade-System leben. Die Abbildung 4-11 zeigt die geographische Verteilung der zertifizierten Produzentenorganisationen und die Zahl der Mitglieder.

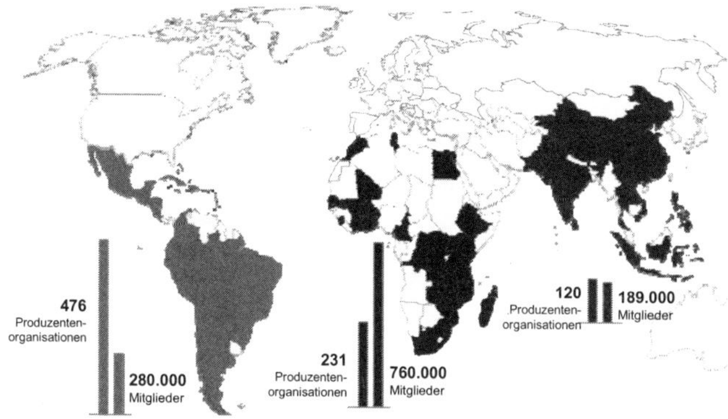

Abb. 4-11: Geographische Verteilung der zertifizierten Produzentenorganisationen und deren Mitglieder im Jahr 2009[172]

---

[171] FLO; 2011; S. 12.

[172] Ebenda.

In der Abbildung 4-11 fällt auf, dass in der Region Afrika/Naher Osten die Zahl der Organisationsmitglieder (760.000) mehr als doppelt so groß ist wie in der Region Lateinamerika/Karibik (280.000). Dabei gibt es in Lateinamerika/Karibik mit 476 doppelt so viele Produzentenorganisationen wie in Afrika/Naher Osten (231). Dieser offensichtliche Widerspruch löst sich auf, wenn man bedenkt, dass in der Region Afrika/Naher Osten überwiegend Großplantagen zertifiziert sind und daher die einzelnen Organisationen viel mehr Mitglieder als im Raum Lateinamerika/Karibik haben.

Durch die Steigerung des Absatzvolumens können auch weitere Produzentenorganisationen in den Fairen Handel einbezogen werden. So stieg die Anzahl der von der FLO zertifizierten Unternehmen im Jahr 2009 um 29% auf 1.954. Die FLO schätzt, dass etwa 20% der gesamten Produktion der zertifizierten Produzenten unter den Bedingungen des Fairen Handels verkauft werden können.[173] Eine unzureichende Informationspolitik und die oft schlechte Erreichbarkeit der Weltläden wirken sich zusätzlich zu den höheren Preisen negativ auf die potenzielle Steigerung der Nachfrage für fair gehandelte Produkte aus.

Aufklärungskampagnen können hier einen wichtigen Beitrag dazu leisten und das Vertrauen der Verbraucher stärken. Die Vermarktung der Produkte über den konventionellen Handel (Supermärkte, Kaufhäuser) macht die Fair-Trade-Produkte für eine größere Zahl von Konsumenten sichtbarer. Jedoch ist zu beobachten, dass Supermärkte oder Lebensmittelabteilungen in Kaufhäusern aufgrund der geringen Nachfrage bisher nur ein sehr begrenztes Sortiment an fair gehandelten Produkten führen.

Da die Märkte für viele Produkte, die im Rahmen des Fairen Handels verkauft werden, bereits gesättigt sind, müssen Fair-Han-

[173] FLO: Shaping Global Partnerships; Annual Report 2006/07; Bonn 2007; S. 12.

delshäuser mit den konventionellen Anbietern der Güter konkurrieren. Aufgrund der höheren Preise ist es schwer, preisbewusste Konsumenten zum Kauf fair gehandelter Produkte zu bewegen. Eine kleine Produktauswahl sowie die geringe Flexibilität bei schwankenden Nachfragemengen stellen weitere Probleme bei der Vermarktung fair gehandelter Güter dar.[174] Weiterhin führt die Existenz von Labels und Zertifizierungen für biologische, organische, ethische und fair gehandelte Produkte zu einer Verunsicherung bei den Konsumenten. Eine Folge davon ist, dass die Käufer oft weniger bereit sind, einen Mehrpreis für diese Produkte zu bezahlen.[175]

Neben der reinen Vermarktung der Produkte versuchen die Akteure weiterhin durch das Konzept des Fairen Handels ein politisches Ziel zu erfüllen und Position zu aktuellen Gegebenheiten und Entwicklungen in der Welthandelspolitik zu beziehen. Beispielsweise nahmen die Fair-Trade-Organisationen, die unter der Kooperation FINE zusammenarbeiten (IFAT, EFTA, News und FLO), die 6. Ministerkonferenz der WTO in Hongkong zum Anlass, um mit einem Positionspapier Stellung zur laufenden Verhandlungsrunde zu nehmen und Forderungen an die Verhandlungspartner zu stellen. Diese Forderungen lassen sich wie folgt zusammenfassen:[176]

---

[174] Zander, U.: Lässt fairer Handel sich verkaufen – Marketingstrategien raus aus der Nische; in: Lanje, K. (Hrsg.): Perspektiven für einen gerechten Agrarhandel. Konzepte, Konflikte, Kooperationen; Loccumer Protokolle 27/02; 1. Aufl.; Rehburg-Loccum 2003; S. 79-81.

[175] Giovannucci, D.; Kroekoek, F.-J.: The state of sustainable coffee. A study of twelve major markets; International Coffee Organization; 2003; S. 21.

[176] FINE (Fair Trade Advocacy Office): Fair Trade rules! Positionspapier der weltweiten Fairhandelsbewegung zur 6. Ministerkonferenz in H ongkong; Belgien 2005; S. 1-6.

- Endgültige Abschaffung der Agrarsubventionen in Industrieländern,
- Entwicklung einer umfassenden Lösung der Rohstoffkrise (Festlegung angemessener und stabiler Preise durch Abkommen, Einrichtung eines internationalen Fonds für landwirtschaftliche Diversifizierung),
- Entwicklungsländer sollen die Möglichkeit haben, junge Industriezweige zu schützen, und nicht eingeschränkt werden, eigene Zölle festzulegen (Ansetzen von Zöllen, die schrittweise abgebaut werden, keine übereilte Marktliberalisierung),
- Höchste Priorität für SDT-Verhandlungen (Special and Differential Treatment).

4.8 Politischer Einfluss des Fairen Handels

Der politische Einfluss des Fairen Handels ist sowohl auf Deutschland- und EU-Ebene als auch auf der internationalen Ebene sehr gering. Piepel führt dafür drei Ursachen an:

- „die organisatorische Zersplitterung der Bewegung,
- die thematische Beschränkung auf traditionelle Exportprodukte der Dritten Welt und
- die methodische Selbstbeschränkung auf Handlungsformen in Verbindung mit dem Warenverkauf.“[177]

---

[177] Piepel, K.: Fairer Handel – eine (entwicklungs)politische Handlungsmöglichkeit? In: Nord-Süd aktuell; H. 1; Bd. 13 (1999); S. 100.

Dennoch wird das Konzept verstärkt wahrgenommen und unterstützt. Im Aktionsprogramm 2015 wirbt die Bundesregierung Deutschland für den Fairen Handel.[178] Dafür wurden für die Jahre 2003 bis 2005 6,48 Mio. Euro bereitgestellt, wovon 3,3 Mio. Euro einer Informationskampagne zum Fairen Handel zuflossen. Außerdem unterstützt das Bundesministerium für wirtschaftliche Zusammenarbeit und Entwicklung (BMZ) mit 1,75 Mio. Euro die Markteinführung verschiedener Produkte. Weitere Mittel (1 Million Euro) werden vom Bundesministerium für Verbraucherschutz, Ernährung und Landwirtschaft zur Verfügung gestellt, um afrikanische Bauern bei der Produktion und dem Export von Produkten zu unterstützen.[179] Auf der nationalen Ebene ist ebenfalls die GTZ (heute GIZ) zu nennen. Zusammen mit dem BMZ wurde z. B. ein Fair-Handels-Forum gegründet, welches die Koordination der verschiedenen Alternativen verbessern soll. Zusätzlich unterstützt sie verschiedene Projekte, z. B. im Rahmen eines Public Private Partnership (PPP).

Auf der Ebene der Europäischen Union wird die Einbindung des Fairen Handels deutlicher wahrgenommen als auf der Bundesebene. Die Zuständigkeit für Fragen der Handelspolitik liegt bei der Europäischen Kommission. Im Namen der Mitgliedsstaaten handelt die Europäische Kommission unter anderem internationale Handelsabkommen aus.[180] In der Mitteilung der Kommission an den Rat über den Fairen Handel heißt es:

---

[178] Die Bundesregierung (BMZ): Aktionsprogramm 2015: Armut bekämpfen. Gemeinsam handeln. Der Beitrag der Bundesregierung zur weltweiten Halbierung extremer Armut; BMZ-Materialien Nr. 106; 2. Aufl.; Bonn 2003; S. 42.

[179] BMZ: Auf dem Weg zur Halbierung der Armut. – 2. Zwischenbericht über den Stand der Umsetzung des Aktionsprogramms 2015; 2003; http://www.bmz.de/de/service/infothek/fach/spezial/spezial088/spezial088_25.html; Stand: 15.11.2004.

[180] Europäische Kommission: Globalisierung als Chance für alle: Die Europäische Union und der Welthandel; Luxemburg 2002; S. 3.

„Fair trade is an example of development occurring through trading relationship and improved commercial opportunities to bridge the gap between developed and developing countries and to facilitate the better integration of developing countries in the world economy. Fair trade initiatives give consumers the opportunity to contribute through their purchasing preferences."[181]

In der Mitteilung wird das Konzept des Fairen Handels vorgestellt und die Unterstützung der EU bei einzelnen Projekten zugesichert. In den Verordnungen der EU zum Außenhandel werden einigen Produkten, die im Rahmen des Fairen Handels importiert werden, Präferenzen im Zugang zum Europäischen Markt gewährt. Die Unterstützung auf der Ebene der EU erfolgt durch Beschlüsse des Europäischen Parlaments, Präferenzregelungen, wie sie oben beschrieben wurden, sowie durch die Finanzierung von Nichtregierungsorganisationen (NRO) und Projekten in Entwicklungsländern.[182] Ein Bestandteil der Entwicklungszusammenarbeit innerhalb der EU war bis zum Februar 2000 das Lomé-Abkommen der Europäischen Gemeinschaft mit den Staaten in Afrika, im karibischen Raum und im Pazifischen Ozean (AKP-Staaten). Im Mittelpunkt dieses Abkommens, das 1975 in Kraft trat, stand die wirtschaftliche und kommerzielle Zusammenarbeit. Dieses Abkommen wurde im Jahr 2000 durch das Cotonou-Abkommen abgelöst.[183] Im Rahmen des Abkommens von Cotonou findet der Faire Handel in Artikel 23g wie folgt Beachtung:

„Die Vertragsparteien unterstützen mit ihrer Zusammenarbeit eine nachhaltige Politik und nachhaltige institutionelle Reformen sowie die Investitionen, die für einen ausgewogenen Zugang zu den Wirtschaftstätigkeiten und Produktions-

---

[181] Commission of the European Communities; 2001; S. 4.

[182] Europäische Kommission: Fairer Handel; 1999; http://europa.eu/rapid/pressReleasesAction.do?reference=IP/99/937&format=HTML&aged=1&language=DE&guiLanguage=en; Stand: 22.02.2011; S. 1.

[183] Liebig, Sautter; 2000; S. 164.

faktoren erforderlich sind und insbesondere [...] g) die Entwicklung des Handels, einschließlich der Förderung des Fairen Handels;"[184]

Auffällig ist, dass in diesem Artikel sowohl eine nachhaltige Politik als auch der Faire Handel explizit gefordert werden. Frithjof Schmidt, ein Europaabgeordneter der Grünen, legte im Juni 2006 seinen Bericht über Fairen Handel und Entwicklung vor. Darin verweist er auf die Grundhaltung der Europäischen Union zum Fairen Handel, welche mit den bereits genannten Dokumenten festgelegt und auf den Artikel 177 des EG-Vertrages gestützt ist:

„(1) Die Politik der Gemeinschaft auf dem Gebiet der Entwicklungszusammenarbeit, die eine Ergänzung der entsprechenden Politik der Mitgliedsstaaten darstellt, fördert

- die nachhaltige wirtschaftliche und soziale Entwicklung der Entwicklungsländer, insbesondere der am meisten benachteiligten Entwicklungsländer;
- die harmonische, schrittweise Eingliederung der Entwicklungsländer in die Weltwirtschaft;
- die Bekämpfung der Armut in den Entwicklungsländern."[185]

Auf der Grundlage des Berichtes wurde eine Resolution vorgelegt, welche von der Europäischen Kommission verlangt, für den Fairen Handel eine Empfehlung abzugeben. Des Weiteren wird die Kommission aufgefordert, einen Verhaltenskodex zu entwickeln, welcher klar definiert, welche Anforderung ein Produkt erfüllen muss, damit es das Fair-Trade-Siegel erhält. Die Schaffung eines europäischen Rahmens zur Verwendung des Begriffs „Fairer Han-

---

[184] Europäische Gemeinschaft: Partnerschaftsabkommen Cotonou; Amtsblatt L 317; Brüssel 2000; http://eur-lex.europa.eu/LexUriServ/site/de/oj/2000/l_317/l_31720001215de00030286.pdf; Stand: 29.03.2011; S. 15.

[185] EG-Vertrag: 3. Teil – Die Politik der Gemeinschaft; Artikel 177; 1997; http://dejure.org/gesetze/EG; Stand: 06.01.2008.

del", die Prüfung der Möglichkeit eines niedrigeren Mehrwertsteuersatzes und die Abschaffung der Zölle für Fair-Trade-Produkte sowie die Unterstützung von Handelsmechanismen, welche die Produzenten der Produkte bei der Festlegung der Preise stärker einbezieht, sind weitere Punkte in der abschließenden Resolution. Diese Resolution wurde am 06.07.2006 angenommen.[186]

Ebenfalls zu erwähnen ist der jährliche Fair Trade Day, der im Europäischen Parlament stattfindet. Hier treffen sich Mitglieder verschiedener NROs und der Europäischen Kommission, um Initiativen und neue Entwicklungen im Fairen Handel zu diskutieren. Im Jahr 2004 wurde des Weiteren ein Projekt verschiedener FTOs ins Leben gerufen, das von der Europäischen Kommission mitfinanziert wird. Die abschließende Konferenz des Projektes fand im April 2007 in Brüssel statt. Fair Procura beschäftigt sich mit der Frage, inwieweit fair gehandelte Produkte bei Beschaffungsvorgängen innerhalb der EU einbezogen werden können (Mensen, öffentliche Verwaltung, Catering).[187]

Die Europäische Kommission schätzt den Anteil des öffentlichen Auftragsvolumens am BIP der EU auf 16% (ca. 1.500 Mrd. Euro).[188] Als Ergebnis der Studie wird den Beschaffungsvorgängen in der EU eine wichtige Rolle in der nachhaltigen Entwicklung zugeteilt (Unterstützung der Produzenten durch Vertrieb fair gehandelter Güter, Vorbildfunktion). Durch die verschiedenen Festlegungen und Initiativen im Rahmen der EU wird deutlich, dass auf dieser Ebene eine positive Einstellung gegenüber dem Fairen Handel vorherrscht. Zu nennen ist auch die Zusammenfassung der

---

186 Schmidt, F. (Europäisches Parlament): Bericht über Fairen Handel und Entwicklung; 2005/2245(INI); o.O.; http://www.europarl.europa.eu/oeil/FindByProcnum.do?lang=2&procnum=INI/2005/2245; Stand 06.01.2007; S. 19-21.

187 Rodríguez, I. (EFTA): Fair Procura. Öffentliche Verwaltungen aktiv für nachhaltige Entwicklung; Brüssel 2005; S. 1–35.

188 Europäische Kommission: Der Zugang von KMU zu öffentlichen Aufträgen; Brüssel 2004; S. 5.

83. Zusammenkunft des Ausschusses der Regionen der EU. In der Stellungnahme zu den Vorschlägen der Europäischen Kommission wird der Standpunkt der EU zum Fairen Handel noch einmal unterstrichen.[189] Zwischen der grundsätzlichen Einstellung zu dem Konzept Fair Trade und der Umsetzung gibt es sowohl in Deutschland als auch auf EU-Ebene jedoch noch eine große Kluft, die sicher auch in Zukunft nur langsam verringert wird.

Die Welthandelsorganisation (WTO) vertritt die Auffassung, dass der Faire Handel kein Hindernis für die Liberalisierung der Weltmärkte darstellt. Initiativen auf der Grundlage des Fairen Handels stellen keine protektionistischen oder handelsbeschränkenden Maßnahmen dar.[190] Jedoch gibt es gegenwärtig keine direkten Aktivitäten, welche die WTO hinsichtlich des Fairen Handels unternimmt, und auch hier ist für die Zukunft kein Durchbruch zu erwarten.

---

[189] The Comitee oft he Regions: 83rd Penary Session. Opinion of the Committee of the Regions on Contributing to Sustainable Development; Brüssel 2010.

[190] Europäische Kommission: Fairer Handel; 1999.

5 Theoretische Begründung des internationalen Handels

Im Rahmen diverser Abkommen, auf die in Kapitel 2 bereits eingegangen wurde, findet der internationale Handel mit ganz unterschiedlichen Gütern und auf der Grundlage unterschiedlicher Rechte statt. Die Güter, Rechte und Direktinvestitionen werden im Folgenden exemplarisch aufgezeigt und abgegrenzt:

- **Waren:** Lebensmittel, Kleidung, Rohstoffe, Maschinen, Automobile
- **Dienstleistungen:** Leistungen in Bereichen wie Tourismus, Telekommunikation, Bankenwesen, Versicherungen
- **Geistiges Eigentum:** Urheberrechte
- **Ausländische Direktinvestitionen:** Ein Unternehmen kauft, investiert oder gründet ein Unternehmen in einem anderen Land.[191]

Die folgenden Ausführungen beschränken sich auf die theoretische Begründung von Handel mit Gütern, welche für das Konzept des Fairen Handels von Bedeutung sind. Dies erfolgt in chronologischer Reihenfolge. In Abschnitt 5.1 werden zunächst die außenhandelstheoretischen Ansätze von Ricardo und Heckscher/Ohlin vorgestellt. Abschnitt 5.2 wendet sich den Ansätzen der neuen Handelstheorie zu. Die verschiedenen theoretischen Ansätze zeigen, aus welchen Gründen der Handel in einem Zwei-Länder-Modell vorteilhaft ist. Auf dieser Grundlage erfolgt in Abschnitt 5.3 die Spezifizierung der allgemeinen Handelstheorie auf den Austausch von Gütern zwischen einem Industrie- und einem Entwicklungsland und hier besonders die handelstheoretische Begründung des Fairen Handels.

---

[191] Europäische Kommission: Globalisierung als Chance für alle: Die Europäische Union und der Welthandel; Luxemburg 2002; S. 4.

5.1 Begründung des internationalen Handels auf der Grundlage der Modelle von Ricardo und Heckscher/Ohlin

Zunächst werden die handelstheoretischen Ansätze von Ricardo und Heckscher/Ohlin betrachtet. Das Heckscher/Ohlin-Modell wendet sich besonders dem Handel zwischen Industrie- und Entwicklungsländern zu, d. h. dem sogenannten Nord-Süd-Handel. Dieses Modell soll hinsichtlich seiner Relevanz für das Konzept des Fairen Handels geprüft werden.

5.1.1 Das Modell von David Ricardo

In seinem handelstheoretischen Ansatz stellt David Ricardo dar, dass der Handel zwischen zwei Ländern auch dann ökonomisch sinnvoll sein kann, wenn eines der beiden Länder bei der Produktion von annahmegemäß zwei Gütern x und y einen absoluten Vorteil hat. Daher spricht man auch vom Zwei-Länder-/Zwei- Güter-Modell, das einen idealtypischen Zustand, nicht jedoch die Realität darstellt. Der einzige Produktionsfaktor in Ricardos Modell ist die Arbeit. Die Herstellung der Produkte unterscheidet sich in den Ländern daher lediglich in der Produktivität und durch beeinflussende Umweltbedingungen, wie z. B. Klimaverhältnisse. Die Ausstattung mit dem Produktionsfaktor Arbeit ist in den beiden Ländern gleich, d. h., die Menge an vorhandener Arbeit ist identisch. Auch wenn eines der beiden Länder in der Produktion beider Güter absolute Vorteile hat, kann die Aufnahme von Außenhandel auch für dieses Land von Vorteil sein.

Hat beispielsweise das Inland in der Produktion beider Güter gegenüber dem Ausland einen komparativen Vorteil, so wird es sich auf die Produktion des Gutes spezialisieren, bei welchem der größte Vorteil besteht. Der komparative Vorteil wird in der folgenden Tabelle dargestellt. Das Inland hat gegenüber dem Ausland für die Produktion beider Güter einen komparativen Vorteil, da es für die Produktion sowohl für eine Einheit Tuch als auch für eine Einheit Wein weniger Stunden aufwenden muss. Das Inland konzentriert sich auf die Produktion von Wein, da hier der Aufwand des Auslandes relativ hoch ist.

	Tuch (x)	Wein (y)
Inland	2	3
Ausland	3	8

Abb. 5-1: Produktion von Tuch (Gut x) und Wein (Gut y) (in Stunden berechnet)

Das Ausland würde sich demzufolge auf die Produktion des Gutes Tuch spezialisieren, bei welchem es einen relativ geringen Nachteil hat.[192] In Ricardos Modell kommt es zu einer vollkommenen Spezialisierung der Länder. In Abbildung 5-2 wird die Änderung der Preisgeraden in den beiden Ländern deutlich.

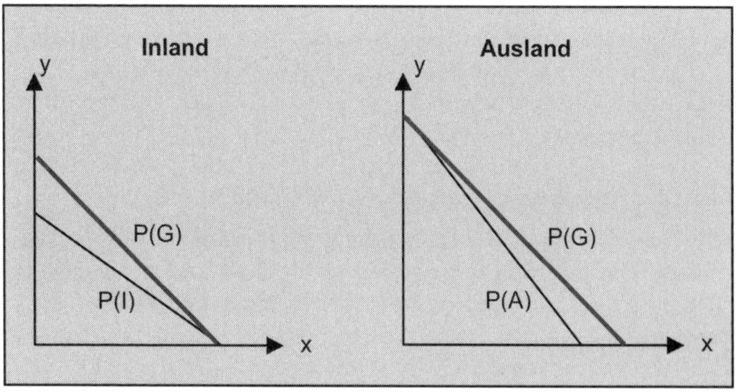

Abb. 5-2: Außenhandel im Modell von Ricardo[193]

[192] Maennig, W.; Wilfling, B.: Außenwirtschaft. Theorie und Politik; München 1998; S. 95-96.
[193] Ebenda; S. 100.

Vor Aufnahme des Außenhandels ist die Preisgerade P(A) im Ausland steiler als die Preisgerade P(I) im Inland. Durch den Außenhandel ändern sich die Preisgeraden in beiden Ländern dahingehend, dass sie die gleiche Steigung haben. In der Abbildung ist diese Preisgerade mit P(G) bezeichnet.

Das Inland spezialisiert sich – wie schon erwähnt – auf die Produktion des Gutes Y und wird einen Teil davon in das Ausland exportieren. Das Ausland spezialisiert sich auf die Produktion des Gutes X. Das Inland wird das Gut X importieren. Das Ergebnis des Modells von Ricardo ist, dass beide Länder vom Außenhandel im Sinne eines steigenden Wohlstands profitieren, da die Kosten und der Aufwand in beiden Ländern in ihrer Relation unterschiedlich hoch sind.[194] Es erfolgt also eine Spezialisierung der Länder auf die Produktion eines Gutes und somit eine internationale Arbeitsteilung. Im Falle der Spezialisierung der beiden Länder kommt es zu einem größeren Außenhandelsgewinn, als dies ohne Spezialisierung der Fall wäre. Im In- und Ausland erfolgt durch die Spezialisierung ein Wachstum der Branche, in der das jeweilige Land einen komparativen Vorteil hat, während die Produktion des anderen Gutes eingeschränkt wird.[195]

5.1.2 Das Modell von Heckscher/Ohlin

Eli Heckscher und Bertil Ohlin knüpfen mit ihrem Modell an den Ansatz von Ricardo an. Sie ergänzen es jedoch, indem sie das Modell durch die Einbeziehung eines zweiten Produktionsfaktors erweitern. Der Handel zwischen zwei Ländern hängt vor allem von den Ressourcen dieser Länder ab. Dabei werden von Heckscher und Ohlin die folgenden Annahmen getroffen:

---

[194] Borchert, M.: Außenwirtschaftslehre. Theorie und Politik, 7. Aufl.; Wiesbaden 2001; S. 27.

[195] Kortmann; 1998; S. 140-143.

2 Länder-2 Güter-2 Faktoren-Modell,
vollständige Konkurrenz,
homogene Güter,
identische Produktionsfunktionen in den beiden Ländern; gleiche Substitutionselastizitäten,
Vollbeschäftigung,
keine Transportkosten,
keine Handelshindernisse,
Immobilität der Produktionsfaktoren.

Nach der ersten Annahme werden im Inland und im Ausland jeweils die Produkte X (x = Menge an X) und Y (y = Menge an Y) hergestellt. Zur Herstellung dieser beiden Produkte benötigt man die Produktionsfaktoren Arbeit (A) und Kapital (K). Nach Annahme 4 sind die Produktionsfunktionen der beiden Güter im Inland und im Ausland identisch. Beispielhaft können folgende Produktionsfunktionen für die beiden Güter vorliegen:

Gut X: $$x = A^{\frac{1}{2}} K^{\frac{1}{2}}$$

Gut Y: $$y = A^{\frac{1}{3}} K^{\frac{2}{3}}$$

Die Grenzrate der Substitution lässt sich dann wie folgt formulieren:

Gut X: $$\left(\frac{dK}{dA}\right) = \frac{K}{A} = 1$$

Gut Y: $$\left(\frac{dK}{dA}\right) = \frac{K}{A} = \frac{1}{2}$$

Die Grenzraten der Substitution machen deutlich, dass bei der Produktion von Y immer doppelt so viel Kapital eingesetzt werden muss wie bei der Produktion von X. Das Produkt Y ist somit relativ gesehen und im Vergleich zu Produkt X ein kapitalintensives Gut. Das Produkt X ist demzufolge ein arbeitsintensives Gut.[196] Jedes Land hat entsprechend der Annahme eine bestimmte Menge an Kapital und eine bestimmte Menge an Arbeit zur Verfügung:

Inland: 50 Arbeitseinheiten (1/3) und 100 Kapitaleinheiten (2/3)
Ausland: 50 Arbeitseinheiten und (2/5) und 75 Kapitaleinheiten (3/5)

Das Zahlenbeispiel verdeutlicht:
Im Inland ist der Produktionsfaktor Kapital im Vergleich zum Ausland relativ reichlich vorhanden. Im Ausland ist der Produktionsfaktor Arbeit im Vergleich zum Inland relativ reichlich vorhanden. Daher wird im Inland das Gut Y und im Ausland das Gut X hergestellt. Das wirkt sich in dem Modell auf den Wohlstand beider Länder positiv aus. In Abbildung 5-3 ist das Faktorpreisverhältnis $\frac{l}{z}$ als Relation von Lohn (l) zu Zins (z) und das Verhältnis des Produktionsfaktors Kapital zu dem Produktionsfaktor Arbeit aufgezeigt. Im linken Quadrant wird das Verhältnis der Preise p_x zu p_y d dargestellt. Bei einem gegebenen Faktorpreisverhältnis ist der Faktor $\frac{K}{A}$ bei dem Gut Y immer höher als bei Gut Y, was deutlich macht, dass im Vergleich der zwei Güter Y das kapitalintensive und X das arbeitsintensive Gut ist.

---

[196] Borchert; 2001; S. 55-58.

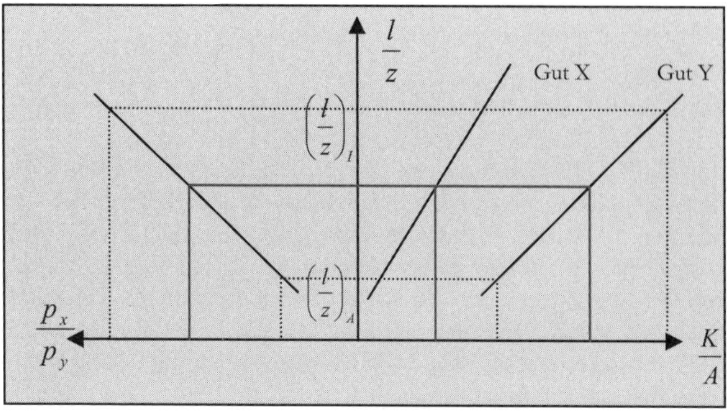

Abb. 5-3: Zusammenhang zwischen Güterpreisen und Produktionsfaktoren[197]

Bei einem steigenden Lohn erhöht sich auch das Faktorpreisverhältnis $\frac{l}{z}$. Wenn man nun dieses Verhältnis über die Preisgerade abträgt, wird deutlich, dass dadurch auch das Verhältnis $\frac{p_x}{p_y}$ größer wird. Auch hier zeigt sich die Relation der Anteile der Produktionsfaktoren, die bei der Herstellung der Produkte X und Y eingesetzt werden. Die Aufnahme von Außenhandel führt dazu, dass das Preisverhältnis im Inland solange sinkt und das Preisver-

[197] Eigene Darstellung. In Anlehnung an Krugman; Obstfeld 2009, S. 97.

hältnis im Ausland steigt, bis die Verhältnisse $\frac{K}{A}$, $\frac{l}{z}$ und $\frac{p_x}{p_y}$ im In- und Ausland gleich sind.

Die Produktionskombinationen beider Länder kann man in einer Transformationskurve wie in Abbildung 5-4 darstellen. Bei der Einschränkung der Produktion eines Gutes im Inland um einen bestimmten Anteil und der Erweiterung der Produktion des anderen Gutes um genau denselben Anteil wird die optimale Produktionskombination noch nicht erreicht. Wird also, wie in Abbildung 5-4 zu erkennen, die Produktion des Gutes X um die Hälfte reduziert und dieser Anteil in die Produktion des Gutes Y investiert, wird die Transformationskurve der möglichen Produktionskombinationen mit optimaler Ausrichtung noch nicht erreicht (Punkt 1). Es kann also immer mehr als der Anteil, auf den bei der Produktion des Gutes X verzichtet wird, mit der Produktion des Gutes Y hergestellt werden (Punkt 2). Wird im Inland die Produktion von Y um die Hälfte eingeschränkt, so kann mehr als dieser Anteil an der maximal möglichen Produktion des Gutes X hergestellt werden (Punkt 3).

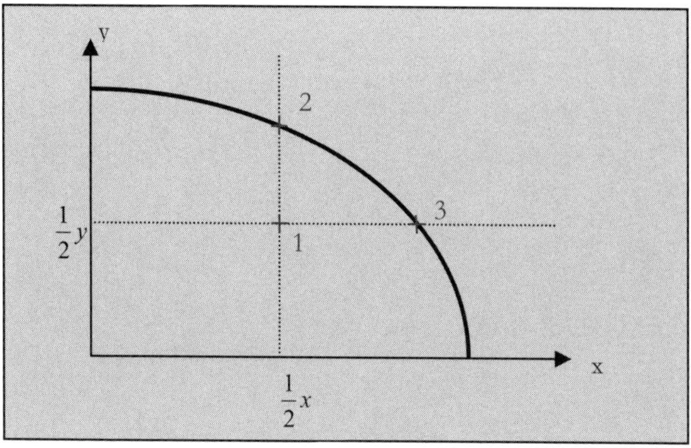

Abb. 5-4: Transformationskurve[198]

Die Abbildung 5-5 zeigt die Transformationskurven T der beiden Länder bei Nichtvorhandensein von Handel (Autarkie). Das heißt, dass zwischen den Ländern keine Handelsbeziehung besteht. Die Geraden P(I) und P(A) stellen jeweils die Preisgeraden der beiden Länder dar. Das Inland ist relativ reichlich mit Kapital ausgestattet. Das bedeutet, dass die Zinsen im Land relativ niedrig sind. Der Produktionsfaktor Arbeit ist im Inland knapp, das heißt die Löhne sind im Inland im Vergleich zum Ausland hoch und die Produktion des arbeitsintensiven Gutes X damit relativ teurer. Das Ausland ist reichlich mit dem Produktionsfaktor Arbeit ausgestattet. Die Löhne in diesem Land sind relativ niedrig. Die Zinsen im Ausland sind relativ hoch und damit auch die Kosten der Produktion des kapitalintensiven Gutes Y. Die Preisgerade P(I) des Inlandes ist aus diesem Umstand heraus steiler als die Preisgerade P (A) des Auslandes.

---

[198] Borchert 2001; S. 63.

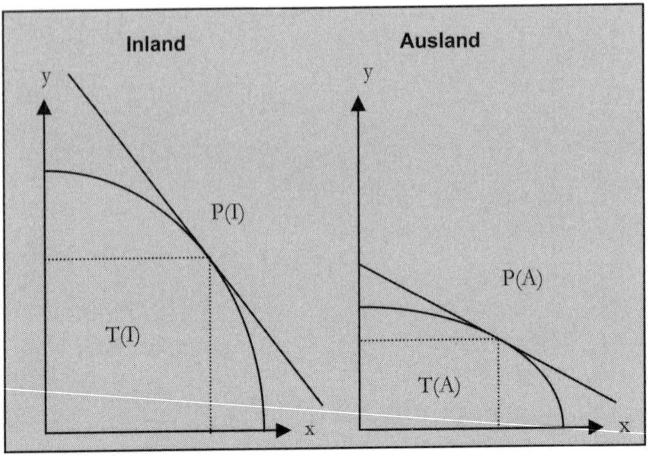

Abb. 5-5: Preisverhältnis und optimale Produktion im In- und Ausland (Autarkie)[199]

Durch die Addition der beiden Transformationskurven T(I) und T(A) ergibt sich die Gesamttransformationskurve T(G) in Abbildung 5-6, die alle möglichen Produktionskombinationen mit einer optimalen Ausrichtung der Produktionsfaktoren angibt. Die Steigung der Preisgeraden P(G) liegt zwischen der Steigung der Preisgeraden P(I) und P(A), d. h., sie ist steiler als P(A) und flacher als P(I).

---

199 Dieckheuer; 2001; S. 91-93.

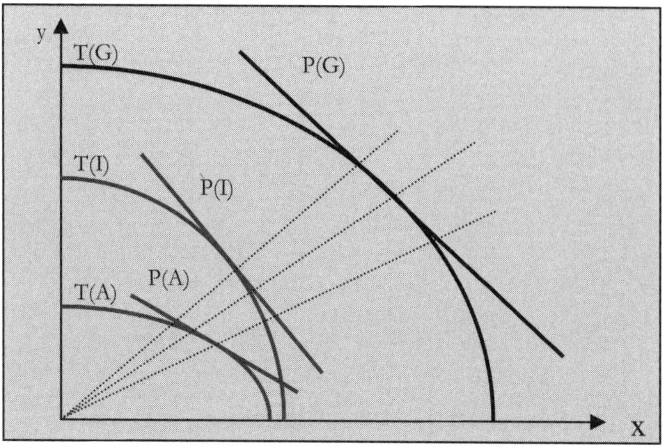

Abb. 5-6: Transformationskurve und Preisgerade im Außenhandel[200]

Abbildung 5-7 zeigt die ursprüngliche Situation der beiden Länder ohne Außenhandel. Durch Anlegen der beiden Preisgeraden P(G) aus Abbildung 5-6 an die Transformationskurven von In- und Ausland ergibt sich jeweils ein neuer Tangentialpunkt. Die Preisgerade P(G) schneidet nun die ursprünglichen Indifferenzkurven. Das heißt, es ist in beiden Ländern eine höhere Indifferenzkurve zu erreichen und damit ein höherer Gesamtnutzen möglich.

---

[200] Borchert; 2001; S. 66.

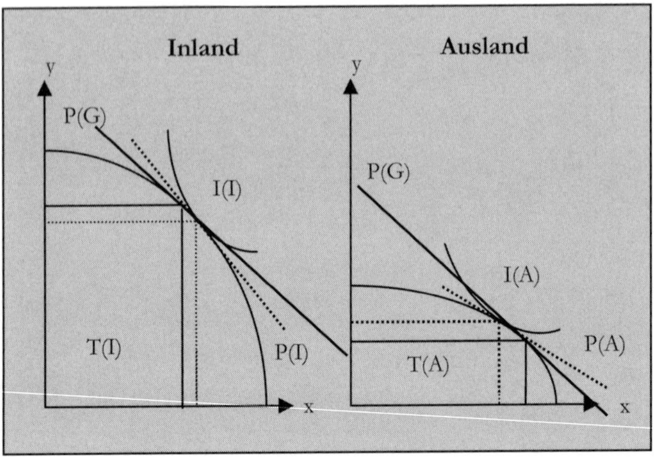

Abb. 5-7: Produktion der Länder im Falle von Außenhandel[201]

Für das Inland bedeutet eine höhere Indifferenzkurve die Einschränkung der Produktion des Gutes X und die Erweiterung der Produktion des Gutes Y. Für das Ausland geht die höhere Indifferenzkurve mit einer Einschränkung bei der Produktion des Gutes Y und einer Erweiterung der Produktion von X einher. Die zusätzliche Ausbringungsmenge an Y wird das Inland exportieren und dafür X importieren. Das Ausland wird die zusätzliche Produktionsmenge an X exportieren und Y importieren. Beide Länder profitieren an diesem Austausch von Gütern, was die höhere Indifferenzkurve deutlich macht. Die Übertragung dieser Überlegungen auf den Handel zwischen einem Industrieland und einem Entwicklungsland sowie die Analyse der Auswirkungen für das Konzept des Fairen Handels werden in Abschnitt 5.3 vorgenommen.

---

201 Borchert; 2001; S. 67.

5.2 Skalenerträge und unvollständiger Wettbewerb als Ausgangspunkt der neuen Handelstheorie

Neuere Ansätze zur Begründung des internationalen Handels basieren auf der Grundlage von Skalenerträgen und unvollständigem Wettbewerb. Zur Erinnerung: Ein Markt mit vollständigem Wettbewerb zeichnet sich dadurch aus, dass es viele Käufer und Verkäufer gibt, von denen keiner einen großen Marktanteil hat. Somit ist den Unternehmen der Preis vorgegeben. Baut einer von vielen Farmern beispielsweise Getreide an, so kann er in beliebiger Menge Getreide verkaufen, ohne dass dadurch der Absatz den Marktpreis senken würde.[202]

Anders verhält es sich jedoch auf einem Markt mit unvollständigem Wettbewerb. Gibt es beispielsweise weltweit nur zwei Hersteller von Flugzeugen, so kann ein Unternehmen seine Produktion und sein Gesamtangebot nur dann steigern, wenn es seinen Preis senkt. Die Unternehmen sind sich also bewusst, dass sie ihren Absatz durch Preisveränderungen (in diesem Fall durch Preissenkungen) erhöhen können. Kommt es weltweit zu einer wachsenden Konzentration der Unternehmen, besonders durch multinationale Unternehmen, so wird der internationale Handel zunehmend durch die Marktform des unvollständigen Wettbewerbs geprägt.

Ein weiteres Merkmal des unvollständigen Wettbewerbs ist der monopolistische Wettbewerb. Dieser basiert auf zwei Grundannahmen: Geht man beispielsweise vm Automobilmarkt aus, so kommt es auch hier zu einem internationalen Handel von Autos, da jeder Automobilkonzern sein Produkt von jenen des Konkurrenten zu differenzieren vermag (z. B. Kleinwagen). Daher werden die Konsumenten nicht ausschließlich die nationalen Automobiltypen

---

[202] Krugman; Obstfeld; 2009; S. 169.

nachfragen, sondern auch ausländische Automobile kaufen. Die Produktdifferenzierung führt dazu, dass jedes Unternehmen für sein spezielles Produkt innerhalb der Branche ein Monopol hat. Es ist dadurch bis zu einem gewissen Grad vor den Wettbewerbern geschützt. Das zweite Merkmal ist, dass jedes Unternehmen die von den Konkurrenten verlangten Preise als gegeben hinnimmt und somit die Auswirkungen seiner eigenen Preise auf die Preise anderer Unternehmen ignoriert.[203]

Daraus ergibt sich auf den ersten Blick das Paradoxon, dass jedes Unternehmen sich wie ein Monopolist verhält und gleichzeitig in der Realität dem Wettbewerb ausgesetzt ist. Das monopolistische Wettbewerbsmodell wird im Rahmen der internationalen Handelsbeziehungen verwendet, da der internationale Handel den Markt vergrößert. Ein weiteres Merkmal der modernen Handelstheorie sind steigende Skaleneffekte: Entstehen in einer Branche Skaleneffekte, so wird sowohl die Gütervielfalt, die ein Land produziert, als auch die Produktionsmenge von der Größe des nationalen Marktes beschränkt. Da die Nationen durch Außenhandel einen integrierten Weltmarkt schaffen, der größer als die nationalen Märkte ist, werden diese Beschränkungen verringert. Unter diesen Bedingungen wird sich jedes Land auf eine engere Produktionspalette beschränken, als dies ohne Außenhandel möglich wäre.

Das Konzept der steigenden Skalenerträge (economies of scale) geht von der Annahme aus, dass die Ausweitung der Produktion häufig zu einer relativen Reduzierung der Produktionskosten führt. So resultiert aus einer proportionalen Erhöhung der eingesetzten Produktionsfaktoren eine überproportionale Erhöhung der Ausbringungsmenge. Oder es resultiert aus einer Verringerung der eingesetzten Produktionsfaktoren eine gleichbleibende Ausbringungsmenge. Steigende Skalenerträge treten nicht nur bei der Produktion eines Gutes auf, sondern auch in anderen Bereichen des Unternehmensprozesses, wie z. B. in der Beschaffung oder der Distribu-

---

[203] Krugman; Obstfeld; 2009; S. 173.

tion.[204] Im Folgenden wird jedoch nur der Produktionsprozess betrachtet, da er in der weiteren Argumentation von zentraler Bedeutung ist.

Bei der Analyse steigender Skalenerträge kann die Unterscheidung nach internen und externen Skaleneffekten erfolgen. Interne Skaleneffekte treten innerhalb eines Unternehmens auf und betreffen demzufolge die Maßnahmen, die ergriffen werden, wenn ein Unternehmen die Produktion eines Produktes ausweitet oder die Vorgänge bei der Produktion effizienter gestaltet. Externe Skaleneffekte treten innerhalb einer Branche auf. Mit einer verstärkten Produktion eines Gutes in einem Sektor wächst die Erfahrung und die Anzahl der qualifizierten und spezialisierten Arbeitskräfte nimmt zu. Neben dem Technologietransfer, welcher innerhalb des Sektors auftritt, kommt es auch verstärkt zur Errichtung von Zulieferbetrieben, die wichtige Vorleistungen erbringen. Dies hat zur Folge, dass die Durchschnittskosten des Produktes mit einer steigenden Produktionsmenge innerhalb des gesamten Sektors abnehmen.[205]

Durch die Theorie der steigenden Skalenerträge kann ebenfalls eine Spezialisierung von Unternehmen und Regionen erklärt werden. Die Spezialisierung von Unternehmen führt demnach zu Kostensenkungen in der Produktion und zu Wettbewerbsvorteilen auf dem Markt. Bei der Betrachtung des Außenhandels kann man hieraus eine Analogie zum Verhalten von Ländern schließen. Spezialisiert sich ein Land auf die Herstellung ausgewählter Güter, kann es in deren Produktion steigende Skalenerträge und damit einen Wettbewerbsvorteil erlangen. Vermeidet ein Land die Ausrichtung auf wichtige Kernleistungen, kann die Spezialisierung von Konkurrenten für das Land auch zu Wettbewerbsnachteilen auf lukrativen Märkten führen.

---

[204] Kortmann; 1998; S. 150.
[205] Maennig; Wilfling; 1998; S. 210-212.

In der neueren Handelstheorie findet aber nicht nur der durch komparative Vorteile entstehende intersektorale Handel Beachtung, sondern besonders der intrasektorale Handel. Beim intersektoralen Handel spezialisiert sich – wie schon aufgezeigt wurde – ein an Arbeitskraft relativ reiches Land auf die Produktion arbeitsintensiver Güter und importiert kapitalintensive Produkte und Dienstleistungen. Ein relativ kapitalreiches Land spezialisiert sich auf die Produktion kapitalintensiver Güter und importiert arbeitsintensive Produkte und Dienstleistungen. Der intrasektorale Handel findet dagegen zwischen Ländern auf der Grundlage der Produktdifferenzierung statt. Die Konsumenten in einem Land fragen ein Produkt aus dem Ausland nach, welches auch im Inland produziert wird. Aufgrund verschiedener Produktmerkmale kommt es zu Nachfragepräferenzen bei den Konsumenten. Die Güter haben unterschiedliche Merkmale, sind aber gegenseitig substituierbar.

Ein Beispiel für den intrasektoralen Handel von Gütern ist der Handel mit Autos. Die produzierten Güter unterscheiden sich je nach Hersteller und Herkunftsland. Unter Berücksichtigung der steigenden Skalenerträge wäre es für die einzelnen Unternehmen ineffizient, alle Möglichkeiten der Produktion auszuschöpfen und die gesamte Produktpalette anzubieten. Zum intraindustriellen Handel kommt es primär zwischen ähnlich entwickelten und ausgestatteten Ländern. Weisen das Inland und das Ausland große Unterschiede im Verhältnis der Produktionsfaktoren auf, wie das beispielsweise beim Handel zwischen einem Industrie- und einem Entwicklungsland der Fall ist, spielt der interindustrielle Handel eine entscheidende Rolle.[206]

In Abbildung 5-8 werden die Spezialisierung der Länder und der daraus entstehende Außenhandel verdeutlicht. Es wird angenommen, dass bei der Erweiterung der Produktion der Güter in beiden Ländern steigende Skalenerträge auftreten. Findet zwischen den beiden Ländern kein Außenhandel statt, ist das Gut X im Inland

---

206 Krugman; Obstfeld; 2009; S. 182-183.

und das Gut Y im Ausland relativ billiger. Die Preisgeraden im In- und Ausland werden durch P(I) und P(A) aufgezeigt. Durch die Aufnahme von Außenhandel kommt es zu einer Spezialisierung der Länder. Die internationale Preisgerade P(G) könnte durch den Punkt G laufen. Der Punkt G hängt von den Tauschkurven im In- und Ausland ab. Der Außenhandel zwischen dem Inland und dem Ausland hat zur Folge, dass das Inland Spezialisierungsvorteile bei der Produktion des Gutes X erlangt und die Menge x in das Ausland exportiert. Das Ausland erlangt Spezialisierungsvorteile bei der Produktion des Gutes Y und wird die Menge y in das Inland exportieren.

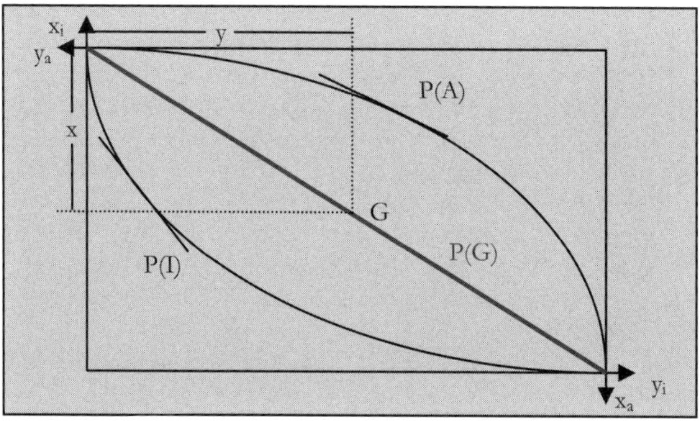

Abb. 5-8: Spezialisierung bei steigenden Skalenerträgen[207]

Da das Gut X im Inland relativ billiger als im Ausland ist, wird durch die Spezialisierung auf die Produktion dieses Gutes und die daraus folgenden steigenden Skalenerträge die Produktion noch effizienter. Dadurch wird das Gut X nun auch für das Ausland billiger. Das gleiche gilt für die Spezialisierung der Produktion auf das Gut Y im Ausland. Beide Länder haben durch die Aufnahme

---

[207] Dieckheuer; 2001; S. 119.

des Außenhandels Vorteile erzielt, da die Kosten der Produktion gesunken sind und die Konsumenten die Güter jetzt zu einem niedrigeren Preis erwerben können.

Ein weiterer Aspekt, welcher in der neuen Handelstheorie diskutiert wird, ist das Auftreten von sunk costs (versunkene Kosten), die in der Vergangenheit zu Auszahlungen führten, welche in der Gegenwart oder Zukunft nicht mehr beeinflusst werden können. Durch Investitionen, die in der Produktion getätigt werden, entstehen beispielsweise Anlaufkosten, bevor Erlöse aus der erweiterten und effizienteren Produktion realisiert werden können. Bei der Betrachtung aller Einflussfaktoren für den Außenhandel auf der Basis der Skalenerträge können weitere Quellen für sunk costs identifiziert werden. So wird die Aufnahme einer Handelsbeziehung auch immer mit der Entstehung von Kosten für ihre Entwicklung und Festigung begleitet. Der Aufbau der neuen Distributionskanäle, die Informationsbeschaffung über den ausländischen Markt und die Marketingaktivitäten sind Aktivitäten, die sunk costs verursachen.[208]

Im Hinblick auf den Fairen Handel sind sunk costs aufgrund der Erfüllung sozialer und ökologischer Standards sowie der Umstellung der Produktion auf bestimmte Methoden und Prozesse oder auch die intensiv zu begleitenden Schulungen der Produzenten von Bedeutung. Inwieweit das Konzept des Fairen Handels diese Kosten mit einbezieht, wird in Abschnitt 5.3.2 aufgezeigt.

208 Maennig; Wilfling; 1998; S. 240.

5.3 Fairer Handel im Kontext der Handelstheorie

Der Faire Handel wird als Konzept zur Unterstützung und Entwicklung der Produzenten in weniger entwickelten bzw. benachteiligten Ländern verstanden. Die „Entwicklung durch Handel" steht im Mittelpunkt. In den folgenden Ausführungen wird aus einer handelstheoretischen Sicht überprüft, inwieweit das Konzept des Fairen Handels diesen Anforderungen gerecht wird bzw. gerecht werden kann. Weiterhin wird überprüft, inwieweit der Faire Handel Auswirkungen auf die Überproduktion bestimmter Produkte, wie Kaffee oder Bananen, hat und ob durch die Umsetzung der ökologischen und sozialen Standards externe Effekte auftreten. Die Ausführungen beschränken sich auf die Theorien von Heckscher/Ohlin und die neue Handelstheorie, da sie in diesem Kontext eine besondere Relevanz aufweisen.

5.3.1 Fairer Handel und der Ansatz von Heckscher/Ohlin

Eines der Ziele des Fairen Handels ist die Erleichterung des Zugangs zum internationalen Gütermarkt für benachteiligte Produzenten in Entwicklungsländern. Damit soll auf die wirtschaftliche Entwicklung dieser Länder Einfluss genommen und ein Beitrag zur Armutsbekämpfung in Entwicklungsländern geleistet werden. Eine entscheidende Rolle bei der Erfüllung dieser Ziele nehmen die lokalen Kooperativen und Produzentenorganisationen ein. Zur Aufnahme in die Register der Fair-Handelshäuser müssen diese bestimmte Standards erfüllen. Erst dann können sie ihre Produkte an die Fair-Handelsorganisationen verkaufen und erzielen dafür einen Preis, der über dem Marktpreis liegt.

Dieser Eckpfeiler des Fair-Trade-Konzeptes – der höhere Preis für ein fair gehandeltes Produkt und die damit einhergehende mögliche Preisverzerrung – steht im Mittelpunkt der Kritik. Nachfolgend soll der Faire Handel in Beziehung zu den handelstheoretischen Ansätzen aus Abschnitt 5.1.2 gebracht werden. Besondere Beachtung wird hierbei auf die Preisgestaltung und die Preisfindung der Produkte gelegt. In einer erweiterten Analyse werden die Überlegungen um eine Gegenüberstellung der Modelle des Freihandels und des Protektionismus und dem Konzept des Fairen Handels ergänzt. Von besonderem Interesse hierbei ist die Frage, in welcher Weise diese Konzepte Auswirkungen auf die Entwicklungsländer haben. Die Ausführungen erfolgen in Anlehnung an den Beitrag von Maseland und De Vaal.[209]

Der Faire Handel findet zwischen Organisationen in den Industrieländern und Produzenten bzw. Produzentenkooperativen in den Entwicklungsländern statt. Bezogen auf das Zwei-Länder/Zwei-Güter-Modell von Heckscher/Ohlin bedeutet dies, dass eines der beiden Länder eine Industrienation und das andere ein Entwicklungsland sein muss. Im Folgenden wird davon ausgegangen, dass das Inland ein Industrieland ist. Der Handel zwischen diesen zwei Ländern findet unter den bereits festgelegten Annahmen aus Abschnitt 5.1.2 statt.

Beide Länder haben die Möglichkeit, die zwei Güter X und Y herzustellen. Zur Produktion dieser Güter werden die Produktionsfaktoren Arbeit und Kapital benötigt. Das Inland ist vergleichsweise reichlich mit dem Produktionsfaktor Kapital ausgestattet, während das Ausland reichlich mit dem Produktionsfaktor Arbeit ausgestattet ist. Findet der Handel zwischen den beiden Ländern statt, so wird folglich das Inland das kapitalintensive Produkt Y und das Ausland das arbeitsintensive Produkt X exportieren.

Es wird nun die Annahme getroffen, dass das Ausland die Möglichkeit hat, die gesamte Produktionsmenge des arbeitsintensiven Gutes über die Vertriebswege des Fairen Handels zu exportieren. Die Produzenten des arbeitsintensiven Gutes im Ausland erhalten

---

209 Maseland, R.; De Vaal, A.: How fair is fair trade? In: The Economist; Bd. 150; H. 3; Dordrecht 2002; S. 257-259.

demnach für jede exportierte Einheit des Gutes X einen Fair-Trade-Aufschlag. Die Teilnahme am Fairen Handel und die Mehreinnahmen für die Produkte sind aber an bestimmte Bedingungen gekoppelt. Die Einhaltung definierter Standards in der Produktion gehört ebenso dazu wie die Berücksichtigung der Lebens- und Arbeitsbedingungen der Mitarbeiter. Die Umsetzung der sozialen und ökologischen Vorgaben verursacht jedoch auch höhere Kosten. Diese Mehrkosten entstehen durch Maßnahmen, wie die Zahlung eines höheren Lohnes an die Mitarbeiter oder die Umstellung auf eine umweltgerechte Produktion. Die Produktion des Gutes X wird für das Ausland teurer. Das hat zur Folge, dass sich das Verhältnis der Güterpreise im Ausland ändert.

In den Abbildungen 5-5 und 5-6 wurde deutlich, dass die Preisgerade im Inland steiler ist als die Preisgerade im Ausland. Grund dafür ist das größere Verhältnis der Güterpreise $\frac{p_x}{p_y}$ im Inland

$$\frac{p_x}{p_y}^I > \frac{p_x}{p_y}^A .$$

Steigt der Preis für das Gut X im Ausland, so ändert sich auch das Verhältnis der Preise für beide Güter zueinander. Das Verhältnis des Preises für das Gut X zum Preis des Gutes Y unter den Bedingungen des Fairen Handels (FH) wird durch $\frac{p_x}{p_y}^A (FH)$ angegeben.

$$\frac{p_x}{p_y}^A (FH) > \frac{p_x}{p_y}^A$$

Das Verhältnis $\frac{p_x}{p_y}^A (FH)$ führt zu einem neuen Schnittpunkt mit der Transformationskurve und zum Übergang zu einer höheren Indifferenzkurve. In Abbildung 5-9a ist die Situation des Auslandes dargestellt, wenn die Produktion und der Export der Produkte zu den Bedingungen des konventionellen Handels erfolgen. Kommt es zu einer Handelsbeziehung unter den Bedingungen des Fairen Handels, stellt sich die Situation des Auslandes wie in Abbildung 5-9b dar.

Abbildung 5-9a zeigt die Änderung der Produktion im Ausland, wenn es zu Außenhandel kommt. Die arbeitsintensive Produktion von Gut X wird aufgrund der Spezialisierung ausgebaut. Es wird mehr von diesem Produkt produziert (x_G) und ein Teil (x_y-x_1) davon exportiert. Die kapitalintensive Produktion des Gutes Y wird eingeschränkt (y_G) und es kommt zum Import der zusätzlich benötigten Menge. Abbildung 5-9b zeigt die Änderung der Produktion, wenn der Außenhandel zu den Bedingungen des Fairen Handels stattfindet. Das Verhältnis des Preises des arbeitsintensiven Gutes zum Preis des kapitalintensiven Gutes ist größer als im Falle des traditionellen Außenhandels. Daher verläuft die neue Preisgerade P(FH) steiler als die ursprüngliche Preisgerade P(A).

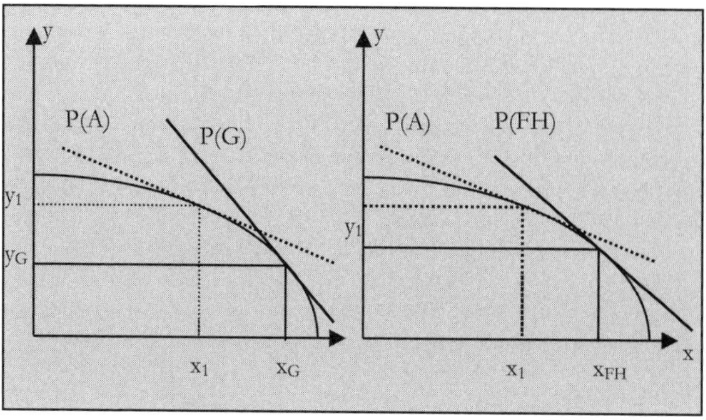

Abb. 5-9: a, b Preiserhöhung durch Fairen Handel[210]

Wie in den Abbildungen 5-5 und 5-6 deutlich gemacht wurde, ist der Außenhandel bis zu dem Gleichgewichtspreis P(G) begrenzt. Im Falle des Fairen Handels wird die Konstellation eines Gleichgewichtspreises eher erreicht. Die produzierte Menge des Gutes X im Falle des traditionellen Außenhandels ist also größer als die produzierte Menge des gleichen Gutes unter den Bedingungen des Fairen Handels

$$x_G > x_{FH}.$$

Durch die Einschränkung der Produktion des arbeitsintensiven Gutes stehen im Ausland mehr Ressourcen für die Produktion des kapitalintensiven Gutes zur Verfügung. Die produzierte Menge des Gutes Y im Fairen Handel ist also größer als die produzierte Menge im konventionellen Handel

$$y_{FH} > y_G.$$

---

210 Eigene Darstellung.

Durch die Veränderung des Preises für das Gut X im Ausland ändert sich der Gleichgewichtspreis auf dem internationalen Markt. In der folgenden Abbildung 5-10 ist die Einstellung eines Gleichgewichtspreises P_G dargestellt, der sich ergibt, wenn es zu Außenhandel zwischen dem Inland und dem Ausland kommt. Durch die Angebots- und Nachfragekurven ergeben sich im Falle der Autarkie im In- und Ausland die Preise p^i und p^a, zu denen das Gut X im Inland mit der Menge x^i und im Ausland mit der Menge x^a hergestellt werden kann. Im Ausland kann das arbeitsintensive Gut X billiger hergestellt werden als im Inland, deshalb wird das Inland dieses Gut importieren. Die Menge der Exporte aus dem Ausland ergibt sich dann wie folgt:

$$x_2^a - x_1^a = x_2^i - x_1^i$$

Da bei P_G im Entwicklungsland ein Angebotsüberschuss und im Industrieland ein Nachfrageüberschuss vorliegt, können $x_2^a - x_1^a$ Einheiten vom Entwicklungsland exportiert bzw. $x_2^i - x_1^i$ Einheiten vom Industrieland importiert werden.

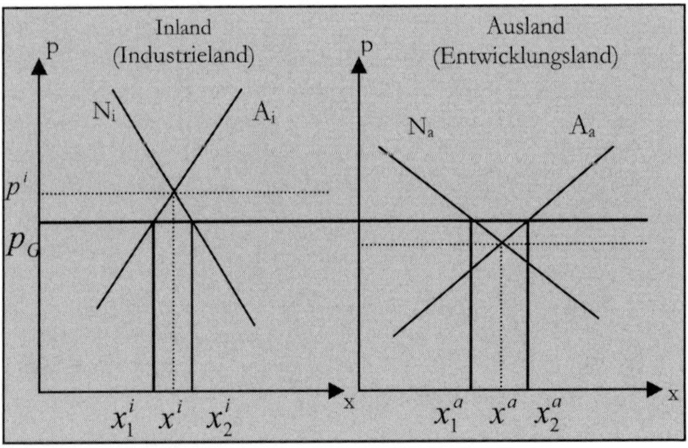

Abb. 5-10: Gleichgewichtspreis bei Außenhandel[211]

---

[211] Borchert; 2001; S. 357.

Im Falle des Fairen Handels steigt aber der Preis für das zu exportierende Gut X im Ausland oder vom Importland zu importierende Gut X. Unter der Annahme, dass das Inland das betrachtete Gut ausschließlich unter den Bedingungen des Fairen Handels von den Produzenten im Ausland abnimmt, wird sich die Menge des Gutes, die das Inland importiert, verringern. Abbildung 5-11 zeigt die Auswirkungen des Fairen Handels auf den Preis des Gutes X im In- und Ausland.

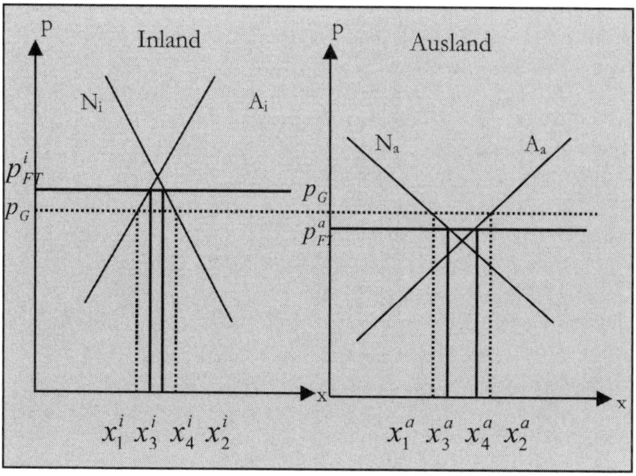

Abb. 5-11: Entwicklung der Preise bei Fairem Handel[212]

Die Exporte des Produktes X aus dem Ausland ergeben sich dann in der Menge:

$$x_4^a - x_3^a = x_4^i - x_3^i$$

---

[212] Borchert; 2001; S. 359.

Die Exportmenge des Gutes X wird durch den Preis des Fairen Handel begrenzt. Die Erhöhung der Preise für die Produkte des Fairen Handels hat die gleichen Auswirkungen wie ein Zoll. Der Gleichgewichtspreis stellt sich auf einem höheren Niveau ein. Das Inland wird zu diesem neuen Gleichgewichtspreis eine geringere Menge des Gutes X importieren. Die Betrachtung der Opportunitätskosten zeigt, dass die Erhöhung der Eigenproduktion und die Reduzierung der Importe des Gutes X mit Kosteneinsparungen einhergehen.

In Abschnitt 5.1.2 wurde gezeigt, dass es durch Außenhandel zu einer Erhöhung der Wohlfahrt der am Außenhandel beteiligten Länder kommt. Dies geschieht durch die Intensivierung der Produktion des Gutes, bei welcher es in hohem Maße dem Einsatz des im Land reichlich vorhandenen Produktionsfaktors bedarf. Die Produktion dieses Gutes wird durch den Außenhandel verstärkt angeregt, während die Produktion des jeweils anderen Gutes eingeschränkt wird. Die handelstheoretische Betrachtung unter Berücksichtigung des Ansatzes von Heckscher/Ohlin führt zu der Erkenntnis, dass der Mehrpreis der fair gehandelten Produkte die Gewinne des im Land relativ reichlich vorhandenen und die Verluste des im Land knappen Produktionsfaktors begrenzt. Ein entscheidender Einflussfaktor wird durch das Modell jedoch nicht berücksichtigt. Mit der Verbesserung der Arbeitssituation der Mitarbeiter und der Verbesserung der Umweltqualität treten weitere nicht in Geldwert messbare Gewinne für die Produzenten ein, die im folgenden Kapitel 6 näher betrachtet werden.

Die Begrenzung der Gewinne und Verluste hängt in besonderem Maße von der Preiselastizität des Gutes ab, welches über den Fairen Handel von dem betrachteten Entwicklungsland exportiert wird. Wie bereits in Abschnitt 4.4 dargelegt, stellen Lebensmittel den Großteil (60%) der durch Fair-Handelsorganisationen vertriebenen Erzeugnisse. Landwirtschaftliche Produkte weisen – wie schon aufgezeigt wurde – eine geringe Preiselastizität in der Nachfrage und im Angebot auf. Eine geringe Preiselastizität des Gutes in Bezug auf die Nachfrage führt dazu, dass diese sich nur in geringem Maße an die Änderung der Preise anpasst. Folglich beeinflusst eine Preiserhöhung dieser Produkte in einem Entwicklungsland ebenfalls nur in geringem Maße die Nachfrage nach dem Gut auf dem Markt. Die Gewinne und Verluste werden demnach bei Produkten mit einer geringen Preiselastizität nur wenig begrenzt.[213]

Betrachtet man nun die Realität, so ist zu beachten, dass der Handel zwischen Entwicklungs- und Industrieländern nur zu einem sehr kleinen Teil unter den Bedingungen des Fairen Handels stattfindet. Aufgrund der geringen Nachfrage nach fair gehandelten Produkten haben nur wenige Produzenten die Möglichkeit, in die Register der Fair-Handelsorganisationen aufgenommen zu werden. Ebenso gibt es Produzenten, die in einer Partnerschaft mit Fair-Handelsorganisationen stehen und nur einen Teil ihrer Güter über diese Organisationen vermarkten.

Am Beispiel des bedeutendsten Produktes des Fairen Handels, dem Kaffee, wird eine weitere Problematik deutlich, die viele fair gehandelte Produkte betrifft. Kaffee gehört zu den Gütern, bei denen eine weltweite Überproduktion vorherrscht und das Angebot in der Regel die Nachfrage übersteigt. Das bedeutet, dass die Konsumenten in den Industrieländern die Möglichkeit haben, ihren Kaffee zu einem niedrigeren Preis als dem für fair gehandelten Kaffee zu kaufen. In diesem Zusammenhang ist die Frage wichtig, ob der Mehrpreis für die Produkte in Kombination mit einem Zusatznutzen steht, bzw. ob die Konsumenten bereit sind, den höheren Preis zum Zweck der Unterstützung der benachteiligten Produzenten in den Entwicklungsländern zu zahlen. Die Umsetzung ökologischer Standards impliziert einen weiteren Nutzen für die Konsumenten, da die Vermeidung von umweltschädigendem Anbau auch in gesünderen Produkten resultiert.

Unabhängig von diesen Überlegungen stellt sich die generelle Frage nach dem Vorteil des Fairen Handels gegenüber alternativen Handelskonzepten. Im Protektionismus werden die Binnenmärkte und

---

213 Borchert; 2001; S. 259.

die inländischen Produzenten durch bestimmte Schutzmaßnahmen, wie Zölle oder Importquoten, vor ausländischen Produkten geschützt. Dieses Vorgehen unterstützt eine Politik mit der Zielsetzung, einen möglichst hohen Grad an Unabhängigkeit von anderen Ländern zu erreichen. Aus den Modellen von Ricardo und Heckscher/Ohlin geht hervor, dass die Aufnahme von Handelsbeziehungen zwischen zwei Ländern für die Wohlfahrt aller Beteiligten von Vorteil ist. Findet der Handel unter den Bedingungen des Freihandels statt, wird auf dem Markt durch die Importe und Exporte ein Gleichgewichtspreis erreicht. Es kommt zu einer Spezialisierung der Länder auf die Produktion eines Gutes, während die Produktion des anderen Gutes eingeschränkt wird und fehlende Mengen durch Importe gedeckt werden.

Möchte ein Land seine Wohlfahrt erhöhen, so ist der Freihandel im Vergleich zum Protektionismus immer von Vorteil. Im Fairen Handel werden die Exporte des Entwicklungslandes begrenzt, weil der Gleichgewichtspreis für das jeweilige Erzeugnis auf dem internationalen Markt zu einem früheren Zeitpunkt erreicht ist. Es hängt von den zusätzlichen Gewinnen des Fairen Handels ab, ob er im Vergleich zum freien Handel von Vorteil ist. Die zusätzlichen Gewinne ergeben sich aus den durchgeführten ökologischen und sozialen Verbesserungen in den Produktionsstätten und bei den Produzenten. Einen weiteren Denkansatz in die Richtung des Fairen Handels bietet die Preiselastizität der Produkte. Ist diese gering, besteht die Möglichkeit, dass der Faire Handel nach den Gesichtspunkten des Ansatzes von Heckscher/Ohlin für die Exportländer von Vorteil ist, da in diesem Fall die zusätzlichen Gewinne nicht mit einem Zusatznutzen verknüpft werden müssen.

5.3.2 Der Faire Handel und die neue Handelstheorie

Der Ansatz der steigenden Skalenerträge, wie er in Abschnitt 5.2 diskutiert wurde, geht davon aus, dass die Kosten im Einkauf, in der Produktion und in anderen Bereichen des Unternehmens mit einer steigenden Ausbringungsmenge sinken. Wie bereits erläutert wurde, ist das Potenzial des Fairen Handels eingeschränkt. Die Produkte sprechen aufgrund ihres höheren Preises nur einen relativ kleinen Teil der Konsumenten an. Die Menge an Gütern, welche die Importorganisationen von den Produzenten abnehmen, ist demzufolge auch klein. Die Produktion unter gewissen Standards geht in erster Linie mit höheren Kosten für den Produzenten einher. Ein einzelner Produzent kann kaum steigende Skalenerträge erzielen, da seine individuelle Ausbringungsmenge zu gering ist. Um dennoch den Effekt von Kosteneinsparungen realisieren zu können, wird von den Organisationen des Fairen Handels der Zusammenschluss von mehreren Produzenten zu Kooperativen gefördert. Ob und in welchem Maße es dadurch zu steigenden Skaleneffekten kommt, muss im Einzelfall geprüft werden. Kommt es nicht zu steigenden Skaleneffekten, so ist zu prüfen, wie diese gefördert bzw. erzielt werden können.

Das Verhältnis der Ausstattung mit den Produktionsfaktoren Arbeit und Kapital ist zwischen Industrie- und Entwicklungsländern sehr unterschiedlich. Entwicklungsländer produzieren und exportieren in hohem Maße arbeitsintensive Güter. Die im Rahmen des Fairen Handels aus den Entwicklungsländern importierten Produkte gehören zu dieser Kategorie. Es kommt also zum größten Teil zu einem interindustriellen Handel, bei dem die Entwicklungsländer arbeits- und rohstoffintensive Güter exportieren und kapitalintensive Industrieprodukte importieren. Der Handel zwischen Indusrie- und Entwicklungsländern wird auch in der neuen Handelstheorie durch komparative Kostenvorteile begründet.[214]

Ein wesentliches Merkmal internationaler Märkte und damit auch des internationalen Handels sind positive Skaleneffekte und unvollständiger Wettbewerb. Damit werden die idealtypischen Annahmen eines vollkommenen Marktes mit vollkommener Konkurrenz sowie Markttransparenz aufgehoben. Existiert unvollständiger Wettbewerb bzw. existieren unvollkommene Märkte, so stellt sich hier die Frage, welche Auswirkungen dies für die hier relevanten Zielgruppen (z. B. Kleinstfarmer) hat. Weiterhin leiden die Produzenten in Entwicklungsländern darunter, dass ihr Zugang zu den internatio-

214 Krugman; Obstfeld; 2009; S. 180-181.

nalen Märkten beschränkt ist. Diese Tatsache ist auf internen und externen Ursachenfaktoren begründet. Die Kleinproduzenten sind daher von Zwischenhändlern abhängig, die häufig als einzige Abnehmer ihrer Produkte auftreten und somit eine Monopolstellung haben. Daher können die Zwischenhändler den Preis vorgeben, der von den vielen kleinen Produzenten akzeptiert werden muss.

Der Zwischenhändler kann sich aufgrund seiner Position eine Monopolrente aneignen, die aus der Perspektive der volkswirtschaftlichen Theorie zu einem Wohlfahrtsverlust führt. Ein weiteres Defizit in diesem Kontext ist, dass die Kleinfarmer in Entwicklungsländern häufig keinen Zugang zum Finanzsektor haben. Auch hier kommt es vielfach zur Abhängigkeit von Geldverleihern, die in den Regionen, in denen sie tätig sind, ebenfalls eine Monopolstellung einnehmen. In ländlichen Regionen gibt es vielfach keine Banken bzw. die wenigen existierenden Banken tätigen wegen eines zu hohen Risikos keine Geschäfte mit Kleinproduzenten. Um an Kredite für Investitionen für Landmaschinen, Düngemittel oder Saatgut zu gelangen, bieten sich auch in diesem Fall meist nur regionale Geldverleiher an, die die Höhe der Zinsen bestimmen können.

Ein zusätzlicher Mangel an Informationen durch Zeitungen bzw. andere Medien führt zu einer ausgeprägten Informations- und Machtasymmetrie. Erfahrungsgemäß gibt es in vielen Entwicklungsländern eine relativ differenzierte Gesetzgebung und vielfältige Programme, um ländliche Regionen zu fördern. In der Regel bestehen jedoch große Defizite hinsichtlich der Umsetzung bzw. Kontrolle von Gesetzen und Programmen. Die relativ hohe Analphabetenquote und die weit verbreitete Korruption begründen die Implementierungs- bzw. Umsetzungsdefizite. Hierbei handelt es sich um Defizite einer „Good Governance", wie von vielen internationalen Organisationen, wie beispielsweise der Weltbank, schon lange beklagt wird.

Die aufgeführten Formen der Marktunvollkommenheit auf den nationalen Märkten der Entwicklungsländer werden im Rahmen der globalen Betrachtung der Marktunvollkommenheiten der Handelsmärkte noch verschärft. Wie oben erwähnt, sind die Machtasymmetrien besonders im Handelsverhältnis zwischen den Industrie- und Entwicklungsländern ausgeprägt. Das Selbstinteresse der internationalen Akteure führt dazu, dass sie ihre Machtstellung in der Handelskette ausschöpfen, indem sie eine maximale Gewinnerzielung anstreben. „Der Preisdruck wird im Markt weitergereicht vom Endabnehmer über den Importeur, Exporteur und Zwischenhändler bis zum Produzenten und seinen Arbeitern, den letzten und schwächsten Gliedern in der Kette.“[215]

Im vorangegangenen Abschnitt 5.2 wurde im Rahmen der neuen Handelstheorie auch der Aspekt des Auftretens von sunk costs angeführt. Ein Teil der Ausgaben, die den Kleinbauern in den Entwicklungsländern entstehen, kann als sunk costs identifiziert werden. Der Anbau einer Kaffeepflanze geht mit einem Aufwand einher, dem erst nach drei bis fünf Jahren ein Ertrag gegenübersteht. Allerdings können von diesem Kaffeestrauch die nächsten 15 bis 20 Jahre Erlöse erwartet werden. Dennoch müssen die Bauern erst in ihre Produktion investieren, bevor sie davon profitieren können. Die Folge sind vielfach verschuldete Produzenten, die ihren Ausgaben zu Beginn nur ungewisse Erlöse, die in Zukunft eintreten werden, gegenüberstellen können.

Im Kontext des Fairen Handels entstehen in den meisten Fällen Partnerschaften mit Kleinbauern und Produzentenorganisationen, die bereits einen funktionierenden Produktionsbetrieb aufweisen, was eine regelmäßige Investition in die Produktion jedoch keineswegs ausschließt. Neben den produktionsbezogenen Investitionen kommen weitere sunk costs für die Erfüllung ökologischer und sozialer Standards zum Tragen, die bei der Teilnahme am Fairen Handel erfüllt werden müssen.

---

215 Göbel, E.; Gerechter Tausch – (nur) eine Frage der Rahmenbedingungen?; In: Eigner, C.; Weibel, P. (Hrsg.): UN/Fair Trade – Die Kunst der Gerechtigkeit; Wien; 2007; S. 171.

Um dem zu entgehen, bieten die Fair-Handelsorganisationen in den Industrieländen den Produzenten eine Vorfinanzierung ihrer Produktion an. Der Wert der Vorfinanzierung beträgt circa 40 bis 50% des Auftragswertes.[216] Damit soll der Kauf der Rohstoffe ermöglicht, aber auch in die Umstellung der Produktion investiert werden. Informationen über die neuen Methoden (ökologischer Landbau) und die Beratung der Produzenten werden von einigen Fair-Handelsorganisationen ebenfalls zur Verfügung gestellt. Je umfangreicher das bereitgestellte Leistungsspektrum der Fair-Handelsgesellschaften, umso eher kann das Problem der sunk costs verringert werden.[217]

5.3.3 Der Faire Handel und externe Effekte

Die wirtschaftliche Entwicklung, die weltweit steigende Produktion von Gütern und die wachsende Knappheit der Umweltressourcen führen zu weitreichenden Eingriffen in das Ökosystem. Während sich die bisher beschriebene ökonomische Dimension auf Landesgrenzen beschränkt, führen die Auswirkungen der Umweltverschmutzung zu einer Beeinträchtigung der Weltbevölkerung. Die weltweit steigende Produktion hat Auswirkungen auf die Umwelt. In besonderem Maße besteht aber auch ein Zusammenhang zwischen Umwelt- und Entwicklungsproblemen, von dem vor allem die ärmsten Menschen in den Entwicklungsländern betroffen sind.[218]

Die ökologischen Standards bei der Produktion von Gütern in den Entwicklungsländern liegen oft unter den Standards, die für die Produktion der Güter in den Industrieländern festgelegt werden.[219] Die niedrigen Standards bieten nicht zuletzt einigen Produzenten in

---

[216] Bowen, B.: Let's go fair! In: EFTA (Hrsg.): Fair Trade Yearbook; http://www.eftaFair Trade.org/yearbook.asp; 2004; S. 28.

[217] Steckelbach; 1998; S. 17.

[218] Durth, R.; Körner, H.; Michaelowa, K.: Neue Entwicklungsökonomie; Stuttgart 2002; S. 104ff.

[219] Krugman; Obstfeld; 2009; S. 361ff.

den Entwicklungsländern erst die Möglichkeit, Produkte billiger herzustellen und auf dem Weltmarkt in Konkurrenz mit den Produzenten aus den Industrieländern treten zu können (Öko-Dumping). Die geringen Anforderungen an die Herstellung der Güter führen zu einer erheblichen Umweltbelastung in dem Land, in dem die betrachteten Erzeugnisse herstellt werden, aber ebenso zu grenzüberschreitenden Belastungen der Umwelt. Die Umwelt ist ein globales, grenzüberschreitendes Gut, welches der Weltbevölkerung zur Verfügung steht. Bei einer Beeinträchtigung der Umwelt werden die Folgen somit auch nicht auf die regionale Dimension des Verursachers beschränkt, sondern die Effekte werden externalisiert.

Ökonomische Effekte, die bei der Produktion in einem Unternehmen oder einem Land auftreten und Auswirkungen auf andere Unternehmen und Länder haben, werden als externe Effekte bezeichnet. Externe Effekte können mit positiven und negativen Konsequenzen einhergehen.[220] Externe Effekte führen zu einer Differenz zwischen den privaten und den sozialen Kosten der Produktion. Die privaten Kosten werden vom produzierenden Unternehmen getragen, während die sozialen Kosten auf das gesellschaftliche Umfeld entfallen. Bei negativen externen Effekten übersteigen die sozialen Kosten die privaten Kosten. Die Ausgaben, die beispielsweise durch negative Beeinträchtigungen der Umwelt oder der Gesundheit der Landarbeiter anfallen, werden nicht (allein) von denen getragen, die sie verursachen.

Bei positiven externen Effekten tritt genau der umgekehrte Effekt ein. Hier übersteigen die privaten die sozialen Kosten einer Produktion.[221] Durch den ökologischen Anbau der Kleinfarmer im Rahmen von Fair Trade entstehen also positive externe Effekte, d. h. es entstehen positive Wohlfahrtseffekte für die Allgemeinheit. Das ist möglich, da die Fair-Handelsorganisationen die Produzen-

---

[220] Sautter; 2004; S. 29-31.

[221] Rose, K.; Sauernheimer, K.: Theorie der Außenwirtschaft; 14. Aufl.; München 2006; S. 549.

ten bei der Umstellung der Produktion auf eine umweltfreundliche landwirtschaftliche Anbauweise unterstützen. Die Produktion von Gütern unter der Anwendung niedriger Umweltstandards führt dagegen zu negativen externen Effekten, die Auswirkungen auch auf andere Länder haben. Der Faire Handel kann dazu beitragen, einen Teil dieser externen Kosten zu vermindern.

Durch den Anreiz des höheren Erlöses, der durch die Produktion im ökologischen Landbau erzielt werden kann, geht die Umstellung der Produktion mit einem positiven Nutzen für die Produzenten einher. Diese Anreizfunktion ist die Grundlage für ein nachhaltig geschaffenes, d. h. umweltbewusstes Handeln in der Produktion. Neben der ökologischen Tragweite des Fairen Handels wird auch die soziale Komponente gefördert und gestärkt. Die Erfüllung sozialer Standards in einem Unternehmen umfasst unter anderem die Zahlung höherer Löhne, eine demokratische Organisation sowie die verstärkte Beschäftigung von Frauen, wodurch die Anerkennung ihnen gegenüber im sozialen Umfeld gesteigert wird. Somit können die sozialen Standards im Arbeitsumfeld auch positive Auswirkungen auf die gesellschaftlichen Strukturen der Region haben, in der sich das Unternehmen befindet.

Die globalen Effekte, die durch die ökologischen Verbesserungen in der Produktion erzielt werden können, sind jedoch marginal, da in den meisten Fällen nur ein geringer Anteil der Produzenten in einer Region die Möglichkeit hat, am Fairen Handel teilzunehmen. Die Resultate sind demnach als gering einzuschätzen. Dennoch besteht die Möglichkeit, dass das Umweltbewusstsein der Produzenten wächst und Auswirkungen auf andere Produzenten in der Region hat. Eine weitere, bereits zu beobachtende Tendenz ist die verstärkte Nachfrage der Konsumenten nach ökologischen Produkten. Der Verbraucher erkennt zunehmend den Nutzen von Bioprodukten und dem Umweltschutz und ist somit auch bereit, diesen finanziell zu honorieren. Diese Entwicklungen können zu positiven externen Effekten führen.

Im sozialen Bereich besteht ebenfalls die Möglichkeit, dass die Standards von anderen Unternehmen übernommen werden, die nicht am Fairen Handel teilnehmen. Die Finanzierung von Projekten durch die Fair-Handelsorganisationen, wie z. B. der Bau von Schulen, kann aber auch anderen Menschen in der Region zugutekommen. In erster Linie aber stehen die neu errichteten Schulen oder Gesundheitszentren den Produzenten und deren Familien zur Verfügung.

5.3.4 Auswirkungen des Fairen Handels auf die Überproduktion

Einige Produkte, die im Kontext des Fairen Handels betrachtet werden, sind zumindest temporär von einer weltweiten Überproduktion betroffen. Das Angebot der Produkte liegt über der weltweiten Nachfrage. Das Ergebnis sind kontinuierlich sinkende Weltmarktpreise für die jeweiligen Erzeugnisse. Das kann dazu führen, dass die Produktion des betroffenen Gutes keinen Gewinn mehr erbringt, da die Produktionskosten die Einnahmen beim Verkauf der Produkte übersteigen. Bei niedrigen Preisen gibt es für die Produzenten verschiedene Möglichkeiten, zu reagieren. Der Ausbau alternativer Produktionszweige wäre eine naheliegende Option. Oft sehen sich die Kleinbauern aber veranlasst, ihre Produktion auszubauen, um einen höheren Ertrag zu erwirtschaften.

Durch den Fairen Handel und der damit verbundenen Zahlung höherer Preise kann der Überproduktion zurzeit nicht effektiv entgegengewirkt werden. „Die Kaffeebauern werden zwar über den Einkommenseffekt sozial besser gestellt, sind aber weniger bereit, ihre Abhängigkeiten vom Kaffee zu verringern.“[222] Durch die Förderung der Kleinbauern bei der Produktion von Produkten, die auf dem Weltmarkt zu relativ geringen Preisen angeboten werden, wird im Gegenteil ein Beitrag dazu geleistet, die Überproduktion zu vergrößern. Diese Situation ändert sich jedoch dann, wenn Fair-Trade-Kaffee, wie schon aufgezeigt wurde, verstärkt auch in großen

---

222 Steckelbach; 1998; S. 9.

Einzelhandelsketten verkauft wird und die Nachfrage dadurch steigt.

Die Fair-Handelsgesellschaften haben dieses Problem erkannt und einige Organisationen haben Maßnahmen mit dem Ziel ergriffen, die Produzenten bei der Diversifizierung ihrer Produktion zu unterstützen. Aus einzelwirtschaftlicher Sicht führt die Umstellung auf die Herstellung anderer Güter unter den gegebenen Umständen zu positiven Effekten. Durch die Diversifikation im Export aufgrund zusätzlicher Produkte nehmen die Abhängigkeiten der Bauern von der wirtschaftlichen Entwicklung eines einzelnen Produktes ab. Ein Beispiel ist die Herstellung von Kunsthandwerk, welche für die meisten Produzenten nur eine Nebentätigkeit darstellt und somit einen zusätzlichen Verdienst ermöglicht. Er ist von der Primärproduktion unabhängig.

Ein weiterer Aspekt ist die Förderung der Produzenten bei der Herstellung von Gütern mit hoher Qualität. Die Einhaltung gewisser Standards und die Umstellung der Produktion nach vorgegebenen ökologischen Standards führen einerseits zu einer Abnahme der Produktionsmenge, andererseits können die Produzenten mit der besseren Qualität ihrer Produkte einen höheren Erlös erzielen.[223] Langfristig gesehen und unter der Annahme, dass die Bedeutung des Fairen Handels bzw. die Zahl der Produzenten, die am Fairen Handel teilnehmen können, steigt, kann diese Entwicklung eine positive Auswirkung auf die von weltweiter Überproduktion betroffenen Erzeugnisse haben.

---

[223] Liebrich; 2002; S. 33.

6 Die Wirkung des Fairen Handels in Entwicklungsländern

Im vorherigen Kapitel wurde die Begründung des Fair-Trade-Konzeptes im Kontext der Theorie des internationalen Handels abgeleitet und erläutert. Die theoretischen Auswirkungen und die daraus abgeleiteten Einflüsse, die durch den höheren Preis für fair gehandelte Produkte entstehen, standen im Mittelpunkt. Die Wirkungen des Fairen Handels sollen nun im Zusammenhang des Leitbildes nachhaltiger Entwicklung näher betrachtet werden.

Auf diesen Bedeutungszusammenhang hat Dietz bereits im Jahr 2000 hingewiesen.[224] Durch die Erfassung der ökologischen, ökonomischen und sozialen Wirkungen und auf der Grundlage von Beispielen aus Studien in verschiedenen Entwicklungsländern sollen diese Erkenntnisse überprüft werden. Den Ausführungen zugrunde liegen größtenteils die Studien des Oxford Policy Management und der Sustainable Markets Group, die Studie von Hopkins, die Studie von Imhof und Lee sowie die Regionalstudien von Kogo, Chandra und Rodriguez. Als Übersichtsstudie zu der Wirkung ist besonders jene von Nelson und Pound zu nennen.[225]

---

[224] Dietz, H.-M.: Die Wirkungen des Fairen Handels bei seinen Partnern im Süden – Einführung und Kommentierung der Regionalstudien, in: Misereor, Brot für die Welt, Friedrich-Ebert-Stiftung (Hrsg.): Entwicklungspolitische Wirkungen des Fairen Handels, Beiträge zur Diskussion, Aachen 2000, S. 191.

[225] Nelson, V.; Pound, B.: The last Ten Years: A Comprehensive Review of the Literature on the Impact of Fairtrade; University of Greenwich, September 2009.

6.1 Ökonomische Wirkung

Zunächst lassen sich die ökonomischen Auswirkungen nach verschiedenen Kriterien differenzieren. Hervorzuheben sind besonders – wie schon früher aufgezeigt – der erleichterte Marktzugang für die Produzenten. Der am einfachsten messbare Effekt des Fairen Handels ist das steigende Einkommen der Produzenten.[226] Die garantierten Preise und die zusätzliche Sozialprämie führen zu einem Einkommen, das über dem Existenzminimum liegt. Die Produzenten haben die Möglichkeit, über den Marktmechanismus mehr Informationen zu erhalten und sich – im besten Fall – eigene Handelsbeziehungen zu erschließen. Die Vorfinanzierung und die langfristigen Handelsbeziehungen ermöglichen ihnen, notwendige Investitionen zur Erhöhung der Produktion vorzunehmen. Die Organisation im Rahmen von Kooperativen führt dazu, dass die Produzenten einen höheren Anteil an der Wertschöpfung erhalten.

Die betrachteten Studien machen deutlich, dass bei den Produzenten der Anteil der Produkte, die über den Fairen Handel verkauft werden, unterschiedlich ist. Umfasst dieser Anteil bei einigen Produzenten nur einen geringen Prozentsatz der Ausbringungsmenge, wird bei anderen Produzenten fast die gesamte Produktion an Fair-Handelshäuser verkauft. Steinrücken vertritt die Auffassung, dass der Gewinn, der sich für die Produzenten aus dem Fairen Handel ergibt, von dem Anteil der Produkte abhängt, den sie über den Fairen Handel verkaufen können. Sein Beispiel für das Produkt Kaffee lässt sich auf alle anderen Produkte, die im Rahmen des Fairen Handels eine Rolle spielen, übertragen.

Die Gewinnfunktion für den Produzenten ergibt sich im Fairen Handel sowie im konventionellen Handel aus den Verkaufserlösen nach Abzug der Kosten für die Produktion. Die Menge x_W, die über den konventionellen Handel zu einem Preis von p_W pro Ein-

[226] Nicholls, A.; Opal, Ch.: Fair Trade – Market-Driven Ethical Consumption; London 2005.

heit verkauft wird, geht mit den Kosten k_W pro produzierte Einheit einher. Unter den Voraussetzungen des Fairen Handels wird die Menge x_F zu den Kosten k_F pro Einheit produziert. Die Produzenten erhalten für den Verkauf der Güter an die Importorganisationen des Fairen Handels einen Preis in Höhe von p_F pro Einheit. Für den Produzenten ist der Faire Handel mit einem Vorteil verbunden, wenn der dadurch erzielte Gewinn größer ist, als es bei einer ausschließlichen Vermarktung über den konventionellen Markt der Fall wäre. Die Gewinnfunktion unter Berücksichtigung einer Produktion nach den ökologischen und sozialen Standards des Fairen Handels und dem daraus folgenden Verkauf der Produkte an Fair-Handelshäuser, ergibt sich wie folgt:[227]

$$G = (p_W x_W + p_F x_F) - (k_F x_W + k_F x_F)$$

$$k_F > k_W \; ; \; p_F > p_W$$

Die Umstellung der Produktion nach vorgegebenen ökologischen Standards und die Umstellung der Arbeitsbedingungen auf der Grundlage sozialer Standards gehen mit zusätzlichen Kosten einher. Dabei ist zu beachten, dass die Kosten (k_F) für die gesamte Produktion steigen, auch wenn nur ein Teil der Produkte über den Fairen Handel vertrieben werden kann. Der Anteil, der an Fair-Handelshäuser verkauft werden kann, wird mit α bezeichnet. Eingesetzt in die Gewinnfunktion ergibt sich die folgende Gleichung:

$$G = [p_W (1-\alpha)x + p_F \alpha x] - [(k_F (1-\alpha)x + k_F \alpha x]$$

Der Faire Handel führt immer dann zu einem Vorteil für den Produzenten, wenn der Gewinn, der sich aus dem Verkauf der Produkte ergibt, den Gewinn übersteigt, den der Produzent bei der Beibehaltung der konventionellen Produktionsweise und dem

---

[227] Steinrücken; 2003; S. 13-17.

anschließenden Vertrieb der Güter über den konventionellen Handel erzielt hätte.

$$p_W(1-\alpha)x + p_F\alpha x - k_F(1-\alpha)x - k_F\alpha x > p_W x - k_W x$$

$$p_W - \alpha p_W + p_F\alpha - k_F + \alpha k_F - k_F\alpha > p_W - k_W$$

Aus dem Vergleich der Gewinnfunktion des Gutes unter den Bedingungen des Fairen Handels mit der Gewinnfunktion des Gutes unter den Bedingungen des konventionellen Handels ergibt sich ein Grenzwert α, welcher anzeigt, wie hoch der Anteil der fair gehandelten Produkte an der gesamten Vertriebsmenge sein muss, damit sich die Partnerschaft mit einer Fair-Handelsorganisation lohnt:

$$\alpha(-p_W + p_F + k_F - k_F) > p_W - k_W - p_W + k_F$$

$$\alpha > \frac{k_F - k_W}{p_F - p_W}$$

Ist α größer als der Quotient $\frac{k_F - k_W}{p_F - p_W}$, so lohnt es sich für den Produzenten, eine Partnerschaft mit einem Fair-Handelshaus aufzunehmen. Ist α kleiner als der Quotient $\frac{k_F - k_W}{p_F - p_W}$, so ist es für den Produzenten vorteilhafter, seine Produkte nur auf dem konventionellen Markt zu verkaufen. Deutlich wird, dass der Grenzwert des Anteils α von dem Unterschied des Preises für das fair gehandelte Gut zum Weltmarktpreis und von den Kosten zur Umsetzung der Fair-Handelsbedingungen abhängt. Je geringer der Preis für das betrachtete Produkt auf dem Weltmarkt ist, umso günstiger ist es für den Produzenten, seine Produkte an Fair-Handelsorga-nisationen zu verkaufen. In der Berechnung von

Steinrücken finden jedoch nur die ökonomischen Auswirkungen auf den Produzenten Beachtung, die sozialen und ökologischen Vorteile, die der Produzent durch den Fairen Handel erlangt, werden vernachlässigt, so wie es auch schon in den handelstheoretischen Überlegungen des vorherigen Kapitels der Fall war. Dabei wird in manchen Studien darauf hingewiesen, dass die *„non-income impacts of Fairtrade are at least as important as income benefits for smallholder farmers."*[228]

Der Export von Produkten stellt für jedes Unternehmen und jeden Produzenten eine Möglichkeit dar, neue Märkte in anderen Ländern zu erschließen. Im Verlauf dieses Prozesses und unter Berücksichtigung der Verschiedenartigkeit von Kundenanforderungen in verschiedenen Märkten können die Produktionstechnologien und die Fertigkeiten der Produzenten verbessert werden. Der Faire Handel möchte den Produzenten die Möglichkeit geben, mit anderen Handelsorganisationen des Fairen Handels in Verbindung zu treten. Es sollen aber auch alternative Handelszweige aufgezeigt und die Erschließung gefördert werden.

Durch den Fairen Handel werden die Produktionskapazitäten erweitert sowie neue Produkte und Designs entwickelt. Einen positiven Beitrag liefert auch die verbesserte Qualitätskontrolle. Dadurch kann, nach einer Studie zu den Projekten der Fair-Handelsgesellschaft Oxfam in Großbritannien, die Ablehnungsrate der Produkte um einen erheblichen Anteil verringert werden.[229] Über den Kontakt mit den Fair-Handelshäusern soll den Produzenten die Möglichkeit gegeben werden, ihre Produkte später auch über den konventionellen Handel zu verkaufen. Beispielsweise erlangen Exporteure im Rahmen des Fairen Handels zunächst ein besseres Verständnis von der Funktionsweise des Kaffeemarktes, welches ihnen bei der Produktion und der späteren Vermarktung über

---

[228] Nelson, Pound; 2009; S. 17ff.

[229] Hopkins, R.: Impact Assessment Study of Oxfam Fair Trade. Final Report; http://www.komment. at/dokumente/download; 2000; Stand: 08.02.2004; S. 18.

andere Handelswege hilfreich sein kann.[230] Durch das Mitwirken auf den Weltmärkten kann besser auf die Nachfrage der Konsumenten eingegangen und Marktkompetenz erworben werden. Dennoch ist zu beachten, dass nur einem kleinen Teil von Produzenten der Zugang zu den konventionellen Märkten auch tatsächlich gelingt. Viele Produzentengruppen sind langfristig auf die Kooperation mit den Fair-Handelsorganisationen angewiesen.

Bei Kooperativen, die einen großen Anteil der Produktion über den Fairen Handel verkaufen, besteht die Gefahr, dass der Anreiz, nach alternativen Absatzwegen zu suchen, wegfällt. Dabei gilt zu berücksichtigen, dass sich über den Fairen Handel ein höherer Gewinn erzielen lässt. Für die Produzenten ist es einfacher, diesen Weg des Vertriebs zu wählen, anstatt sich in eine Wettbewerbssituation mit Markterschließung zu begeben. Die Partnerschaft mit der Fair-Handelsorganisation kann in diesem Fall zu einer Abhängigkeitssituation führen und fördert Passivität.[231] Hier stellt sich die Frage, ob durch den Fairen Handel die alten Abhängigkeiten der Produzenten von Zwischenorganisationen durch neue Abhängigkeiten von den Fair-Handelsorganisationen ersetzt werden. Den Produzenten bieten sich keine Alternativen, wenn der Vertrieb auf der Basis des Fairen Handels wegfällt. Damit besteht die Gefahr, dass Probleme, die in den Fair-Handelshäusern auftreten, seien sie finanzieller oder organisatorischer Art, auf die Kooperativen in den Entwicklungsländern übertragen werden.

In den vorangegangenen Kapiteln wurde die Organisationsform der Kooperativen im Kontext des Fairen Handels hervorgehoben. Kooperativen haben eine hohe Anfälligkeit für das Free-Rider-Problem (Trittbrettfahrer-Problem). In einer Kooperative besteht die Gefahr, dass Produzenten die Einsatzbereitschaft anderen Mitgliedern der Gemeinschaft aufbürden. Das Fehlen von Anreizen kann des Weiteren zu einer geringen Bereitschaft der Füh-

---

[230] Jones, S. u.a.; 2000; Annex 3; S. 24.

[231] Kogo, K.: Regionalstudie Östliches Afrika; in: Misereor, Brot für die Welt, Friedrich-Ebert-Stiftung (Hrsg.); 2000; S. 227-247.

rungsebene führen, die Effizienz zu verbessern. Das Ziel, den zusätzlichen Gewinn, welcher durch den Zusammenschluss zu einer Kooperative entsteht, für Investitionen zu verwenden, kann oftmals nicht erfüllt werden. Da die Mitglieder der Kooperativen wenig finanzielle Mittel zur Verfügung haben, wird der höhere Gewinn in den meisten Fällen an die Mitglieder verteilt und zur Befriedigung der Grundbedürfnisse verwendet.[232]

Die Kooperativen, die eine Partnerschaft mit den Fair-Handelsorganisationen eingehen, müssen bestimmte Kriterien erfüllen und werden unter speziellen Gesichtspunkten ausgewählt. Der Minimumpreis und die Fair-Trade-Prämie sind an die verkauften Einheiten eines Produktes gekoppelt. Dennoch kann das Free-Rider-Problem oft nicht ausgeschaltet werden, da es ein grundsätzliches Problem innerhalb der Organisationsform Kooperative darstellt. Das bedeutet, dass nicht alle Mitglieder in der Kooperative in gleichem Maße aktiv sind und dennoch von dem Nutzen der Kooperative in vollem Maße profitieren. Im schlechtesten Falle gibt es auch Mitglieder in der Kooperative, die sich völlig passiv verhalten. In Bezug auf die Verbindung Kooperative und Fairer Handel sei hier noch einmal auf den besseren Zugang zu Informationen und in Verbindung damit, die bessere Grundlage für Verhandlungen mit Händlern (Organisationen des Fairen Handels, aber auch konventionelle Abnehmer von Produkten) hingewiesen.[233]

Die Teilnahme am Fairen Handel ist nur einer begrenzten Anzahl von Produzenten möglich. An dieser Stelle ist auf die aus der Arbeitsmarkttheorie bekannte Insider-Outsider-Problematik zu verweisen. Im Rahmen dieser Theorie erfolgt die Unterscheidung zwischen erfahrenen Arbeitskräften, die durch Beschäftigung erhaltende Maßnahmen geschützt werden (Insider), und Outsidern, welche arbeitslos sind oder im informellen Sektor arbeiten und somit eine geringe oder gar keine Beschäftigungssicherheit besitzen.

---

232 Develtere; Pollet; 2005; S. 21.
233 Ebenda.

Für Unternehmen geht der Austausch eines Insiders durch einen Outsider mit hohen Kosten, beispielsweise für Ausbildung, Überprüfung und Verhandlungen, einher.[234]

Daraus folgt auf dem Arbeitsmarkt ein Vorteil der Insider gegenüber den Outsidern. Auf den Fairen Handel bezogen bedeutet dies, dass die Produzenten die eine Partnerschaft zu einer Fair-Handelsorganisation aufgebaut haben (Insider), einen Vorteil gegenüber den Produzenten, haben, die nicht von einer solchen Handelsbeziehung profitieren (Outsider). Der Wechsel zu einer anderen Produzentenorganisation geht auch für die Fair-Handelsorganisa-tionen mit zusätzlichen Kosten einher. So muss beispielsweise die Erfüllung der Standards gewährleistet sein. Weitere Kosten entstehen durch die Bestimmung der Kommunikations- und Transportwege, den zusätzlichen Zeitaufwand und die Ausbildung der Produzenten.

Die Fair-Handelsorganisationen profitieren von einer dauerhaften Handelsbeziehung zu den Produzenten, die ihnen bekannt sind. In Kombination mit den bereits erwähnten zusätzlichen Kosten stellt dieser Aspekt für Neuzugänge (Outsider) das wichtigste Hindernis für einen Aufbau einer Partnerschaft mit den Fair-Handelshäusern dar. Die Kooperativen, die ihre Produkte bereits über die Vertriebswege des Fairen Handels vermarkten, haben dadurch einen Vorteil. Der Faire Handel übernimmt eine Schutzfunktion für die Produzenten. Diese Schutzfunktion kann bei der Einführung in den Markt hilfreich sein. Dennoch stellt sie keine nachhaltige Maßnahme für den zukünftigen Handel dar, da sie die Problemstellung nicht löst, sondern sie nur von den Produzenten fernhält.[235]

---

[234] Lindbeck, A.; Snower, D.J.: The Insider-Outsider Theory of Employment and Unemployment; London 1988; S. 1-2.

[235] Diop, D.: After fair trade: fair products; in: Information for agriculture development in ACP countries; H. 80; http:// sporearchive.cta.int/spore80/SPOPDFGB80/VIEWSPGB.pdf; Stand: 08.02.2005; S. 16.

Imhof und Lee untersuchten in ihrer Studie zur Armutsbekämpfung in Bolivien auch den Einfluss des Fairen Handels auf Produzenten, welche nicht in diesen involviert sind. Wie bereits erwähnt, kann nur ein kleiner Teil von Produzenten in eine Handelsbeziehung mit Fair-Handelsorganisationen eintreten. Diese Produzenten erhalten für ihre Produkte einen höheren Preis. Im Falle des Kaffeemarktes steht eine große Anzahl an Produzenten einer relativ geringen Anzahl lokaler Zwischenhändler gegenüber. Wenn nun ein Teil der Produzenten am Fairen Handel teilnimmt, sinkt das Angebot an Kaffee für den lokalen Zwischenhändler und er ist gezwungen, den Produzenten einen höheren Preis zu zahlen, um weiterhin die von ihm benötigte Menge zu erwerben.

Alle Kleinbauern werden in diesem Fall durchschnittlich mehr verdienen. Das setzt aber voraus, dass alle weiteren Einflussfaktoren konstant bleiben. Kann die gesamte Ware der in den Fairen Handel einbezogenen Produzenten nicht verkauft werden, kehrt sich dieser Effekt um. Der höhere Preis, den die Produzenten über den Fairen Handel erhalten, kann sie beispielsweise ermutigen, mehr zu produzieren. Wenn sich der Bedarf an Fair-Trade-Produkten jedoch nicht ändert, werden die Farmer ihre „Überschussware“ über den konventionellen Handel vertreiben. Das Angebot an Ware steigt, der Preis, den die Produzenten für das Produkt erhalten können, fällt. Verkaufen die Produzenten ihre Überschussware an die lokalen Zwischenhändler, hat der Faire Handel einen negativen Einfluss auf diejenigen Produzenten, welche nicht am Fairen Handel partizipieren und ihre gesamte produzierte Ware an den Zwischenhändler verkaufen. Das Angebot an Kaffeebohnen steigt und der Zwischenhändler wird weniger für die benötigte Menge bezahlen.[236]

Es lassen sich jedoch nicht alle Aspekte des Fairen Handels eindeutig in Vor- oder Nachteile kategorisieren. Der höhere Preis, der für die Produkte gezahlt wird und der höhere Löhne für die Produzen-

---

236 Imhof; Lee; 2007; S. 56-62.

ten ermöglicht, kann auch negative Folgen haben. Der Preis für ein Produkt auf dem Weltmarkt erfüllt eine Informations-, Koordinations- und Sanktionsfunktion. Auf dem Weltmarkt bildet sich der Preis für ein Produkt aus Angebot und Nachfrage. Ist das Angebot gering und die Nachfrage hoch, so wird der Preis für das Produkt steigen. Ist im umgekehrten Fall das Angebot hoch und die Nachfrage gering, werden die einzelnen Anbieter des betrachteten Produktes ihre Preise senken, um mit den Wettbewerbern konkurrieren zu können, oder aus dem Markt ausscheiden.

Ist der Preis eines Produktes so niedrig, dass kein Gewinn damit erzielt werden kann oder im schlimmsten Fall die Produktionskosten nicht gedeckt werden können, ist das ein deutliches Zeichen für den Anbieter, sich nach zukunftsträchtigen Produkten umzusehen. Hier setzt die Signalwirkung des Preises ein. Für den Produzenten ergeben sich verschiedene Möglichkeiten. Er kann seine Produktion umstellen, um qualitativ hochwertigere Produkte herzustellen oder effizienter (billiger) zu produzieren. Eine weitere Alternative ist die Orientierung hin zu anderen Produktionszweigen. Die hohen Preise, welche den Produzenten im Rahmen des Fairen Handels für ihre Produkte gezahlt werden, signalisieren ihnen jedoch auf den Märkten eine nicht vorhandene Situation und bestätigen sie in ihrer eventuell marktfremden Produktion, d. h., die reale Situation wird für sie nicht sichtbar.[237] Hierbei ist jedoch zu berücksichtigen, dass es noch andere Einflüsse gibt, wie Spekulationen mit Lebensmitteln, die zu großen Preisschwankungen führen können, was hier jedoch nicht vertieft werden kann.

Durch die Festlegung eines Mindestpreises im Fairen Handel verliert der Preis seine Funktion als Informationsträger und damit seine eigentliche Signalwirkung. Sinkt die Nachfrage nach einem bestimmten Produkt durch die Änderung der Bedürfnisse der Konsumenten oder erhöht sich das Angebot durch eine Zunahme

---

[237] Prüller, M.: Aber was ist schon wirklich fair? In: Die Presse; 19.05.2003; S. 15.

bis hin zur Überproduktion des Gutes, so sinkt entsprechend dem Marktmechanismus der Preis auf dem Weltmarkt. Das hat aber in erster Konsequenz des Fairen Handels keine Auswirkungen auf die Produzenten. Sie erhalten weiterhin den festgelegten Mindestpreis für das Produkt. Würden sie ihre Produkte hingegen auf dem konventionellen Markt anbieten, wäre in einem sich ändernden Umfeld sehr schnell eine Situation erreicht, die Handlungen bei den Produzenten erfordern. Die Anpassung der Produzenten an die sich ändernde Situation hätte dann die Einstellung eines Marktgleichgewichtes zur Folge.

In den betrachteten Studien werden Beispiele aufgeführt, bei denen die Produktion von Produkten gefördert wurde, die keine wirtschaftlich nachhaltige Alternative darstellen. Dennoch gibt es auch Fair-Handelshäuser, welche die Produzenten bei der Erschließung neuer Produktionszweige fördern. Ein Beispiel ist die Umstellung auf den ökologischen Landbau. Für die Produzenten eröffnen sich dann neue Möglichkeiten, wenn sie zur Erweiterung ihres Angebots oder zur Verbesserung ihres Produktionsprozesses ermutigt und gefördert werden.[238] Ob dies die Regel oder eher eine Ausnahme ist, geht aus den vorliegenden Studien nicht hervor.

In den meisten Fällen bestehen zwischen den Kleinbauern und den Fair-Handelshäusern langfristige Lieferbeziehungen. Neben den Produzenten haben auch die Organisationen in den Industrieländern ein Interesse an einer langfristigen Partnerschaft, da sie die Kooperativen in den Entwicklungsländern teilweise durch Investitionen, Beratung und Schulung fördern. Da die Organisationen des Fairen Handels oftmals nur ein begrenztes Budget zur Verfügung haben, werden Bestellungen teilweise unregelmäßig und kurzfristig getätigt.[239] Ein Beispiel dafür zeigt eine Studie des Economic Policy Programme of Oxford Policy Management bei der Kuapa Kokoo

---

[238] Kogo, K.: Regionalstudie Östliches Afrika; in: Misereor, Brot für die Welt, Friedrich-Ebert-Stiftung (Hrsg.); 2000; S. 227-247.
[239] Dietz, H.-M.: Einführung und Kommentierung der Regionalstudien; in: Misereor, Brot für die Welt (Hrsg.); 2000; S. 198-205.

Limited (KKL) in Ghana. Die Nachfrage der Organisation nach Produkten hängt in hohem Maße davon ab, wie viel Geld die KKL zum jeweiligen Zeitpunkt zur Verfügung hat. Es kann also vorkommen, dass die Produzenten ihre Produkte nicht verkaufen können, auch wenn sie Mitglieder der Kooperative Kuapo Kokoo United (KKU) sind.[240] Die Mehrzahl der Kooperativen stellt jedoch fest, dass die Beziehungen zu den Fair-Handelsgesellschaften zuverlässig sind.

Da nur ein kleiner Teil der Produzenten vom Fairen Handel profitieren kann, stellt sich die Frage, ob Fair-Handelsorganisationen ihre Handelspartner nach einiger Zeit wechseln sollten, damit auch andere Produzenten begünstigt werden können und Produktionsbedingungen in weiteren Produktionsstätten oder Plantagen verbessert werden. Ein positives Beispiel ist die Sportballproduktion Talon in Sialkot, Pakistan. Der Handelspartner von Talon ist die Importorganisation Gepa. Die Aufträge werden regelmäßig an unterschiedliche Nähzentren verteilt. Die Auswahl der Nähzentren erfolgt über einen Verein aus NRO, Mitarbeitern der Fabrik und den Nähzentren selbst.[241] Dieses Beispiel ist jedoch eine Ausnahme. Bei dem Großteil der Handelsbeziehungen zwischen Fair-Handelsorganisationen und den Produzenten lässt sich feststellen, dass es sich um langfristige Partnerschaften handelt. Der Vorteil hierbei ist, dass diese ausgewählten Partnerschaften intensiver und nachhaltiger gepflegt werden können.

Durch den Fairen Handel sehen sich die Produzenten in den Entwicklungsländern somit positiven und negativen ökonomischen Wirkungen ausgesetzt. Ein wichtiger Einflussfaktor stellt hier die Abhängigkeit der Produzenten von den Fair-Handelsorganisationen dar. Verkaufen die Kooperativen den Großteil ihrer Waren an diese Organisationen, so ist der Grad der Abhängigkeit sehr hoch und kann negative Auswirkungen für die Produzenten haben. Positiv

---

240 Jones, S. u.a.; 2000; Annex 4; S. 23-25.

241 Nickoleit, G. (Gepa): Vortrag. Forum Fairer Handel – Was ist ein fairer Preis? Frankfurt/Main; 17.01.2005.

hervorzuheben ist, dass durch die Zusammenarbeit mit Fair-Handelsorganisationen die Produzenten in den Entwicklungsländern die Möglichkeit haben, neue Märkte zu erschließen. Ebenso kann durch die Entwicklung und Neuanschaffung von Maschinen und Geräten sowie die Verbesserung der Arbeitsstätten und die Weiterentwicklung der Organisation die Kapazität und die Produktivität der Produktionsstätten erhöht werden.

Weiterhin ist festzustellen, dass nicht nur die Produzenten in den Entwicklungsländern vom Fairen Handel profitieren. Die Margen für fair gehandelte Produkte werden teilweise höher veranschlagt, da den Händlern bewusst ist, dass die Kunden bereit sind, einen höheren Betrag für diese Produkte zu bezahlen. Nur wenige Käufer erkundigen sich, wie viel des bezahlten Preises letztendlich bei den Produzenten ankommt. Stecklow und White nennen in diesem Zusammenhang das Beispiel einer Supermarktkette, die fair gehandelte Bananen zum vierfachen Preis von konventionellen Bananen verkauften. Dies entsprach ungefähr dem sechzehnfachen Betrag, den die Farmer erhielten.[242]

6.2 Soziale Wirkung

Der höhere Verkaufspreis der Produkte, welcher den Produzenten durch den Fairen Handel garantiert wird, führt zu höheren Löhnen für die Farmer bzw. Arbeiter auf den Plantagen. Im Idealfall wird der zusätzliche Fair-Trade-Aufschlag in gemeinschaftliche Projekte investiert, wie dem Auf- bzw. Ausbau der Infrastruktur oder der Verbesserung der Lebensbedingungen der Kleinfarmer und Arbeiter. Das kann beispielsweise neben der Finanzierung von Schulen auch die Verbesserung der Wohnsituation oder die Errichtung von Gesundheitszentren umfassen. Die direkte Verteilung des Bonus an die einzelnen Produzenten ist in der Regel nicht sinnvoll. Wenn nur ein Teil der produzierten Güter über den Fairen Handel verkauft

---

242 Stecklow, S.; White, E.: At What Price Virtue? In: Wall Street Journal; June 8; New York City 2004; S. A1.

wird, ist der Anteil am Fair-Trade-Aufschlag für die einzelnen Produzenten marginal. Positiv für die Produzenten ist das höhere und gesicherte Einkommen.

Die durch die Fair-Handelsorganisationen initiierten Projekte wirken sich ebenfalls positiv auf die Lebensbedingungen der begünstigten Produzenten aus. Zu nennen sind die Verbesserung der Gesundheits- und Arbeitsbedingungen von Kleinproduzenten und Arbeitern. Dennoch ist zu beachten, dass immer nur ein Teil der Kleinbauern in einer Region von diesen Vorteilen profitiert. In den Kooperativen kann es auch zu Isolation und Neid der Produzenten kommen.[243] Hier ist zu bedenken, dass sich dadurch die Einkommensdisparitäten noch vergrößern können. Oft stellt sich auch die Frage, ob die Förderung wirklich den am meisten benachteiligten Produzenten zugute kommt. Der Bedarf an Qualität und Zuverlässigkeit in Verbindung mit den Gegebenheiten auf den internationalen Märkten steht im Konflikt mit den Ressourcen, die den armen Menschen in den Entwicklungsländern zur Verfügung stehen.[244] Den ärmsten Menschen fehlt der Zugang zu Kapital, Land und anderen Produktionsfaktoren. Sie haben daher tendenziell keine Möglichkeit, am Fairen Handel teilzunehmen und davon zu profitieren.[245]

Durch die Ausschaltung des Zwischenhandels werden Abhängigkeiten zu den Akteuren dieser Stufe vermieden. Die Produzenten erhalten den gesamten Verkaufserlös, während beim Zwischenhandel ein gewisser Anteil an die Zwischenhändler abgeführt wird. Der Zwischenhandel kann aber auch im Rahmen des Fair-Trade-Konzeptes nicht vollkommen ausgeschaltet werden. Fair-Handelshäuser sind teilweise sogar von Zwischenhandelsorganisationen abhängig. Sie ermöglichen nicht nur den Zugang zu einem

---

[243] Chandra, R.: Regionalstudie Südasien; in: Misereor, Brot für die Welt, Friedrich-Ebert-Stiftung (Hrsg.); 2000; S. 211-226.
[244] Tallontire, A.: Challenges facing fair trade: Which way now? In: Small Enterprise Development; Vol. 13; No. 3; 2002; S. 13.
[245] Piepel; 1999; S. 99.

breiteren Produktspektrum und die Vereinfachung des Imports der Produkte, sondern sie helfen auch bei der Überwindung sprachlicher und kultureller Barrieren. Der direkte Handelspartner der Importorganisationen ist nicht immer der Produzent, sondern teilweise der Exporteur oder die Unternehmen der Weiterverarbeitung. Eine völlige Eliminierung des Zwischenhandels kann also nicht immer verwirklicht werden. Eine teilweise Ausschaltung wirkt sich jedoch auf die Produzenten positiv aus, da ein größerer Anteil des Verkaufspreises der Produkte ihnen zugute kommt.

Die Einbeziehung der ILO-Standards in das Fair-Trade-Konzept trägt dazu bei, den Anteil der Kinderarbeit in Entwicklungsländern zu reduzieren und der Diskriminierung von Frauen entgegenzuwirken. Somit hat die Verwirklichung dieser Standards einen positiven Einfluss auf die Partnerorganisationen. Gerade in der Handwerksproduktion wird ein Großteil der Arbeit im eigenen Haus verrichtet. Durch Fair-Handelsorganisationen können Zentren errichtet werden, in denen die Herstellung der Produkte erfolgt. Dadurch ist eine bessere Kontrolle der Qualität und der Arbeitsbedingungen garantiert, um beispielsweise die Beschäftigung von Kindern auszuschließen.[246] Gleichzeitig können die Produzenten auch von einem besseren Arbeitsumfeld profitieren. Von einigen Organisationen werden auch Konzepte oder Verbesserungen bereits vorhandener Systeme zur sozialen Sicherung als Hilfestellung angeboten. Im Vordergrund stehen hier vor allem Lohnsicherheit und Sozialversicherungen nach tariflichen Bestimmungen. Weitere Leistungen können Gesundheitsdienste und Pensionszahlungen sein.

Nicholls und Opal stellen weiterhin fest: „Other direct impacts of Fair Trade on farmers include gender empowerment and an increase in investment in education.“[247] In diesem Zusammenhang muss jedoch festgestellt werden, dass ein Großteil der Studien zu dem Schluss kommt, dass in der Berücksichtigung der geschlechtlichen

---

[246] Nickoleit; 2005.
[247] Nicholls; Opal; 2004; S. 205.

Gleichberechtigung innerhalb der Fair-Handelsorganisationen ein großes Defizit besteht. Der Faire Handel leistet zwar einen positiven Beitrag und verbessert somit die Situation der Frauen, dennoch ist festzustellen, dass Frauen in den Kooperativen, Verbänden und Produzentenorganisationen immer noch eine untergeordnete Rolle spielen. Beispielsweise ist der Anteil der Frauen in Entscheidungspositionen bzw. ihr Mitwirken in Entscheidungsprozessen als gering einzuschätzen.

Das kulturelle Rollenverständnis der Frau in Entwicklungsländern hat auf diese unbefriedigende Situation einen nicht unerheblichen Einfluss. Beispielsweise ist es in einigen Kulturen nicht erlaubt, dass Frauen mit Männern zusammenarbeiten. In diesem Zusammenhang kommt der Errichtung von Produktionszentren, speziell für Frauen, eine besondere Bedeutung zu. Eine weitere Ungleichbehandlung der Geschlechter lässt sich auch an der unterschiedlichen Bezahlung von Männern und Frauen identifizieren. Dabei muss jedoch berücksichtigt werden, dass die Bezahlung nicht geschlechtsspezifisch für die gleiche Tätigkeit erfolgt.

Die Unterschiede ergeben sich vielmehr durch die verschiedenen Tätigkeiten die Männer und Frauen ausführen dürfen.[248] Es gibt einige Projekte von Fair-Handelsorganisationen, die speziell darauf ausgerichtet sind, Handelsbeziehungen mit Frauen zu fördern. Es werden beispielsweise Schulungs- und Trainingsmaßnahmen angeboten. Dadurch können die Frauen den Produktionsprozess besser kennenlernen und so ihre Stellung innerhalb der Organisation verbessern. Gleichzeitig muss aber darauf hingewiesen werden, dass die verstärkte Einbindung der Frau in die Produktions- und Vertriebsprozesse auch eine Mehrbelastung zur Folge hat, da die Frau weiterhin für den Haushalt und die Versorgung der Kinder zuständig sein wird. Die Umstellung der Produktion, beispielsweise auf ökologischen Landbau, erfordert auch einen höheren zeitlichen Aufwand, da die Pflanzen mehr Pflege benötigen.

---

248 Hopkins; 2000; S. 24-31.

Ein weiteres Defizit besteht in der unzureichenden Transparenz des Fairen Handels. Teilweise ist zu beobachten, dass sich die Mitarbeiter in den Produktionsstätten oder auf den Plantagen und Feldern nur ungenügend mit dem Konzept des Fairen Handels beschäftigen bzw. darüber informiert werden und der übergeordnete Zusammenhang unbekannt bleibt. Imhof und Lee haben beispielsweise im Rahmen ihrer Studie bei Interviews mit Kleinbauern festgestellt, dass diese den Fairen Handel nur in Verbindung mit höheren Preisen sehen, die sie für ihre Produkte erhalten.[249]

In diesem Zusammenhang muss zwischen Produzentenorganisationen, die als direkte Handelspartner der Fair-Handels-organisationen tätig sind, und Produzenten, die ihre Produkte an Export- und Weiterverarbeitungsunternehmen verkaufen, differenziert werden. Stehen die Produzenten nicht direkt mit den Importorganisationen in Kontakt, ist es offensichtlich, dass kein fundiertes Wissen über das Konzept des Fairen Handels vorhanden sein kann. In den vorliegenden Studien konnte aber nachgewiesen werden, dass innerhalb der Managementebene der größeren Kooperativen ein ausgeprägtes Verständnis zum Konzept des Fairen Handels vorherrscht.[250]

Fort- und Weiterbildungsprogramme für Frauen wurden im letzten Abschnitt bereits erwähnt. Ähnliche Fort- und Weiterbildungsprogramme stehen allen Mitarbeitern zur Verfügung. Dies erfolgt mit Unterstützung der Organisationen des Fairen Handels. Die Weiterbildungsprogramme zielen besonders auf eine Verbesserung der Qualitätskontrollen und der Vermarktung der Produkte ab. In einigen Fällen wird den Produzenten sogar die Möglichkeit gegeben, an Seminaren in Industrieländern teilzunehmen. Zur Unterstützung der Produzenten vor Ort und in den Produktionsstätten stellen einige Fair-Handelsorganisationen dafür qualifizierte Mitarbeiter zur Verfügung, welche den Produzenten das Konzept des

[249] Imhof; Lee; 2007; S. 83.

[250] Rodriguez, A.: Regionalstudie Zentralamerika; in: Misereor, Brot für die Welt, Friedrich-Ebert-Stiftung (Hrsg.); 2000; S. 249-269.

Fairen Handels erklären und Methoden zur Erfüllung der Standards aufzeigen.[251]

Die Teilnahme an Seminaren und Trainingsmaßnahmen hat für die Produzenten noch einen weiteren positiven Effekt. Zum einen erhöhen sie ihre Konkurrenzfähigkeit auf den internationalen Märkten und zum anderen kann dadurch eine Steigerung der Selbstwertschätzung erreicht werden. Auch die erhöhte Aufmerksamkeit, die den Kleinbauern durch das Trainingsangebot, aber auch durch den Besuch von Fair-Trade-Organisationen und Kunden ermöglicht wird, trägt dazu bei. Durch das geschützte Umfeld, welches den Produzenten in den Kooperativen geboten wird, können sie sich entsprechendes Wissen aneignen, ihre Produktionsprozesse verbessern und Selbstvertrauen aufbauen. Einerseits können sie so auf das unabhängige Bestehen in konventionellen Märkten vorbereitet werden, andererseits besteht aber auch die Gefahr, dass sie sich fern der Realität des Marktgeschehens entwickeln.[252]

Zusammenfassend lassen sich einige Handlungsfelder identifizieren, in denen der Faire Handel noch Verbesserungspotenziale aufweist. Großer Handlungsbedarf besteht nach wie vor in der Gleichberechtigung von Mann und Frau. Auch bei der Kommunikation und dem Grad der individuellen Vorstellungen auf der Seite der Produzenten und dem Konzept des Fairen Handels besteht noch Handlungsbedarf. Dadurch kann auch die Vertrauensbasis verbessert werden, auf der die Partnerschaft begründet sein sollte. Wie in den Industrieländern ist es auch in den Entwicklungsländern notwendig, für eine ausreichende Transparenz hinsichtlich des Konzeptes zu sorgen.

---

[251] Kogo, K.: Regionalstudie Östliches Afrika; in: Misereor, Brot für die Welt, Friedrich-Ebert-Stiftung (Hrsg.); 2000; S. 227-247.

[252] Imhof; Lee; 2007; S. 81-83.

6.3 Ökologische Wirkung

Das Konzept des Fairen Handels wendet sich den ökologischen Auswirkungen zu, die aus dem Produktionsprozess landwirtschaftlicher Produkte entstehen. Die Änderung der Anbaumethoden und die Vermeidung von Pestiziden und umweltschädigenden Düngemitteln stellen sicherlich einen wichtigen Beitrag zur Verbesserung der Umweltsituation in den Entwicklungsländern dar. Beispielsweise wird in der Zusammenarbeit der Gemeinschaft Raos (Cooperativa Regional Mixta de Agricultores Organicos de la Sierra) in Honduras und Fair-Trade-Organisationen der ökologische Landbau regional gefördert. Die Anbaumethoden und die Düngung werden, wo dies erforderlich ist, umgestellt. Es werden Biodüngemittel hergestellt und verwendet.[253]

Die Umstellung auf den ökologischen Landbau ist weltweit zu beobachten und wird von den Fair-Handelsorganisationen gefördert. Wichtig hierbei ist, dass das Bewusstsein für ökologisch hergestellte Produkte und die Nachfrage nach diesen Produkten steigt. Der Faire Handel ermöglicht den Produzenten die Weiterbildung in und die Umsetzung von ökologischen Anforderungen. Die Umstellung auf organische Düngemittel ist beispielsweise mit einem relativ geringen Aufwand verbunden und die Düngung mit chemischen Substanzen ist häufig viel teurer.[254] Oft fehlt den Kleinbauern auch eine Anleitung zur Dosierung der chemischen Düngemittel. Die Folge ist eine Überdüngung, welche mit höheren Kosten, einem geringeren Ernteertrag und langfristig mit einer Verseuchung der Böden einhergeht.

---

[253] o.V.: Who is who im Fairen Handel; in: Verbraucher Konkret; H. 1; 2004; S. 28.

[254] Rodriguez, A.: Regionalstudie Zentralamerika; in: Misereor, Brot für die Welt, Friedrich-Ebert-Stiftung (Hrsg.); 2000; S. 249-269.

Die gezielte Beratung durch die Fair-Handelshäuser leistet somit einen wichtigen Beitrag zur Erhöhung der Effizienz. Durch die Umstellung auf den ökologischen Landbau verbessern die Bauern nicht nur die Umweltbedingungen in ihrer Region, sondern vermeiden auch gesundheitsschädigende Methoden in der Produktion. Als Anreiz erhalten sie von den Fair-Handelshäusern zusätzlich eine Prämie. Bei den ökologischen Anforderungen ist noch zu berücksichtigen, dass oft die Diversifikation des Anbaus landwirtschaftlicher Produkte nicht ausreichend beachtet wird. Häufig wird nur ein Produkt der Produzenten über den Fairen Handel vertrieben. Das wird bei dem klassischen Fair-Handelsprodukt Kaffee besonders deutlich. Durch den höheren Preis, den die Produzenten für ihre Erzeugnisse erhalten, werden sie veranlasst, ihre Ausbringungsmenge zu vergrößern und die Produktion anderer landwirtschaftlicher Produkte auf den Feldern einzuschränken. Für die Qualität der Böden und nicht zuletzt für eine gewisse Unabhängigkeit der Bauern hat die Diversifikation jedoch eine große Bedeutung.

Zur Aufnahme der Kooperativen in das FLO-Register müssen bestimmte ökologische Standards erreicht werden. Programme, die auf eine Verwirklichung dieser Anforderungen abzielen, werden – wie schon erwähnt – von den Fair-Handelshäusern gefördert. Bei der Implementierung der Umweltstandards wird eine Hilfestellung und Betreuung der Produzenten angestrebt. Eine gezielte Beratung und der Zugang zu Informationen sind wesentliche Maßnahmen der angebotenen Leistungen der Organisationen. Die Einhaltung bestimmter ökologischer Standards hat nicht nur die Verbesserung der Umweltsituation in den Entwicklungsländern zur Folge. Auch für die Produzenten entstehen Vorteile, wie schon erwähnt wurde. Die Verringerung des Einsatzes von Pestiziden und die Vermeidung von Chemikalien tragen zum Schutz der Gesundheit der Arbeiter auf den Plantagen bei.[255] Die Erfüllung dieser Standards verursacht jedoch häufig zusätzliche Kosten für die Produzenten.

---

255 Piepel; Möller; Spiegel; 2000; S. 19.

Wie bereits in den Überlegungen zu den ökonomischen Wirkungen des Fairen Handels erwähnt, trifft auch für die ökologische Dimension zu, dass der Aufwand durch einen höheren Verkaufspreis für die Produkte entschädigt wird.

6.4 Schlussfolgerungen

Bei der Betrachtung der drei Dimensionen Ökonomie, Soziales und Ökologie lässt sich zusammenfassend feststellen, dass das Konzept des Fairen Handels durchaus positive ökonomische Effekte für die Produzenten mit sich bringt. Es stellt sich jedoch die Frage, wie die Nachhaltigkeit der einzelnen Maßnahmen zu bewerten ist. Mit Hilfe der Umsetzung ökologischer und sozialer Standards kann Nachhaltigkeit in Bezug auf die Arbeitsbedingungen und den Umweltschutz erreicht werden. Ökonomisch betrachtet kommt es zu einer Erhöhung der Einkommen, die zu einer Verbesserung der Lebenslage der Produzenten und ihrer Familien führt.

Es konnte jedoch gezeigt werden, dass in einigen Fällen die Ziele des Fairen Handels in den Kooperativen der Entwicklungsländer nur unzureichend umgesetzt werden können. Im ökologischen Bereich sei hier auf die mangelnde Diversifizierung des Anbaus landwirtschaftlicher Produkte hingewiesen, die dem Prinzip der ökologischen Nachhaltigkeit widerspricht. Ein Beispiel im sozialen Bereich ist die Diskriminierung von Frauen. Der Anteil der in den Produzentenorganisationen beschäftigten Frauen, insbesondere auf den Entscheidungsebenen, ist immer noch sehr gering. Haben Frauen die Möglichkeit, in den Produzentenorganisationen zum Einkommen der Familie beizutragen, geht damit meist eine Doppelbelastung durch Haushalt und Erwerbstätigkeit einher.

Auch der Aspekt des Überwindens von Abhängigkeiten konnte bei der Struktur einiger Kooperativen noch nicht befriedigend gelöst werden. Durch die Handelsbeziehung zwischen den Kooperativen und den Fair-Trade-Organisationen besteht jedoch die Möglichkeit, dass das gesamte Umfeld positiv beeinflusst wird. Zum einen kann die Entstehung einer solchen Beziehung in einer Region dazu führen, dass lokale Händler in ihrer Position geschwächt werden und den Produzenten ebenfalls einen höheren Preis bezahlen müssen, um eine bestimmte Menge an Produkten zu erwerben. Der Faire Handel agiert somit als Konkurrent, belebt den Wettbewerb und kann im Idealfall ein signifikantes Marktversagen durch ein Nachfragemonopol ausschalten.

Schließlich ist noch zu erwähnen, dass das Umfeld der Partnerschaften von Fair-Handelsorganisationen und den Kleinbauern in den Entwicklungsländern durch große Unterschiede geprägt ist. Die Erfüllung der von den Fair-Handelsorganisationen konzipierten ökologischen und sozialen Standards, die in den Industrieländern selbstverständlich sind, kann bei den benachteiligten Produzenten zu erheblichen Schwierigkeiten führen. Das Erreichen dieser Standards kann ein langwieriger Prozess sein. Aufgabe der Fair-Handelsorganisationen ist es, hier fördernd tätig zu werden.

Die Organisationen nehmen in diesem Bereich aber nicht nur eine Berater- oder Partnerfunktion ein. Denn die ständige Überprüfung der Einhaltung der durch den Fairen Handel festgelegten Standards und Bedingungen ist unabdingbar. Diese Überprüfung bzw. „Kontrolle“ der Produzenten in den Entwicklungsländern durch Mitarbeiter der Fair-Handelsorganisationen aus den Industrieländern kann Misstrauen hervorrufen. Vor diesem Hintergrund ist es teilweise schwierig, eine gute Partnerschaft auf der Grundlage von Vertrauen aufzubauen.[256]

---

[256] Liebrich; 2002; S. 36.

7 Fairer Handel im Kontext der Entwicklungspolitik

Nach der Analyse der Wirkung des Fairen Handels in den Entwicklungsländern geht es in diesem Kapitel um die Einordnung und Bewertung von Fair Trade im Kontext der Entwicklungspolitik. Ein wichtiger Ausgangspunkt hierbei ist die dynamische Entwicklung und Veränderung der Weltwirtschaft und der weltwirtschaftlichen Beziehungen. So hat sich die wirtschaftliche Lage vieler Entwicklungsländer und Industrieländer in den letzten Jahrzehnten stark verändert. Als Grund hierfür ist die Ausweitung und Intensivierung des weltweiten Handels zu nennen. Durch die Liberalisierung der Märkte und die gesunkenen Transport- und Informationskosten konnten – wie schon in einem früheren Kapitel erläutert – die Industrienationen (allen voran Japan, Korea, die USA und die EU-Mitgliedsländer) vom Globalisierungsprozess profitieren.

Innerhalb der Dritten Welt hat sich die Situation der Länder unterschiedlich entwickelt. Einige Entwicklungsländer, wie China, Indien und Brasilien, konnten durch die Liberalisierung der Märkte ihre wirtschaftliche Situation deutlich verbessern. Dabei gilt jedoch zu berücksichtigen, dass sich die gesamtwirtschaftliche Verbesserung auf die Bevölkerung dieser Länder sehr unterschiedlich ausgewirkt hat: Oft hat nur eine Minderheit der Bevölkerung in starkem Maße profitiert, während die Mehrheit der Bevölkerung nur in geringem Maße oder überhaupt nicht profitiert hat. Ein wichtiger Indikator hierfür ist die wachsende Einkommensspreizung in vielen dieser Länder. Andere Länder – das gilt besonders für viele afrikanische Staaten südlich der Sahara – weisen gesamtwirtschaftlich eine Stagnation oder sogar einen Abwärtstrend in ihrer wirtschaftlichen Entwicklung auf.

Der Globalisierungsprozess führte somit zu einer unterschiedlichen Entwicklung der Länder und es kam im Rahmen der Entwicklungspolitik teilweise zu einer Neuorientierung der Industrieländer gegenüber den Entwicklungsländern. Das Bewusstsein und die Verantwortlichkeit der Industrienationen – zumindest bestimmter Bevölkerungsgruppen und NGOs in den Industrieländern – für die Lage der Menschen in den Entwicklungsländern sind gestiegen. Die vielfältigen Entwicklungsprobleme und die sich daraus erklärende Migration der Menschen aus vielen Entwicklungsländern führen zu einer verstärkten Wahrnehmung der Lebenssituation der Menschen, besonders in den ärmsten Ländern dieser Welt. Durch den Transfer von Ressourcen haben Industrieländer die Möglichkeit, Entwicklungsländer zu fördern. Dieser Ressourcen-Transfer wird als Entwicklungszusammenarbeit bezeichnet.

7.1 Grundlagen der Entwicklungszusammenarbeit

In Abbildung 7-1 wird aufgezeigt, wie sich die Beiträge der Entwicklungszusammenarbeit der Industrienationen in den Jahren 1993, 2001, 2005, 2006 und 2008 entwickelt haben. Es ist zu erkennen, dass der prozentuale Anteil der Entwicklungszusammenarbeit am BIP der Länder gering ausfällt. In diesem Zusammenhang ist die seit 1970 bestehende Forderung der UNO in Erinnerung zu rufen, wonach alle Industrieländer 0,7% ihres BIP für die öffentliche Entwicklungszusammenarbeit (ODA) aufwenden sollen. In der Abbildung ist zu erkennen, dass dieses Ziel in den Jahren 1993, 2001, 2005, 2006 und 2008 von keinem der in der Abbildung aufgeführten Länder erreicht wurde. Es gibt jedoch Länder, die dieser Forderung nachgekommen sind. Hier sind die Länder Schweden, Luxemburg, Niederlande, Norwegen und Dänemark zu nennen.

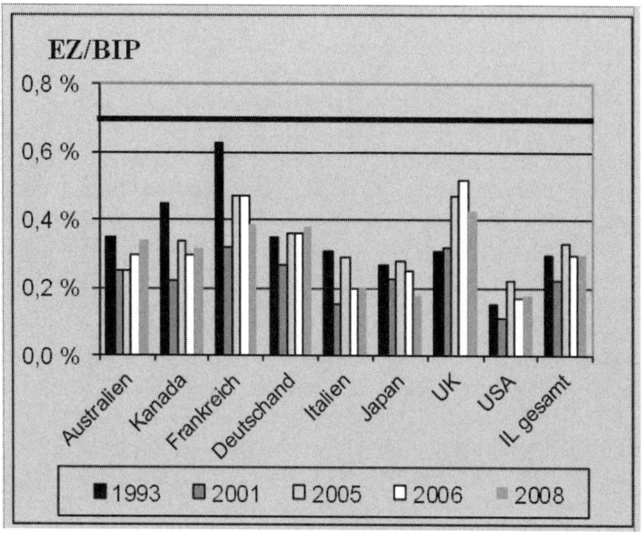

Abb. 7-1: Prozentualer Anteil der Ausgaben für Entwicklungszusammenarbeit am BIP[257]

Als Grund für die abnehmende Bereitschaft, Finanzmittel für die Entwicklungszusammenarbeit bereitzustellen, werden vielfach die unbefriedigenden Ergebnisse in der Entwicklungszusammenarbeit angeführt. In einigen Fällen haben die Projekte bzw. Programme die Lebenssituation der einheimischen Bevölkerung nicht wesentlich verbessert. Das eingesetzte Kapital und die Projekte verfehlen dann ihren Zweck, d. h. die Bekämpfung der Armut und die Förderung des Wirtschaftswachstums.[258] Hinzu kommt, dass die Ent-

[257] The World Bank 2000, S. 340, OECD 2007, OECD 2008.

[258] Thiele, R.: Perspektiven der Entwicklungszusammenarbeit; in: Siebert, H. (Hrsg.): Die Weltwirtschaft – Vierteljahreshefte des Instituts für Weltwirtschaft; Universität Kiel; H. 4; Kiel 2002; S. 384-385.

wicklungszusammenarbeit von der Bevölkerung der Industrieländer nur sehr eingeschränkt wahrgenommen wird.

Die Entwicklungspolitik der Industrieländer steht in Konkurrenz mit anderen politischen Themen, die für einen Großteil der Bevölkerung in Industrieländern mit einer weitaus größeren Aufmerksamkeit bedacht werden. Das gilt aktuell beispielsweise für die internationale Finanzkrise und ihre Folgen bzw. für die Schuldenkrisen einiger EU-Länder. Ins öffentliche Licht rücken entwicklungspolitische Themen häufig nur in Krisensituationen, wie dem Auftreten von Umweltkatastrophen, Erdbeben oder Hungersnöten.[259] Dies konnte beispielsweise auch bei der hohen Spendenbereitschaft der Bevölkerung nach der Flutkatastrophe in Südostasien im Dezember 2004 festgestellt werden. Neben der öffentlichen Unterstützung durch die einzelnen Länder und Institutionen gibt es darüber hinaus private Akteure, die entwicklungspolitisch aktiv werden. Bei der privaten Entwicklungszusammenarbeit durch Unternehmen, Gruppierungen oder Einzelpersonen aus verschiedenen Ländern ist eine wachsende Bedeutung wahrzunehmen.[260]

In der Entwicklungspolitik unterscheidet man eine Vielzahl von Maßnahmen, die Regierungen der einzelnen Industrienationen im Rahmen der Entwicklungszusammenarbeit mit den Regierungen der Entwicklungsländer planen und durchführen. In diesem Zusammenhang wird häufig zwischen Entwicklungspolitik im engeren Sinne und Entwicklungspolitik im weiteren Sinne unterschieden. Während unter der Entwicklungspolitik im engeren Sinne Maßnahmen der Industrieländer im Rahmen der öffentlichen Entwicklungszusammenarbeit verstanden werden, bezeichnet die Entwicklungspolitik im weiteren Sinne alle politischen Handlungen der Industrieländer, die Auswirkungen auf die Entwicklungsländer haben.

---

[259] Braun, J. v.; Grote, U.; Jütting, J.: Zukunft der Entwicklungszusammenarbeit; ZEF – Discussion Papers On Development Policy No. 24; Center for Development Research; Bonn 2000; S. 4.

[260] Hemmer, H.-R.: Wirtschaftsprobleme der Entwicklungsländer; 3. Aufl.; München 2002; S. 939.

Dazu zählen beispielsweise die Außenwirtschafts- und Finanzpolitik, aber auch die Agrarpolitik der Industrieländer.[261] Die folgenden Ausführungen beziehen sich auf die Entwicklungspolitik im weiteren Sinne.

Die Entwicklungszusammenarbeit – Official Development Aid (ODA) – unterliegt bestimmten Voraussetzungen, die vom Development Assistance Committee (DAC) festgelegt werden. Das DAC ist der Ausschuss für Entwicklungszusammenarbeit der Organisation für wirtschaftliche Zusammenarbeit und Entwicklung (OECD), welche die Koordination der Wirtschafts- und Entwicklungspolitik der Mitgliedsländer der OECD zur Aufgabe hat. Die Aufgaben des DAC zielen auf die Verbesserung der Entwicklungszusammenarbeit seiner Mitglieder, die Erstellung von Leitlinien und die Festlegung von Qualitätsstandards in der Entwicklungszusammenarbeit ab.[262] Als Kontrollinstanz des DAC wirken die ständigen Beobachter des International Monetary Fund (IMF), der World Bank (WB) und des United Nations Development Programme (UNDP). Die öffentliche Entwicklungszusammenarbeit hat die wirtschaftliche und soziale Entwicklung der geförderten Länder zum Ziel. Als öffentliche Entwicklungszusammenarbeit gilt finanzielle, personelle und technische Förderung, die ein Zuschusselement von mindestens 25% und bei LDCs 50%, enthalten soll.

Die öffentliche Entwicklungszusammenarbeit kann multilateral oder bilateral erfolgen. Die bilaterale Entwicklungszusammenarbeit wird von einem Geberland zur Verfügung gestellt. Die multilaterale Entwicklungszusammenarbeit findet zwischen einem Entwicklungsland und einer internationalen Organisation wie IWF, Welt-

---

261 Holtz, U.: Probleme und Perspektiven der Entwicklungspolitik; in: Holtz, U. (Hrsg.): Probleme der Entwicklungspolitik; Bd. 2; Bonn 1997; S. 16.

262 OECD: Development Co-operation Directorate (DCD-DAC), http://www.oecd.org/about/0,3347,en_2649_33721_1_1_1_1_1,00.html; Stand 01.03.2011.

bankgruppe, UNDP oder UNICEF statt, die von mehreren Industrieländern finanziert wird.

Die technische Entwicklungszusammenarbeit umfasst die technische, organisatorische und wirtschaftliche Unterstützung, wobei die „Hilfe zur Selbsthilfe“ als grundlegendes Prinzip gilt. Die technische Entwicklungszusammenarbeit wird in Deutschland zum größten Teil über die GIZ (ehemals GTZ und KfW) organisiert und koordiniert. Die personelle Entwicklungszusammenarbeit beinhaltet Maßnahmen zur Aus- und Fortbildung von Personal in Entwicklungsländern, aber auch den Einsatz von Experten aus den Industrieländern.

Die personelle Entwicklungszusammenarbeit erfolgt in der Bundesrepublik Deutschland beispielsweise über Institutionen, wie den Deutschen Akademischen Austauschdienst (DAAD) oder den Deutschen Entwicklungsdienst (DED). Die finanzielle Entwicklungszusammenarbeit umfasst Kapitalhilfen aus den Geberländern. Die Vergabe der deutschen Kapitalhilfen für Entwicklungsländer erfolgt über die Kreditanstalt für Wiederaufbau (KfW). Die drei Formen der Entwicklungszusammenarbeit lassen sich jedoch nicht immer klar voneinander unterscheiden. Es besteht die Möglichkeit, dass sich die Kriterien in verschiedenen Bereichen überschneiden.[263]

Im Folgenden wird zuerst der Faire Handel als entwicklungspolitische Maßnahme betrachtet. Im Vergleich hierzu werden weitere Formen der Entwicklungszusammenarbeit dargestellt, die teilweise schon eine längere Tradition haben. Im Anschluss daran erfolgt eine abschließende Bewertung der entwicklungspolitischen Bedeutung des Fairen Handels.

[263] Hemmer; 2002.; S. 932-959.

7.2 Fairer Handel als Konzept der Entwicklungszusammenarbeit

Die Handlungsfelder der Entwicklungspolitik der Industrieländer sind u. a. auf die Armutsbekämpfung, die Hilfe zur Selbsthilfe und die Integration der Entwicklungsländer in den Welthandel ausgerichtet. Durch die Erleichterung der Handelsbeziehungen möchte der Faire Handel einen Beitrag zur Integration der ärmsten Länder in den Weltmarkt leisten. Die Förderung der Kleinbauern, der Aufbau von Kooperativen oder die Einführung neuer Produktionsmethoden steht dabei – wie schon aufgezeigt – im Vordergrund. Piepel, Möller und Spiegel zeigen in ihrem Beitrag, dass der Faire Handel „keine Alternative, sondern ein komplementäres Instrument zu einer Form der Entwicklungsförderung, wie sie z. B. von vielen Nichtregierungsorganisationen [...] betrieben wird", ist.[264]

Wichtige Güter des Handels zwischen Entwicklungsländern und Industrieländern sind mineralische Rohstoffe, landwirtschaftliche Produkte sowie industrielle Halb- und Fertigerzeugnisse. Im Kontext des Fairen Handels werden zum größten Teil landwirtschaftliche Produkte und kunsthandwerkliche Erzeugnisse aus den Entwicklungsländern in die Industrieländer exportiert. Der Faire Handel beschränkt sich auf die Förderung der Produzenten dieser Erzeugnisse und zielt nicht auf Maßnahmen ab, die darüber hinausgehen. Dabei können nur wenige Produzentenorganisationen eine Partnerschaft mit Fair-Handelshäusern eingehen. Der Faire Handel hat also nur marginale Auswirkungen auf das Umfeld der Produzenten.

Diese Tatsache relativiert sich weiter, wenn man bedenkt, dass der Faire Handel nur die Kleinfarmer oder Plantagenarbeiter fördert, die Produkte für den Export herstellen. Das betrifft nur einen kleinen Anteil aller abhängig beschäftigten Arbeiter in den Ländern

---

[264] Piepel; Möller; Spiegel; 2000; S. 37.

der Dritten Welt. Mit dem Fairen Handel kann somit nur einer kleinen Zahl an Produzenten eine Möglichkeit gegeben werden, ihre Lebensbedingungen zu verbessern. Viele Arbeiter, die auf den Großplantagen, Minen und in den Fabriken unter unwürdigen Bedingungen leben und arbeiten, können von dieser Unterstützung nicht profitieren.[265]

Dennoch stellt der Faire Handel eine Möglichkeit dar, die Lebensbedingungen bei ausgewählten Produzenten zu verbessern. Die mit dem Fairen Handel geforderte Einhaltung von sozialen und ökologischen Standards ist für die Produzenten positiv zu bewerten. Die verschiedenen Anforderungen, die an die Produzenten gestellt werden, bevor sie ihre Produkte über den Fairen Handel verkaufen können, stärkt die Motivation der Kleinbauern, ihre Situation aktiv zu gestalten. Sollte durch den Fairen Handel jedoch eine Abhängigkeitssituation entstehen, welche die Produzenten durch das bessere Einkommen davon abhält, sich nach alternativen Absatzwegen umzuschauen, kann dies nicht als entwicklungspolitisch nachhaltig interpretiert werden. Ein weiterer Kritikpunkt besteht in der Unterstützung der Produzenten bei der Konzentration auf die Produktion eines einzelnen Gutes, wie das bei Kaffeebauern oft der Fall ist.

Der Faire Handel kann unter bestimmten Bedingungen als Instrument der Entwicklungszusammenarbeit eingeordnet und entsprechend gefördert werden. Das Konzept könnte einen höheren Wirkungsgrad erreichen, wenn mehr Produzenten und Arbeiter in den Entwicklungsländern davon profitieren könnten, als das bisher der Fall ist. Eine Möglichkeit stellt der kontinuierliche Wechsel der begünstigten Produzentenkooperativen dar. Bei diesem Vorgehen ist allerdings fraglich, inwieweit die Kleinbauern vom Einkommen durch den Fairen Handel abhängig sind und der erreichte Standard beibehalten werden kann, sollte die Partnerschaft zu den Fair-Handelshäusern entfallen. Ein weiteres Problem ist die relativ geringe Nachfrage nach fair gehandelten Produkten, welche die Importor-

265 Piepel; 1999; S. 101.

ganisation bei der möglichen Ausweitung der Unterstützung auf weitere Kooperativen in den Entwicklungsländern einschränkt.

Durch den vermehrten Verkauf der fair gehandelten Produkte über konventionelle Vertriebswege, wie Supermärkte, kann in diesem Zusammenhang ein wichtiger entwicklungspolitischer Beitrag geleistet werden. Die Produkte werden dadurch für einen größeren Teil der Bevölkerung sichtbar. Für die große Mehrzahl der Konsumenten ist es auch einfacher, die Fair-Trade-Produkte in Supermärkten zu kaufen als in den teilweise eher abgelegenen Weltläden. Es ist jedoch zu bezweifeln, dass man mit dem Verkauf der Produkte über Supermarktketten den Konsumenten das Konzept des Fair Trade näherbringen kann, wie schon erläutert wurde.

Insgesamt lässt sich feststellen, dass die Transparenz des Konzeptes und der Ziele des Fairen Handels sowohl bei den Produzentenorganisationen in den Entwicklungsländern als auch bei den Konsumenten in den Industrieländern verbesserungswürdig ist. Kampagnen, Marketinginitiativen, Informationsstände in Supermärkten und Veranstaltungen tragen aber dazu bei, den Bekanntheitsgrad und die Transparenz des Fairen Handels zu erhöhen.

7.3 Entwicklungspolitische Komplementär- und/oder Alternativkonzepte zu Fair Trade

In den beiden letzten Jahrzehnten wurden im Rahmen der Entwicklungszusammenarbeit weitere Konzepte entwickelt, die eine gewisse Beziehung zu dem Konzept von Fair Trade haben. Es soll daher untersucht werden, ob es sich hierbei um komplementäre und/oder alternative Konzepte handelt. Sie werden im Folgenden exemplarisch aufgezeigt. Es ist jedoch nicht möglich, ihre entwicklungspolitische Wirksamkeit, d. h. eine differenzierte Analyse von Anspruch und Wirklichkeit vorzunehmen. Es reduziert sich im Wesentlichen auf eine deskriptive Darstellung der Konzepte.

7.3.1 Allgemeines Präferenzsystem (APS)

Die UNCTAD hat bereits im Jahr 1968 die Schaffung eines für Entwicklungsländer vorteilhaften Präferenzsystems mit allgemeinen, nicht gegenseitigen und nicht diskriminierenden Präferenzen mit spezieller Berücksichtigung der LDCs gefordert.[266] Diese Empfehlung widersprach der Meistbegünstigungsklausel des GATT (Handelsvorteile, die einem Partner gewährt werden, müssen allen Vertragspartnern gewährt werden).[267] Am 25.06.1971 stimmten die vertragsschließenden Parteien des GATT einem „Waiver" zu Artikel I zu. Dieser entsprach einer Verzichtserklärung einiger Parteien, sich bei der Einführung eines APS auf die Meistbegünstigungsklausel zu berufen.

1971 führte die Europäische Wirtschaftsgemeinschaft und später weitere Industrieländer ein Allgemeines Präferenzsystem ein. 1977 folgte die USA. Der Waiver wurde auf zehn Jahre begrenzt. Er wurde aber zum Abschluss der Tokio-Runde im Jahr 1979 durch den so genannten enabling clause „Differential and More Favourable Treatment, Reciprocity and Fuller Participation of Developing Countries" ersetzt. Dieser bildet eine permanente rechtliche Grundlage.[268] Innerhalb der OECD-Länder gab es verschiedene Initiativen, von denen das APS der EU und das Gesetz zur Förderung von Wachstum und Chancen in Afrika (AGOA – African Growth and Opportunity Act) der USA die bekanntesten sind.[269]

---

[266] UNCTAD: Resolution 21 (II); UNCTAD II New Delhi 1968; http://www.unctad.org/Templates/Page.asp?intItemID=2309&lang=1; Stand 29.03.2011.

[267] GATT: General Most-Favoured-Nation Treatment; Article I (1); http://www.wto.org/english/docs_e/legal_e/gatt47_01_e.htm#articleI_1; Stand 29.03.2011.

[268] WTO: Differential and More Favourable Treatment Reciprocity and Fuller Participation of Developing Countries; Decision of 28. November 1979; L/4903; www.wto.org/english/docs_e/legal_e/tokyo_enabling_e.pdf; S. 191-193.

[269] Stiglitz; Charlton; 2005; S. 60-61.

Das aktualisierte APS der Europäischen Union trat am 27.06.2005 in Kraft. Die Gewährung von Handelspräferenzen zielt darauf ab, die Handelspolitik mit Zielen der Entwicklungspolitik in Einklang zu bringen. Das APS ist somit ein Instrument der Handelspolitik und der Entwicklungspolitik der EU. Der Gemeinschaft geht es also darum, die Beseitigung der Armut in Entwicklungsländern und die Förderung einer nachhaltigen Entwicklung und verantwortungsvollen Staatsführung (Good Governance) mit den Regeln der WTO zusammenzuführen. Die Leitlinien werden in der Mitteilung der Kommission vom 7. Juli 2004 mit dem Titel dargelegt: „Entwicklungsländer, Internationaler Handel und nachhaltige Entwicklung: Die Rolle des Allgemeinen Präferenzsystems (APS) der Gemeinschaft im Jahrzehnt 2006/2015." Die Verordnung stellte den ersten Schritt zur Umsetzung der Leitlinien für den Zeitraum 2006 bis 2008 dar.

Es erfolgte somit eine Unterteilung nach den allgemeinen Regelungen (zuvor APS), einer Sonderregelung für nachhaltige Entwicklung und verantwortungsvolle Staatsführung in gefährdeten Ländern APS + (Länder, die von der Weltbank in drei aufeinander folgenden Jahren nicht unter den Ländern mit hohem Einkommen eingestuft wurden) und Sonderregelungen für die am wenigsten entwickelten Länder (EBA).[270] Vom APS sind jene Entwicklungsländer ausgeschlossen, die von der Weltbank als Länder „mit hohem Einkommen" klassifiziert werden und die in drei aufeinander folgenden Jahren ein festgelegtes Niveau an industrieller Entwicklung aufweisen. Im APS (es gilt für 176 Staaten und etwa 7.200 Waren) erfolgt die Unterteilung nach empfindlichen und nicht empfindlichen Waren. Für nicht empfindliche Waren werden die Zollsätze vollständig ausgesetzt, für empfindliche Waren werden die Zollsätze um 3,5 % herabgesetzt. Im Rahmen der EBA Initiative können die am wenigsten entwickelten Länder alle Waren (außer Waffen und Munition) zollfrei einführen.

---

[270] Europäische Union: Verordnung (EG) Nr. 980/2005 des Rates vom 27. Juni 2005 über ein Schema allgemeiner Zollpräferenzen; S. 3-5.

Das APS + ist ein auf Anreize konzipiertes Schema für Entwicklungsländer, die besondere Entwicklungsbedürfnisse aufweisen und festgelegte internationale Übereinkommen in den Bereichen Menschenrechte, Arbeitnehmerrechte, Zwangsarbeit, Kinderarbeit, Umweltschutz, Drogenbekämpfung und verantwortungsvolle Unternehmensführung ratifizieren und umsetzen. Im Rahmen dieser Regelung können 91% aller Waren, die mit Zöllen belegt sind, zollfrei in die Europäische Union eingeführt werden.[271] Innerhalb der Initiative AGOA der USA wurden Importzölle für bestimmte Produkte aus afrikanischen Ländern gesenkt oder eliminiert. Zusammenfassend lässt sich feststellen: ASP stellt für viele Entwicklungsländer eine Handelserleichterung hinsichtlich der EU-Märkte dar. Ob und in welchem Maße dadurch Kleinfarmer begünstigt werden, ist noch zu prüfen.

7.3.2 Eine Neuorientierung der Agrarpolitik der Industrieländer

Die Agrarpolitik der Industrieländer hat für den Fairen Handel eine besondere Bedeutung. Sie wird von den Akteuren des Fairen Handels in besonderem Maße kritisiert. Der Faire Handel gilt als Beispiel dafür, wie der Handel unter fairen Bedingungen für die Produzenten, insbesondere Kleinfarmer, in den Entwicklungsländern verlaufen sollte. Aus diesem Grund ist es notwendig, die zentralen Kritikpunkte an der Agrarpolitik der Industrieländer näher zu erläutern und Korrekturen aufzuzeigen.

Im Jahre 2009 entfielen 9,6% des internationalen Warenhandels auf den Handel mit Agrarprodukten.[272] Obwohl dieser Anteil als sehr gering erscheint, hat die Landwirtschaft in vielen Ländern der

---

[271] Europäische Union (DG Trade of the European Commission): Report on EU Market access for Developing Countries and the Potential for Preference Erosion; o.O. 2006; S. 3.

[272] World Trade Organization: International trade statistics 2010; Genf 2010; S. 43.

Dritten Welt für einen großen Teil der Bevölkerung noch eine große Bedeutung. So leben in vielen Entwicklungsländern noch mehr als 60% der Bevölkerung von der Landwirtschaft. Das BIP dieser Entwicklungsländer wird in starkem Maße von der Leistungserstellung im Landwirtschaftssektor bestimmt, während in den Industrieländern der Handel mit Dienstleistungen und Industrieprodukten den weitaus größeren Anteil einnimmt.[273] In den Entwicklungsländern steht die Befriedigung der Grundbedürfnisse nach Nahrung, Unterkunft und Kleidung im Vordergrund, während diese Grundbedürfnisse in den Industrieländern für die Mehrheit der Bevölkerung bereits ausreichend befriedigt sind.

Durch die Subventionierung ihrer Landwirtschaftsproduktion schränken Länder wie die USA und die EU-Mitgliedsländer die Produzenten aus Entwicklungsländern beim Verkauf ihrer landwirtschaftlichen Produkte ein. Aufgrund der niedrigen Weltmarktpreise auf den internationalen Märkten weisen viele Entwicklungsländer ohnehin eine unzureichende Konkurrenzfähigkeit auf. Hinzu kommen noch die Antidumping-Zölle, die oft unberechtigt gegen Produkte aus Entwicklungsländern erhoben werden. Die Industrieländer versuchen damit, ihre Produkte auf den internationalen Märkten zu schützen. Die Barrieren für weiterverarbeitete Produkte liegen dabei meist höher als die für Rohstoffe.

Ein Beispiel ist die Weiterverarbeitung von Kakao zu Schokolade. Die Zölle auf Schokolade liegen zum Teil achtmal höher als die Zölle auf Kakao. Die Bemühungen der Entwicklungsländer, ihre Produktion um die Weiterverarbeitung von Rohstoffen zu ergänzen, werden dadurch eingeschränkt.[274] Weiterhin fällt auf, dass sich die Industrieländer darauf konzentrieren, Produkte aus den Entwicklungsländern zu importieren, die es im eigenen Land nicht gibt

---

273 Hauser, E.: „Gerechter Agrarhandel“ aus Sicht der Produzenten/innen; in: Lanje, K. (Hrsg.); 2003; S. 51.

274 Wall, T. (United Nation Department of Public Information): Opening doors for LDC exports; Brüssel 2001; http://www.unctad.org/conference/e-press_kit/ldc_exports.pdf; Stand: 29.03.2011; S. 2.

(intersektoraler Handel). Im Gegensatz dazu umfassen die Exporte der Industrieländer in die Länder der Dritten Welt in hohem Maße Agrarprodukte, die dann in den Entwicklungsländern mit den einheimischen Produkten konkurrieren.[275]

Handelsbarrieren für Agrarprodukte aus den Entwicklungsländern werden von den Industrieländern aufgebaut, um den Binnenmarkt zu schützen, da die Landwirtschaft in den Industrieländern gegenüber vielen Entwicklungsländern nicht wettbewerbsfähig ist. Als Hauptargument in den Industrieländern wird angeführt, dass die Produktion in den Entwicklungsländern unter weniger strengen Standards stattfindet und die Produkte deshalb auf dem Weltmarkt zu günstigeren Preisen angeboten werden können.

Der Konflikt zwischen der Agrarpolitik und der Entwicklungspolitik der Industrieländer wird hier besonders deutlich. Auf der einen Seite versuchen Industrieländer durch Subventionen ihre Binnenmärkte zu schützen und auf der anderen Seite durch entwicklungspolitische Projekte bzw. Programme die Produzenten in den Entwicklungsländern im Agrarbereich zu unterstützen.[276] Im Rahmen der Verhandlungen innerhalb der WTO spielt die Ausgestaltung der Agrarpolitik der Mitgliedsländer immer wieder eine große Rolle. Bisher konnte keine befriedigende Lösung gefunden werden. Die Uneinigkeit über die Agrarpolitik war sogar der Auslöser für das Scheitern der letzten WTO-Runde.

Für die Entwicklungspolitik der Industrieländer besteht auch heute noch Handlungsbedarf, um die Situation der Entwicklungsländer auf den internationalen Märkten zu verbessern. Ein verbesserter Zugang zu den Weltmärkten bzw. die Verringerung der Subventionen einiger Branchen in Industrien wären effiziente Maßnahmen der Entwicklungspolitik. Weiterhin sollte eine stärkere Kontrolle und Regulierung der durchgeführten Antidumping-Maßnahmen

---

[275] Knirsch, J.: Ein Kuhhandel nicht nur um Kühe, in: Lanje, K. (Hrsg.); 2003; S. 14-15.
[276] Reichert; Desai; 1999; S. 29.

vorgenommen werden. Dies ist besonders in Bezug auf die Bedeutung der Agrarwirtschaft für Entwicklungs- und Industrieländer relevant.

7.3.3 Public Private Partnership (PPP)

Public Private Partnership bedeutet die Übertragung von öffentlichen Aufgaben auf die Privatwirtschaft. Das Bundesministerium für wirtschaftliche Zusammenarbeit und Entwicklung (BMZ) gründete 1999 den Fonds (PPP-Fazilität) für die Zusammenarbeit mit der Privatwirtschaft. Der Fonds ist mit 60 Mio. Euro jährlich ausgestattet. In Deutschland gibt es vier Entwicklungsorganisationen (GIZ, KfW, DEG und Stiftung für wirtschaftliche Entwicklung und berufliche Qualifizierung/SEQUA), die im Wettbewerb untereinander die deutsche und europäische Privatwirtschaft einladen, PPP-Projekte vorzuschlagen, „die sowohl ihren eigenen kommerziellen Interessen dienen als auch einen multiplikativen und strukturbildenden Beitrag zur Entwicklung in der Dritten Welt leisten."[277] Die Prüfung eines Projektantrages durch die genannten Organisationen dauert zwischen drei und sechs Monaten, bevor er bewilligt oder abgelehnt wird. In dieser Zeit kommt es zu einem ausführlichen Prozess der Verhandlung und zur gemeinsamen Projektplanung. Das soll an einem konkreten Projekt verdeutlicht werden.

Das Bundesministerium für wirtschaftliche Zusammenarbeit und Entwicklung und die Deutsche Gesellschaft für technische Zusammenarbeit (heute Gesellschaft für Internationale Zusammenarbeit – GIZ) arbeiteten in dem Zeitraum von 2003 bis 2006 mit der Außenhandelsvereinigung des Deutschen Einzelhandels (AVE) in einem Public Private Partnership (PPP) zusammen. Es ging darum, die Einhaltung von Sozialstandards in den wichtigsten Zulieferländern des deutschen Einzelhandels zu fördern. Seit Ende der 1990er Jahre ist PPP ein wichtiges Instrument der deutschen Entwick-

---

[277] Werner, H.: Unternehmer sind die besseren Entwicklungshelfer, 2. Aufl.; München 2010.

lungsarbeit geworden. Im Rahmen der Global-Governance-Debatte werden PPPs als wichtige Steuerungsinstrumente zur Bereitstellung öffentlicher Güter eingeordnet.[278]

Public Private Partnership (PPP) zielt auf die Förderung von Einzelunternehmen durch öffentliche Partner ab. Die öffentlichen Partner sind in der Entwicklungszusammenarbeit tätig. Grundlage ist die gemeinsame Finanzierung von Projekten durch private Unternehmen und die Träger der Entwicklungszusammenarbeit. Durch die Möglichkeit der öffentlichen Unterstützung der privaten Entwicklungszusammenarbeit können Projekte realisiert werden, welche unter anderen Umständen aufgrund des zu hohen Risikos für die einzelnen Unternehmen nicht durchgeführt würden.

Die Unternehmen können zusätzlich von den Erfahrungen der öffentlichen Partner in der Entwicklungszusammenarbeit profitieren. Ein weiterer Vorteil entsteht durch die Sensibilisierung privater Unternehmen für entwicklungspolitische Themen und Ziele. Die Zusammenarbeit von öffentlicher und privater Seite ermöglicht Kooperationen, welche die Interessen von Privatunternehmen und Staat zusammenführen.[279] Private Unternehmen sind auf den ökonomischen Erfolg ihrer Vorhaben ausgerichtet und angewiesen. Das heißt, sie sind in hohem Maße daran interessiert, dass die Projekte effizient und wirtschaftlich sinnvoll durchgeführt werden.

Auf Initiative der privaten Unternehmen werden in den jeweiligen Ländern ökologische und soziale Standards eingeführt. Dadurch soll es zu Verbesserungen der Arbeitsbedingungen, zur Eindämmung von Kinderarbeit sowie zur Einbeziehung von Maßnahmen zum Schutz der Umwelt kommen. Diese Projekte führen in Entwicklungsländern häufig zu neuen Arbeitsplätzen. Die öffentliche Förderung erfolgt erst nach einer eingehenden Überprüfung der

---

[278] Rieth, L., Zimmer, M.: Public Private Partnership in der Entwicklungszusammenarbeit – Wirkungen und Lessons Learnt am Beispiel des GTZ/AVA Projekts, in: zfwu 8/2 2007; S. 217.
[279] Hemmer; 2002; S. 944-945.

Vereinbarkeit mit entwicklungspolitischen Zielen. Projekte werden nur dann unterstützt, wenn sie nicht bereits gesetzlich vorgeschrieben sind. Seit Beginn des PPP-Programms im Jahre 1999 ist das Gesamtvolumen der Partnerschaften auf 18,6 Mrd. Euro gewachsen. Im Mittel generiert jeder Euro, der von den Trägern der Entwicklungszusammenarbeit eingesetzt wird, 1,70 Euro aus der Privatwirtschaft.[280]

PPP und Fairer Handel weisen hinsichtlich ihrer Zielsetzung eine Ähnlichkeit auf. Beide Konzepte sind auf den Ausbau von Produktionskapazitäten im Sinne nachhaltiger Entwicklung ausgelegt. Als Anforderungen an PPP werden die Einführung ökologischer und sozialer Standards in Entwicklungsländern genannt, welche auch ein Element des Fairen Handels darstellen. Eine Möglichkeit der Entwicklungszusammenarbeit stellt die Kombination beider Konzepte dar. Wie in Abschnitt 4.8 beschrieben, wird der Faire Handel bereits durch öffentliche Institutionen auf nationaler und internationaler Ebene finanziell gefördert. Die Zusammenarbeit von Organisationen des Fairen Handels und den öffentlichen Institutionen bei bestimmten Projekten, wie beispielsweise dem Aufbau einer Handelsbeziehung mit einer Produzentenorganisation oder der Umsetzung der sozialen und ökologischen Standards, würde eine Form des PPP darstellen.

---

[280] BMZ: Investitionsvolumen der Entwicklungspartnerschaften; http://www.bmz.de/de/was_wir_machen/themen/wirtschaft/privatwirtschaft/entwicklungspartnerschaften/index.html#t2; Stand: 01.03. 2011.

Ein **Beispiel** eines PPP in Kombination mit den Prinzipien des Fairen Handels ist die Zusammenarbeit der GIZ mit der Alfred Ritter GmbH & Co. KG aus Baden-Württemberg in Nicaragua (Mittelamerika). Seit 1990 engagiert sich das Unternehmen in Nicaragua im Rahmen eines Entwicklungshilfeprojektes, welches von der NRO Pro Mundo Humano getragen wird. Das Projekt CACAONICA wurde gegründet. CACAONICA unterstützte die Bauern zunächst bei der ökologischen Nutzung ihres Landes zum Kakaoanbau. Dabei standen die Aus- und die Fortbildung der Kleinbauern im Vordergrund. Hinzu kam eine Aufforstung, da Kakaopflanzen gut in Mischkulturen und unter großen Bäumen wachsen. Seit 2001 wird CACAONICA durch die FLO zertifiziert. Seit 2002 bezieht Ritter Sport ökologisch erzeugten Kakao unter den Bedingungen des Fairen Handels. Im Jahr 2002 kam es dann zur Zusammenarbeit mit der GIZ (damals GTZ) mit dem Ziel der verstärkten Erzeugung und dem Export ökologisch angebauten und zertifizierten Kakaos mit hoher Qualität über die Kooperative CACAONICA. Von der Alfred Ritter GmbH & Co. KG werden 42%, von der GIZ 34% der Kosten des Projektes getragen, die verbleibenden 24% übernimmt die lokale Organisation. Den Bauern werden faire Preise bezahlt, die mit 40% deutlich über den Weltmarktpreisen liegen.

7.3.4 Von Corporate Social Responsibility (CSR) zu Social Business

Corporate Social Responsibility, das von der Europäischen Kommission entwickelt wurde, hat auch in der Entwicklungszusammenarbeit eine wachsende Beachtung erfahren. Einige nationale und internationale Entwicklungsorganisationen haben CSR als zukunftsorientiertes Konzept in ihre Förderstrategie mit aufgenommen. Das Konzept von CSR zielt darauf ab, das Leitbild nachhaltiger Entwicklung für Unternehmen anwendungsorientiert auszugestalten. Die Europäische Kommission definiert Corporate Social Responsibility wie folgt:

Zielsetzung von CSR:
CSR ist ein Konzept, das den Unternehmen als Grundlage dient, auf freiwilliger Basis soziale Belange und Umweltbelange in ihre Tätigkeit und in die Wechselbeziehung mit den Stakeholdern zu integrieren. Die Europäische Kommission versteht CSR in diesem Sinne als einen „Unternehmensbeitrag zur nachhaltigen Entwicklung."

(Europäische Kommission Juli 2002, S. 7).

Es besteht heute ein großer Konsens, dass der privatwirtschaftliche Sektor einen wesentlichen Beitrag zur wirtschaftlichen Entwicklung, aber auch zur gesellschaftlichen und politischen Entwicklung von Entwicklungsländern leisten sollte. Auch in Entwicklungsländern ist aus Sicht der Unternehmen nicht nur der wachsende Wettbewerbsdruck, der durch die Globalisierung gefördert wird, sondern auch der Erwartungsdruck der Stakeholder für das weitere Bestehen am Markt von Relevanz. Daher sind CSR-Aktivitäten aus entwicklungspolitischer Perspektive von großer Bedeutung. Sie können unmittelbar zur Verbesserung der Lebensbedingungen großer Teile der Bevölkerung in Entwicklungsländern beitragen oder können zumindest die Voraussetzungen dafür schaffen, dass es zu einer Verbesserung kommen kann.

Folgende Wirkungen können durch die aktive Förderung der EZ im Sinne von CSR in Unternehmen eintreten:[281]

- *„Die CSR-Konzepte der Unternehmen entsprechen zunehmend den aktuellen Erkenntnissen der Entwicklungsländerforschung und modernen Ansätzen der Entwicklungszusammenarbeit (ownership, Nachhaltige Entwicklung und Subsidiarität).*

---

281 de Carlo, L.: Corporate Social Responsibility – Möglichkeiten zur Unterstützung durch die deutsche EZ, Deutsches Institut für Entwicklungspolitik; Bonn 2004; S. 3 ff.

- *Die Zahl der CSR-Projekte in Entwicklungsländern, die entwicklungspolitische Aspekte berücksichtigen, steigt an.*
- *Institutionen der deutschen EZ können sich als potenzielle Kooperationspartner sichtbar machen und mittelfristig Kooperationen aufbauen, die der EZ zusätzliche Drittmittel einbringen kann.*
- *Unternehmen führen CSR-Aktivitäten durch, die originär entwicklungspolitische Maßnahmen verstärkt und dadurch Synergiewirkungen erzielt werden.*
- *Im Idealfall werden CSR-Maßnahmen in Entwicklungsländern so konzipiert, dass sie strukturbildende Wirkungen haben, d. h. ihre Wirkungen gehen über die kurzfristig zu erzielenden Effekte zugunsten der unmittelbaren Zielgruppe hinaus.“*

CSR wurde bisher hauptsächlich von großen und einigen mittelständischen Unternehmen in Industrie- und in Entwicklungsländern eingeführt. Hier gibt es jedoch sowohl von Unternehmen aus Industrieländern, die in Entwicklungsländern aktiv sind, als auch von Unternehmen in den Entwicklungsländern noch ein großes Potenzial, CSR einzuführen. Das gilt besonders für kleine und mittlere Unternehmen (KMU). Hierbei sollte die zunehmende Kooperation zwischen multinationalen Unternehmen und mittelständischen Unternehmen in Entwicklungsländern berücksichtigt werden. Bei der Kooperation geht es nicht mehr nur um die Preis-, Qualitäts- und Servicegestaltung, sondern in zunehmendem Maße auch um Sozial- und Umweltstandards. Das begründet sich oft daraus, dass multinationale Unternehmen in ihren Heimatländern unter Druck stehen, die Sozial- und Umweltstandards von Lieferanten – häufig KMU – einzufordern, um ihre Endprodukte auf den internationalen Märkten absetzen zu können.

Unternehmen beginnen heute oft mit CSR und nehmen dann den Leitgedanken von Social Business auf. Hierzu gibt es jedoch noch relativ wenige Erkenntnisse und praktische Beispiele.[282] Social Business unterscheidet sich von den traditionellen Unternehmen durch zwei Merkmale: Die Zweckbestimmung von Social Business ist primär auf die Lösung wichtiger sozialer Probleme ausgerichtet oder die Investoren verzichten auf spekulative Gewinne. Bei Social Business sind Unternehmen darum bemüht, soziale und wirtschaftliche Ziele in Einklang zu bringen.

Das wird von Ghalib und Hossain treffend formuliert: „Social entrepreneurs do not call for the abolition of capitalism altogether; they do not suggest an entirely different business model to run markets; they do not advocate that philanthropy alone can run the world´s capital markets. All they call for is enlightening capitalistic thinking, and trying to find solutions that benefit all stakeholders."[283] Es wurde deutlich, dass sowohl Corporate Social Responsibility als auch Social Business eine Nähe zu Fair Trade haben. Dabei konnte jedoch gezeigt werden, dass Fair Trade im Verhältnis zu den anderen beiden Konzepten, die beide auf Freiwilligkeit basieren, einen viel größeren Verbindlichkeitsgrad hat, was auch eine andere Wirksamkeit impliziert.

7.3.5 Entwicklungszusammenarbeit in den Bereichen Bildung und Forschung

Auf den ersten Blick scheinen Bildung und Forschung mit dem Konzept Fair Trade keine unmittelbare Schnittmenge zu haben. Bildung und Forschung sind für die Entwicklungszusammenarbeit Querschnittsaufgaben, die aus diesem Grund abschließend erläutert werden sollen. Es besteht ein großer Konsens, dass Bildung und

---

[282] Mair, J., Schoen, O.: Social Entrepreneurial Business Models: An Exploratory Study, ESE Business School-University of Navarra, Working Paper; WP No 610, October 2005.

[283] Ghalib, A.K., Hossain, F.: Social Business Enterprises – Maximizing Social Benefits or Maximizing Profits? The case of Grameen-Danone Foods Limited; The University of Manchester Brooks World Poverty Institute, BWPI Working Paper 51, July 2008.

Forschung auch für den Bereich des internationalen Handels von großer Relevanz sind. Die Zusammenarbeit mit Entwicklungsländern in Bildung und Forschung kann in vielen Bereichen stattfinden. Das geringe Haushaltsbudget in vielen Entwicklungsländern führt oft dazu, dass der Bereich Bildung, aber auch Forschung und Entwicklung, wird vernachlässigt werden. Dabei gilt noch zu berücksichtigen, dass in Entwicklungsländern häufig auch die Forschungsinfrastruktur kaum zur Verfügung steht. Die Zusammenarbeit in der Forschung kann beispielsweise auf die Bekämpfung von Krankheiten oder auch auf den Bereich der Produktion ausgerichtet werden. Ein weiteres Forschungsgebiet könnte der Handel bzw. alternative Handelskonzepte sein.

Eine bedeutende Rolle hierbei spielt die Entwicklung neuer Produktionsmethoden. Die Regierungen in den Geberländern können finanzielle Mittel zur Verfügung stellen, um Forschungsinitiativen zu finanzieren oder die Entwicklung von Forschungsprojekten zu fördern. Die Verhinderung der Abwanderung von qualifizierten Mitarbeitern aus den betroffenen Ländern stellt eine weitere Möglichkeit dar, entwicklungspolitisch aktiv zu werden. Institutionen, welche die Entwicklungszusammenarbeit in der Forschung unterstützen, sind beispielsweise die Consultative Group on International Agriculture Research (CGIAR) oder die Weltgesundheitsorganisation (WHO). Die WHO unterstützt Projekte in der Erforschung von Krankheiten. Die CGIAR hingegen betätigt sich in der Entwicklung alternativer Anbaumethoden in der Landwirtschaft.[284] Forschung und Entwicklung sollten aber auch in Entwicklungsländern einen eindeutigen Bezug zur nachhaltigen Entwicklung haben. [285]

[284] Weltbank: Weltentwicklungsbericht. Der Staat in einer sich ändernden Welt; Washington 1997; S. 159-160.

[285] v. Hauff, M.; Jörg, A.: Innovationen im Kontext nachhaltiger Entwicklung, in: Hagemann, H.; v. Hauff., M. (Hrsg.): Nachhaltige Entwicklung – Das neue Paradigma in der Ökonomie; Marburg 2010; S. 185-212.

Die Aus- und Fortbildung von Fach- und Führungskräften in Entwicklungsländern wird im Rahmen der personellen Entwicklungszusammenarbeit gefördert. Insbesondere die Förderung und Einbeziehung von Frauen ist eine wichtige entwicklungspolitische Aufgabe. Daneben kommt der Alphabetisierung der Bevölkerung und der Ausbildung der Kinder (Grundbildung) eine bedeutende Rolle zu. Durch die Entwicklungszusammenarbeit der letzten Jahrzehnte konnten in diesen Bereichen Fortschritte erzielt werden.[286] Das lässt sich beispielsweise an Indien aufzeigen.[287]

Der Faire Handel kann zum Erfolg der Entwicklungszusammenarbeit in den Bereichen Bildung und Forschung beitragen. Die gemeinsame Entscheidung innerhalb einer Kooperative kann dazu führen, dass mehr Einnahmen durch den Fairen Handel zum Bau von Bildungseinrichtungen verwendet werden. Des Weiteren zielt auch der Faire Handel darauf ab, Frauen verstärkt in Unternehmen (Produzentenorganisationen, Kooperativen, Genossenschaften) einzubeziehen. Die Unterstützung der Kooperativen bei der Umstellung auf den ökologischen Landbau oder Weiterbildungsprogramme stellen ebenfalls eine Investition in die Ausbildung der Produzenten dar.

---

[286] Holtz, U.: Probleme und Perspektiven der Entwicklungspolitik; in: Holtz, U. (Hrsg.); 1997; S. 42.

[287] v. Hauff, M.: The Relationship between Justice and Education: Effects on the Creation of Human Capital in India, in: Deva Swati (ed.): Low and (In) Equalities contemporary Perspectives; New Delhi, 2010; S. 259-287.

7.4 Die entwicklungspolitische Bewertung der Alternativen

Die aufgezeigten Formen der Entwicklungszusammenarbeit bzw. der Entwicklungspolitik der Industrieländer werden in Deutschland und Europa bereits gefördert und durchgeführt. Sie haben alle einen bestimmten Bezug zu dem Fair-Trade-Konzept, in dem es um Ansätze geht, die zu Handel einen konkreten Bezug haben. Daher wird im Folgenden aufgezeigt, in welchem Verhältnis sie zu dem Konzept von Fair Trade stehen und wie wirksam sie sind.

Die allgemeinen Präferenzsysteme, die in verschiedenen OECD-Ländern entwickelt wurden und für die innerhalb des GATT ein rechtlicher Rahmen geschaffen wurde, zeigen nur begrenzt Wirkung. Verschiedene Studien haben gezeigt, dass diese Präferenzsysteme nur einen geringen Einfluss auf die Exporte der LDC-Länder haben. Paul Brenton hat in seiner Studie aus dem Jahre 2003 verdeutlicht, dass Exporte der LDC-Länder in die EU nach der Einführung des APS im Jahr 2001 um nur 9,6% gestiegen sind.[288]

Für die Mehrheit der Produkte, die unter diese Regelung fallen, existierte bereits vor der Einführung des APS eine zollfreie Behandlung. Zu ähnlichen Ergebnissen kommen Studien über das AGOA der USA. Dennoch sind Präferenzabkommen positiv zu bewerten, da sie letztlich einen Beitrag dazu leisten, dass die ärmsten Länder (LDC) die Möglichkeit erhalten, ihre Produkte ohne Beschränkung in die Industrieländer einzuführen. Dabei muss erwähnt werden, dass bei den genannten Initiativen Einschränkungen gemacht werden. Im Rahmen des APS bestand beispielsweise bis

---

[288] Brenton, P.: Integrating the Least Developed Countries into the World Trading System: The Current Impact of EU Preferences under Everything But Arms; The World Bank; Washington 2003; S. 5.

zum Jahr 2009 eine Sonderregelung für die Produkte Zucker und Reis (schrittweise Herabsetzung der Importzölle).

Der Abbau von Exportgütersubventionen in den Industrieländern stellt eine wichtige Forderung dar, die Chancen der Entwicklungsländer auf dem Weltmarkt zu verbessern. Den Produzenten in den Entwicklungsländern wird es dadurch ermöglicht, auf den internationalen Märkten in Konkurrenz mit den Produzenten aus Industrieländern zu treten. Der Abbau von Subventionen und die Öffnung der Märkte sind Bestandteil zahlreicher Verhandlungen und Diskussionen innerhalb internationaler Organisationen, wie der WTO. In den Industrieländern ist nur ein sehr geringer Anteil der Bevölkerung beschäftigt. Der Abbau von Subventionen würde daher in den Industrieländern nur wenigen Erwerbstätigen einen Nachteil bringen, während ein großer Teil der Arbeitskräfte in Entwicklungsländern davon profitieren könnte. Der Nachteil bei genauerer Betrachtung ist auch kein realer Nachteil, sondern stellt sich als eine Aberkennung ungerechtfertigter Vorteile heraus.

Der Abbau von Subventionen im Agrarbereich der Industrieländer kann somit einen bedeutenden entwicklungspolitischen Beitrag leisten. Dennoch ist die weitere Öffnung der Märkte der Industrieländer noch keine Garantie für die stärkere Beteiligung der Entwicklungsländer auf den internationalen Märkten. Zusätzliche Anstrengungen, wie der Aufbau von Kapazitäten und wettbewerbsfähigen Produktionsbedingungen und Produkten, stellen eine weitere Herausforderung für die Produzenten in den Entwicklungsländern und für die Entwicklungspolitik der Industrieländer dar.

PPP stellt in diesem Zusammenhang eine effiziente Möglichkeit der Entwicklungszusammenarbeit dar. Durch die Prüfung und Förderung der Projekte im Rahmen der Entwicklungszusammenarbeit, das ökonomische Know-how der privaten Unternehmen und nicht zuletzt die Mitarbeit von einheimischen Personen und Unternehmen können diese Vorhaben in den Ländern der Dritten Welt effizient verwirklicht werden. Die Erwerbspersonen in Entwicklungsländern werden durch zusätzliche Arbeitsplätze in den wirtschaftlichen Prozess mit einbezogen. Die Verwirklichung der Projekte, wie beispielsweise die Entwicklung neuer Produktionsformen, ist für die benachteiligten Menschen in Entwicklungsländern von großer Bedeutung. Wie schon erwähnt, konzentriert sich die Entwicklungszusammenarbeit im Rahmen von PPP auf Maßnahmen für die Entwicklung und Einführung von Standards sowie die Bereitstellung öffentlicher Güter, wie Bildung und Gesundheit. Ein weiteres Potenzial besteht in der möglichen Zusammenarbeit mit lokalen Unternehmen in Entwicklungsländern und dem Ausbau der Informations- und Kommunikationstechnologie, nicht nur in großen Verdichtungsräumen.[289]

Corporate Social Responsibility ist ein unternehmenspolitisches Konzept nachhaltiger Entwicklung auf der Basis von Freiwilligkeit. Es wurde von der Europäischen Kommission entwickelt und hat in der Entwicklungszusammenarbeit an Bedeutung gewonnen. Unternehmen, die CSR einführen, sind neben der Wirtschaftlichkeit auch ökologischen und sozialen Maximen verpflichtet. Insofern bietet CSR die Möglichkeit, nachhaltige Entwicklung in Unternehmen und ihren Wertschöpfungsketten einzuführen. Der wachsende Wettbewerb und der Erwartungsdruck der Stakeholder kompensiert in gewissem Maße die Freiwilligkeit von CSR: Die Unternehmen müssen sich aktiv mit diesem Konzept auseinander setzen, wenn sie langfristig am Markt bestehen wollen.

CSR kann darüber hinaus einen positiven Einfluss auf die Politik und die Gesellschaft haben. Es gibt aber auch erste Unternehmen, die über CSR hinausgehen und den Leitgedanken von Social Business aufnehmen. In diesem Zusammenhang sind Unternehmen aktiv bemüht, soziale und wirtschaftliche Ziele des Unternehmens in Einklang zu bringen. Auch hier wird der Bezug zu Fair Trade deutlich. Dabei geht jedoch die Initiative von dem einzelnen Unternehmen aus. Es bleibt jedoch abzuwarten, wie viele Unternehmen sich in Zukunft dem Leitgedanken von Social Business verpflichtet fühlen. Hierzu gibt es bisher nur wenige Erkenntnisse.

---

289 Braun; Grote; Jütting; 2000; S. 16.

Die Ausrichtung entwicklungspolitischer Aktivitäten auf die Querschnittsaufgaben Bildung und Forschung ist sehr positiv zu bewerten. Durch den Einsatz von Ressourcen in den Aufbau von Forschungskapazitäten kann die Produktivität in den Ländern erhöht werden. Projekte im Bereich der Landwirtschaft fördern den Einsatz alternativer Anbau- und Produktionsmethoden, welche die Wettbewerbsfähigkeit der Produzenten auf dem Weltmarkt erhöhen und zusätzlich einen Beitrag zur Verbesserung der Gesundheitssituation der Arbeitskräfte leisten. Die Förderung der Länder im Bereich Bildung trägt zu einem Ausbau des Humankapitals bei. Durch Alphabetisierung und Grundbildung, aber auch durch Fort- und Weiterbildung, können die Menschen in Ländern der Dritten Welt ihre Lebensbedingungen verbessern. Diese Maßnahmen tragen dazu bei, dass sie im internationalen System mitwirken können, sei es durch die Steigerung der Exporte, durch das Angebot von attraktiveren, hochwertigeren Produkten oder durch ausgebildete Fachkräfte, welche die Entwicklung im eigenen Land vorantreiben.

Der Einsatz von Finanzmitteln und der Ausbau von Kapazitäten im Bereich Forschung und Entwicklung sowie im Bereich Bildung hatten in den letzten Jahren positive Auswirkungen auf die Entwicklungsländer. Eine besondere Erwähnung verdienen in diesem Zusammenhang die Bemühungen um die Schulbildung von Kindern und um die Alphabetisierung. Maßnahmen der Entwicklungszusammenarbeit in den Bereichen Forschung und Bildung haben da-her für alle angrenzenden Bereiche positive Synergieeffekte.

Der Faire Handel erfährt, wie bereits ausführlich aufgezeigt wurde, Förderung und Anerkennung von Regierungen und öffentlichen Organisationen und kann daher als ein fest verankertes entwicklungspolitisches Konzept eingeordnet werden. Dennoch sind der Marktanteil der Produkte und damit die Bedeutung des Fairen Handels in den meisten Industrieländern bisher noch gering. Ferner stellt Liebrich für die Organisation Max Havelaar fest, dass die Mehreinnahmen aus dem Verkauf von fair gehandelten Produkten, im Vergleich zu den Finanzmitteln von Organisationen der Entwicklungszusammenarbeit, als eher gering einzuschätzen sind.[290] Der Einfluss des Fairen Handels auf den Lebensstandard in Entwicklungsländern ist noch relativ gering, da nur Menschen begünstigt werden, die in dem Exportsektor beschäftigt sind und Zugang zu entsprechenden Produzenten- und Handelsorganisationen haben. Für die im Fair-Trade-Handel involvierten Produzenten hat sich die Lebenslage jedoch deutlich verbessert. Daher ist Fair Trade insgesamt ein wirksames Konzept der Entwicklungspolitik.

Der Faire Handel ist dann noch positiver zu beurteilen, wenn den Produzenten neue Märkte in Industrieländern erschlossen werden. Entsteht dagegen eine Abhängigkeit der Produzenten von den Fair-Handelsorganisationen, überwiegen die Nachteile. Auch der Eingriff in die Preisbildung der Produkte kann kritisch hinterfragt werden. Durch den Verkauf von Produkten zu Preisen, die über dem Weltmarktniveau liegen, kann eine ineffiziente Produktion von Gütern gefördert werden. Unter dem Aspekt der Nachhaltigkeit stellt sich die Frage, inwieweit der Faire Handel die wirtschaftliche Entwicklung der Produzentenorganisationen in den Entwicklungsländern fördert.

Die Zusammenarbeit mit Entwicklungsländern in Form von Projekten, wie sie im Rahmen des PPP oder im Bereich Bildung und Forschung erfolgt, kann durch die Einbeziehung der Unternehmen und der Bevölkerung in den betroffenen Ländern sehr nachhaltig und effizient sein. Der Faire Handel stellt auch eine Möglichkeit der Zusammenarbeit von Unternehmen aus Industrieländern mit Unternehmen in Entwicklungsländern dar. Sofern dies im Rahmen einer gleichwertigen Partnerschaft geschieht und die Kooperativen in den Entwicklungsländern aktiv am Prozess des Aufbaus neuer Kapazitäten und dem Markteintritt beteiligt sind, kann auch der Faire Handel einen wichtigen entwicklungspolitischen Beitrag

290 Liebrich; 2002; S. 36.

leisten. Insgesamt kann festgestellt werden, dass es zwischen den verschiedenen Bereichen der Entwicklungszusammenarbeit, die hier erläutert wurden, keine Konkurrenzsituation gibt, sondern eine komplementäre Beziehung besteht.

7.5 Aktuelle Entwicklungen im Fairen Handel

Betrachtet man sich neuere Entwicklungstrends im Fairen Handel, so stellt man zunächst fest, dass die internationale Finanz- und Wirtschaftskrise nicht zu einem Rückgang des Absatzes, sondern zu einem weiteren Anstieg geführt hat.[291] In Deutschland stieg der Absatz im Jahr 2009 um 21%. Das entspricht einem Gesamtvolumen von 322,0 Mio. EUR, was bis dahin nie erreicht wurde. Die Absatzsteigerung betrifft sowohl die integrierte Supply Chain als auch die Produktzertifizierung. Die Steigerung ist jedoch bei gelabelten Fair-Trade-Produkten höher. Der Anteil der Fair-Trade-Produkte an den gesamten Fair-Handelsgütern beträgt in Deutschland drei Viertel.[292] In dem Zeitraum von 2004 bis 2007 hat sich der Verkauf von gesiegelten Produkten von 832,0 Mio. EUR auf 2.381,0 Mio. EUR erhöht. Ein wichtiger Trend hierbei ist, dass der Faire Handel immer stärker in den Mainstream des Handels eintritt.

Die Situation im Fair-Handelsmarkt hat sich durch die Etablierung der Label, womit die Glaubwürdigkeit der Fair-Handelsprodukte einfacher zu gewährleisten ist, deutlich geändert. In einer Verbrauchsstudie gaben 44,3% der Befragten an, dass sie fair gehandelte Produkte am Fairtrade-Label erkennen. Weltläden wurden

---

[291] Krier, J.-M.: Fair Trade 2007: News, Facts and Figures from an ongoing Success Story – A report on Fair Trade in 33 consumer countries, Dutch Association of Worldshops (DAWS), supported oft the FINE advocacy office, http://www.european-fair-trade-association.org/efta/Doc/FT-E-2007.pdf, Stand: 28.9.2010.

[292] Forum Fairer Handel: Fact-Sheet: Trends und Entwicklungen im Fairen Handel 2010, http://www.fairtrade.de/cms/media//pdf/Zahlen_des_Fairen_Handels_2009.pdf, Stand: 29.03.2011.

mit 20,4% an zweiter Stelle genannt.[293] Der Absatz konnte hauptsächlich durch das Produktzertifizierungsprogramm der nationalen Siegelinitiativen und der FLO gesteigert werden. In den Handel sind neue Akteure eingestiegen, die von ihm profitieren wollen. Der neue Trend lässt sich also damit charakterisieren, dass vor der Einführung des Labels das fair gehandelte Gut nur in Bezug zum Anbieter gesetzt wurde.

Seit es zu dem Verkauf mit einem Label kam, mussten die Handelsunternehmen nicht mehr den Charakter des fairen Gutes in den Mittelpunkt stellen, sondern das Label hat diese Aufgabe nun zu erfüllen.[294] Die neue Tendenz, wonach der Faire Handel sich zunehmend in den Mainstream einordnet, lässt sich daran erkennen, dass Supermärkte, Discounter, aber auch der Versandhandel diese Produkte zunehmend anbieten. Die neuen Akteure haben es ermöglicht, dass neue Produktsparten mit eingeführt wurden. Dadurch konnte auch eine deutlich größere und breit gestreute Kundschaft erschlossen werden. Der Einzug des Fairen Handels in den Mainstream erklärt sich somit ganz wesentlich durch die Teilnahme der großen Unternehmen bzw. Konzerne.[295]

Daraus begründet sich – wie schon erläutert – folgendes Problem: Auf der einen Seite führt die Teilnahme der konventionellen Han-

---

[293] Forum Fairer Handel: Fact-Sheet: Trends und Entwicklungen im Fairen Handel 2010, http://www.fairtrade.de/cms/media//pdf/Zahlen_des_Fairen_Handels_2009.pdf, Stand: 29.03.2011. Forum Fairer Handel: Fact-Sheet: Trends und Entwicklungen im Fairen Handel 2010, http://www.fairtrade.de/cms/media//pdf/Zahlen_des_Fairen_Handels_2009.pdf, Stand: 29.03.2011; S. 6.

[294] Becchetti, L.; Huybrechts, B.: The Dynamics of Fair Trade as a Mixed-form Market; in: Journal of Business Ethics; H. 4; 81. Jg.; 2008; S. 740.

[295] Raynolds, L.; Murray, D.: Fair Trade – Contemporary challenges and future pro-spects; in: Raynolds, L.; Murray, D.; Wilkinson, J. (Hrsg.): FAIR TRADE – The challenges of transforming globalization; Abingdon und New York; Routledge; 2007; S. 224.

delsakteure zu einem höheren Absatz, während andererseits diese Akteure nur sehr bedingt einen inhaltlichen Bezug zu dem Fair-Trade-Konzept haben. Ihre Motivation ist primär darauf ausgerichtet, neue Kunden zu gewinnen, und damit auch ihr Gewinnpotential weiter auszuschöpfen. Es ist jedoch auch festzustellen, dass selbst die FAOs sich von ihrem ursprünglichen Wohltätigkeitsdenken entfernen. Auch bei ihnen lässt sich eine stärkere kommerzielle Ausrichtung beobachten, die in zunehmendem Maße auch gewinnorientiert ist.[296]

Heute konkurrieren die kleinen traditionellen Fair-Handelsakteure mit den transnationalen Unternehmen (TNU) am Markt. Die verstärkte Eingliederung in den Mainstream führte auch dazu, dass Märkte erweitert bzw. neu erschlossen werden konnten. Das gilt besonders für Länder wie die USA, Kanada, Neuseeland, Australien und Japan.[297] Japan ist ein typisches Beispiel dafür, dass nur durch den Einstieg konventioneller Partner das breite Interesse und die Bereitschaft der Konsumenten zum Kauf von Fair-Trade-Produkten führte. Ein besonderes Beispiel hierfür ist der Fair-Trade-Kaffeeverkauf von Starbucks, der 2002 in Japan begann und die Fair-Handelsbewegung völlig überraschte. Dennoch konnte nur durch den Eintritt von Starbucks eine breite Öffentlichkeit gewonnen werden und weitere Unternehmen erweiterten ihr Produktangebot im Bereich des Fair Trade.

Eine Folge hiervon ist, dass der Verkaufsanteil der Fair-Handelsprodukte, die in Supermärkten verkauft werden, stetig wächst. Weitere Potentiale und neue Tendenzen ergeben sich aus dem Onlineshopping. So setzt Traidecraft, der als Fair-Handelspionier gilt, heute etwa 8,8 Mio. Euro über das Internet um. Ein weiteres Potenzial des Fairen Handels ergibt sich aus der Einbeziehung der öffentlichen Beschaffung und öffentlicher Ausschreibungen unter

---

296 Davies, I., Ryals, L.: The Role of Social Capital in the Success of Fair Trade; in: Journal of Business Ethics; H. 2; 96. Jg.; 2010; S. 317.
297 Krier; 2007; S. 39.

dem Begriff „Fair Procura".[298] Auf der Grundlage eines Leitfadens soll es öffentlichen Behörden erleichtert werden, faire Handelsprodukte in ihren Beschaffungsprozess einzuführen. Ein erstes Fazit führt zu der Erkenntnis, dass sich die Handelsstruktur des Fairen Handels in den vergangenen Jahren deutlich geändert hat und sich auch in Zukunft weiter ändern wird. Die Konsequenzen für die traditionellen Vertriebswege fair gehandelter Produkte lassen sich gegenwärtig noch nicht in vollem Maße absehen.

Die folgenden Ausführungen konzentrieren sich nun ganz wesentlich auf die Frage, wo noch Potenziale des Ausbaus bestehen. Wie in den vergangenen Kapiteln bereits deutlich wurde, ist in einigen Bereichen des Fairen Handels noch ein Optimierungspotenzial festzustellen. Dieser Umstand wird auch von den FTOs wahrgenommen. Im Folgenden wird mit der Zertifizierung im Non-Food-Bereich und mit der Senkung der Mindestpreise zwei zur Diskussion stehende Überlegungen und mit dem Beispiel des Fairen Handels im Tourismus die Ausweitung auf einen weiteren Sektor näher erläutert.

Zertifizierung im Non-Food-Bereich

Der Faire Handel ist gegenwärtig primär auf den Handel mit Lebensmitteln und in geringem Maße auf kunsthandwerkliche Produkte konzentriert. In diesem Bereich ergeben sich auch die größten Möglichkeiten hinsichtlich der Zertifizierung nach einheitlichen Kriterien. Die Vergabe eines Siegels für Produkte im Non-Food-Bereich hingegen ist weiterhin problematisch. Die Festlegung von Qualitätsstandards für die Produkte erweist sich als sehr schwierig und kostenintensiv. Die Vielzahl von Produzenten und besonders von Produkten, die in den Zertifizierungsprozess einbezogen werden müssen, stellt eine nicht unerhebliche, zusätzliche Hürde dar. Die verschiedenen Fair-Handelsorganisationen beschäftigen sich mit der Ausarbeitung von Standards. Ein Ansatz des IFAT-

298 Krier; 2007; S. 41.

Standard-Subcommitee setzt an der Errichtung eines Qualitätsmanagementsystems (QMS) an.

Senkung der Mindestpreise

Fair gehandelte Produkte stellen nur für einen relativ kleinen Teil der Konsumenten eine Alternative zu konventionellen Produkten dar. Insbesondere der höhere Preis hält jedoch viele Konsumenten vom Kauf der Fair-Trade-Produkte ab. Eine Alternative, um den Marktanteil der Produkte zu erhöhen, stellt die Senkung der Mindestpreise dar. Diese Thematik wird auch innerhalb der Fair-Handelsorganisationen diskutiert. Hier stellt sich jedoch die Frage, ob eine Senkung der Preise Auswirkungen auf die Konsumenten und ihr Kaufverhalten hat. Betrachtet man die Konsumentengruppe, die Produkte aus dem Fairen Handel kauft, kommt man zu dem Schluss, dass sie dies bewusst tut. Der faire Preis ist also in erster Linie ein politischer Preis, der im engen Zusammenhang mit dem Bedürfnis der Konsumenten steht, Kleinproduzenten in Entwicklungsländern zu unterstützen. Nach Bockemühl ist nicht zu erwarten, dass eine Senkung des Mindestpreises mehr Konsumenten zum Kauf von fair gehandelten Produkten veranlassen würde.[299] Aus ökonomischer Perspektive könnte die Senkung des Mindestpreises die bereits erwähnten negativen Auswirkungen des Ansatzes jedoch abschwächen.

Fairer Handel im Dienstleistungssektor

Ein neuer Ansatz versucht, den Fairen Handel auch auf Bereiche im Dienstleistungssektor zu übertragen. Im Jahr 1999 wurde die Organisation „Tourism Concern“ (Sitz London) gegründet. Ziel ist die Schaffung eines internationalen Netzwerkes. Im Jahr 2002 wurde in Südafrika die Organisation „Fair Trade Tourism South Africa“ mit dem zugehörigen Handelszeichen FTTSA gegründet.

---

[299] Bockemühl, S. (El Puente): Vortrag. Forum Fairer Handel – Was ist ein fairer Preis? 2005; Frankfurt/Main; 17.01.05.

Die Richtlinien, welche von den zertifizierten Tourismusunternehmen eingehalten werden müssen, beinhalten faire Gehälter und Arbeitsbedingungen, faire Transaktionen, Einkäufe und Sozialabsicherung, eine ethisch verantwortungsvolle Unternehmensführung sowie Respekt für Menschenrechte, Kultur und Umwelt.[300]

Ein Projekt des Evangelischen Entwicklungsdienstes (eed) setzt sich für einen nachhaltigen, d. h. umweltverträglichen und sozialverantwortlichen Tourismus ein. Dazu wurde die Fachstelle „TOURISM WATCH" eingerichtet. Im Mittelpunkt dieser Initiative steht die Einführung sozialer Standards im Tourismus. Akteure, die an diesem „fairen Tourismus-Konzept" beteiligt sind, können die Reiseveranstalter, die Gastgeber im Urlaubsland, Souvenirproduzenten, Regierungen, aber auch die Touristen selbst sein.[301] In erster Linie soll eine verantwortliche Gestaltung von Urlaubsreisen in die Länder der Dritten Welt möglich gemacht werden. Dazu gibt es vielfältige Ansatzpunkte:[302]

- gerechte Verteilung der Einnahmen, um eine angemessene Entlohnung der Mitarbeiter zu gewährleisten,
- Sicherung der Arbeitsplätze,
- Beteiligung und Förderung benachteiligter Bevölkerungsgruppen,
- Schutz der Kinder vor sexueller Ausbeutung,
- Berücksichtigung von Kultur, Religion und Tradition.

---

[300] Fair Trade in Tourism South Africa, http://www.fairtourism.org.za; Stand: 21.10.2007.

[301] Fuchs, H.; Kamp, C. (Informationsdienst Dritte.Welt-Tourismus): Fairer Handel(n) – auch im Tourismus! Sofortiger Stop der GATS-Verhandlungen gefordert; 2002; http://www.tourism-watch.de/node/364; Stand: 29.03.2011.

[302] o.V.: Fairer Handel im Tourismus? In: Welt und Handel; H. 7; 2004; S. 4-5.

Es bestehen Möglichkeiten, die Ansätze und Standards des Fairen Handels auf den Dienstleistungsbereich zu übertragen. Auch hier lässt sich, wie in der Vergangenheit das Beispiel Ökoreisen gezeigt hat, nur ein kleiner Teil von Touristen ansprechen. Dies sind vor allem Touristen, die ein Interesse für entwicklungspolitische Themen und Probleme zeigen. Durch die Einrichtung der Fachstelle „TOURISM WATCH“ kann in erster Linie entwicklungspolitische Bildungsarbeit geleistet werden. Durch Kampagnen und die Bereitstellung von Informationen in der Öffentlichkeit wird auf die Probleme und die Situationen von Menschen, die in den Ländern der Dritten Welt ihren Lebensunterhalt mit dem Tourismus verdienen, aufmerksam gemacht. Sumesh Mangalassery weist beispielsweise darauf hin, dass der Tourismus in Entwicklungsländern nicht als Haupteinnahmequelle gelten sollte, da das Geschäft sehr anfällig für Naturkatastrophen, Epidemien, terroristische Anschläge oder Wirtschaftskrisen ist.[303] Obwohl auch hier eine Nische bedient wird, kann fairer Tourismus dazu beitragen, dass die Urlaubsreisen nicht nur für die Touristen, sondern auch für die Gastgeber ein Gewinn wird.

Neue Trends

Ein neuer Zweig der Produktpalette des Fairen Handels sind Öl- und Agrotreibstoffe. In einer Kooperation von Migrol bietet die Gebana AG in der Schweiz den weltweit ersten fair gehandelten biologischen Treibstoff an. Der Treibstoff basiert auf Sojaöl, das in einem nachhaltigen Anbau von Kleinbauern im Südwesten Brasiliens angeboten wird. Das Unternehmen Gebana bezahlt dem Produzenten einen um etwa 50% höheren Preis als jener, der auf dem konventionellen Absatzmarkt zu konstatieren ist. Gebana sichert weiterhin eine Vorfinanzierung, lange Handelsbeziehungen und die Einhaltung eines menschenwürdigen und sicheren Arbeitsumfeldes. Damit werden die wesentlichen Grundprinzipien nach-

---

303 Mangalassery, S.: Neue Chancen durch Fairen Handel? Fairer versus freier Handel im Tourismus (2), in: Südasien; H. 1; 2007; S. 62-64.

haltiger Entwicklung bzw. des Fairen Handels erfüllt. Es ist geplant, auch in Burkina Faso eine Produktion mit etwa 5000 Bauernfamilien aufzubauen.

Auch im Finanzsektor kam es zu neuen Dienstleistungsbereichen, die ebenfalls den Prinzipien des Fair Trade entsprechen. Zu nennen sind ethische Geldanlagen oder ein fairer Devisenmarkt. Oikocredit und Schared Interest sind Mitglieder der IFAT. Sie stellen benachteiligten Produzenten in Entwicklungsländern faire Kredite zur Verfügung. Hervorzuheben ist weiterhin, dass Oikocredit im Jahr 2008 eine Kampagne unter dem Titel „Fair Finance – Fair Trade" durchführte. Die Organisation Schared Interest bietet darüber hinaus auch Fortbildungsmaßnahmen an, um den Zielgruppen bessere Kenntnisse der Funktionsweise des Finanzmarktes zu vermitteln. Weiterhin arbeitete die FLO in den Jahren 2009 und 2010 an der Einführung der Produkte Holz, Gold, Meeresfrüchte und Seide.[304]

Eine Initiative in diesem Kontext ist die „Alliance for Responsible Mining Foundation". Hierbei handelt es sich um eine unabhängige und auf globaler Ebene agierende Pionierinitiative. Sie wurde im Jahre 2004 gegründet und verpflichtet sich dem Ziel, kleinen Minenbetrieben und deren Minenarbeitern nachhaltig abgebaute Metalle und Mineralien auf dem internationalen Markt zu verkaufen. Dabei wurden Standards festgelegt, die soziale, umweltbezogene und arbeitsplatzbezogene Praktiken fördert. Auch hier ist die Zielsetzung, die Lebensqualität der Arbeiter kleiner Minenbetriebe und deren Familien zu verbessern.

Hierbei gilt zu berücksichtigen, dass entsprechend der Internationalen Arbeitsorganisation etwa 15 Mio. Menschen in kleinen Bergbauminen ihren Lebensunterhalt verdienen und davon etwa 100 Mio. Menschen abhängig sind, wenn man die Familien der Arbeiter

---

[304] FLO; Growing Stronger Together; Annual Report 2009/10, Bonn 2010; S. 5.

und die Transportunternehmen bzw. die Weiterverarbeitungsunternehmen hinzuzählt. Dabei gilt zu berücksichtigen, dass der Kleinbergbau der Armutsbevölkerung eine Alternative zum Landbau ermöglicht. Die FLO und die „Alliance for Responsible Mining Foundation" haben zu Beginn des Jahres 2010 gemeinsam einen neuen Standard für Goldprodukte entwickelt. Danach soll Gold, das nach dem Fair-Trade-Siegel abgebaut wird, ein Marktzugang ermöglicht werden.[305] Der Abbau des Goldes ist zunächst auf Lateinamerika beschränkt. In Zukunft soll dies auch für Afrika und Asien Anwendung finden. Jährlich werden in diesem Zusammenhang 200 bis 300 Tonnen Gold abgebaut, was etwa 10% des gesamten jährlichen Goldabbaus entspricht.

Fair gehandeltes Gold wird in einer eigenen Handelskette geführt, wodurch es zu keiner Vermischung mit konventionellem Gold kommen kann. Der Mindestpreis für das verkaufte Gold beträgt mindestens 95 % des Weltmarktpreises für Gold, der von der London Bullion Market Association berechnet wird. Der Einsatz von Quecksilber zur Gewinnung von Gold wurde bisher nicht verboten. In Zukunft soll dieser Einsatz jedoch minimiert werden und durch gesundheits- und umweltschonendere Gewinnungsmethoden ersetzt werden. Diese sind jedoch kapitalintensiver und lassen sich erst mit dem Einsatz ausreichender Finanzmittel finanzieren.[306]

In das Fair-Handelskonzept lassen sich in Zukunft sicher noch weitere Produkte bzw. Produktgruppen mit einbeziehen. Zu erwähnen ist beispielsweise ein Pilotprojekt für Holz, an dem die FLO in Kooperation mit dem Forest Stewardship Council gegenwärtig arbeitet, um hierfür Standards zu entwickeln. Die Entwick-

---

305 Fairtrade Foundation: Fairtrade and Fairmined Gold-Empowering responsible artisanal and small-scale miners; January 2011.

306 FLO, Alliance for Responsible Mining: Fairtrade and Fairmined Gold, Empowering Responsible artisanal and small-scale miners, A Fair Trade Foundation and Alliance for Responsible Mining Report, http://www.communitymining.org/attachments/134_FT_Gold_policy_report_2011_download.pdf, downloaded pdf 02.02.2011.

lung der Fair-Trade-Standards für Holz und Gold führte dazu, dass das ursprüngliche Produktfeld von Fair Trade, nämlich Landwirtschaftsprodukte, um Produkte eines zertifizierten Rohstoffabbaus erweitert wird. Dadurch werden weitere Gruppen von marginalisierten Produzenten in die internationalen Handelsbeziehungen mit einbezogen.

8 Zusammenfassung und Ausblick

In den vorangegangenen Kapiteln wurde das Konzept des Fairen Handels vorgestellt und in das Paradigma der nachhaltigen Entwicklung eingeführt. Anhand handelstheoretischer Ansätze konnte die entwicklungspolitische Dimension des Fairen Handels modelliert werden. Im letzten Kapitel wurde der entwicklungspolitische Rahmen des Fairen Handels von anderen Konzepten abgegrenzt und diese näher beleuchtet. Dabei zeigte sich, dass es sich bei den anderen Konzepten nicht um Alternativen, sondern um komplementäre Ansätze handelt. Die Ausführungen haben gezeigt, dass es sich bei dem Fair-Trade-Konzept insgesamt um ein erfolgreiches entwicklungspolitisches Konzept handelt. Es sollen abschließend jedoch noch einmal einige Verbesserungspotenziale aufgezeigt werden.

Das Konzept des Fairen Handels weist eine Vielzahl von Zielen auf. In den vorangegangenen Ausführungen konnte deutlich gemacht werden, dass viele dieser Ziele weitgehend, aber nicht immer optimal erreicht werden. Von den höheren Preisen für die fair gehandelten Erzeugnisse können die Kleinbauern nicht immer direkt profitieren. Außerdem existieren keine, wie des Öfteren in der Außendarstellung beworben, Mindestpreise für alle Produkte.

Die negativen Auswirkungen, die der Preisaufschlag für die Produzenten in den Entwicklungsländern mit sich bringt, wurden bereits theoretisch aufgezeigt. Insbesondere die Herbeiführung eines Marktungleichgewichtes wurde kritisiert. Das Problem der Überproduktion einiger Lebensmittel und die damit zusammenhängenden niedrigen Weltmarktpreise stellen für die Produzenten in den Entwicklungsländern ein großes Problem dar. Wenn die Produzenten in den Entwicklungsländern nicht die Kosten ihrer Produktion durch den Verkauf der Waren decken können, ist die Hilfe der Industrieländer gefragt. Das Problem geht zu einem erheblichen Teil auf die Verantwortung der Industrieländer zurück, wonach die Produzenten aus den Entwicklungsländern bei dem Vertrieb ihrer landwirtschaftlichen Produkte auf dem Weltmarkt Schwierigkeiten haben.

Die zentrale Kritik am Konzept des Fairen Handels setzt somit an den Preisen und der Preisfindung der Produkte an. Dabei darf jedoch nicht die Tatsache übersehen werden, dass der Ansatz des Fairen Handels weitere Komponenten berücksichtigt. Mit der Umsetzung ökologischer und sozialer Standards werden positive Veränderungen angestrebt, wie sie in den meisten Produzentenorganisationen festzustellen sind. Können diese Effekte auch nur in geringem Maße auf das Umfeld übertragen werden, so ist die Verbesserung der Lebens- und Arbeitssituation der an der Partnerschaft beteiligten Produzenten und Arbeiter als Erfolg zu bewerten.

Eine weitere Herausforderung für den Fairen Handel stellt die allgemeine Entwicklung des Welthandels dar. Wie bereits in Abschnitt 2.1 skizziert, hat sich die Struktur des internationalen Handels hinsichtlich der Konzentration auf die Sektoren stark verändert. Der Dienstleistungssektor gewinnt an Bedeutung, während der Anteil des Handels mit Agrar- und Rohstoffen am gesamten Welthandel immer weiter abnimmt. Die weitaus größte Bedeutung im internationalen Handel hat derzeit der Industriegütersektor. Die Aufgabe des Fairen Handels besteht nun darin, sich der Herausforderung dieses Sektors zu stellen.

Das Konzept kann auf den Erfahrungen aus dem Agrarsektor basieren und zusätzlich auf die Lohnarbeiter in den Fabriken übertragen werden. Die Frage nach dem Subjekt der Unterstützungsmaßnahmen wird und wurde innerhalb der Fair-Handelsgesellschaften jedoch kontrovers diskutiert. Bislang werden zum größten Teil die Kleinbauern berücksichtigt. Dennoch wird das Ziel, auch Lohnarbeiter mit dem Fair-Trade-Konzept zu erreichen, weiterhin verfolgt.

Ein weiteres Problem, mit welchem sich der Faire Handel kritisch auseinandersetzen muss, ist die Abhängigkeit der Produzenten. Die enge Verbindung zu den Fair-Handelsgesellschaften soll den Produzenten bei der Identifikation und Erschließung neuer Märkte helfen. Es stellt sich jedoch die Frage, welche Auswirkungen die Beendigung langjähriger Handelsbeziehungen zwischen den Fair-Handelshäusern und den Kooperativen hätte. Die Wahrscheinlichkeit eines Scheiterns auf dem Weltmarkt bei der Einstellung der Förderung stellt ein beachtliches Risiko dar. Ein kontinuierlicher Wechsel der Handelspartner ist eine Möglichkeit, wodurch ein größerer Produzentenkreis vom Konzept des Fairen Handels profitieren könnte. Die Verbesserung der Arbeitsbedingungen und die Erhöhung der Effizienz der Produktion könnte dann auch in anderen Kooperativen erfolgreich durchgeführt werden.

Im Zusammenhang mit den über dem Weltmarktniveau liegenden höheren Preisen und der daraus folgenden Ausblendung der Informations-, Koordinations- und Sanktionsfunktion des Preises muss auch die mögliche Verhinderung einer Strukturanpassung der Produzenten in den Entwicklungsländern genannt werden. Der Faire Handel konzentriert sich auf den Handel mit Lebensmitteln, der Anteil der Non-Food-Produkte an den Umsätzen der Fair-Handelsgesellschaften ist noch gering. Dies ist nicht zuletzt auch auf die Schwierigkeit bei der Festlegung von Standards und einer Zertifizierung der verschiedenartigen Erzeugnisse zurückzuführen. Dennoch erfolgt die Konzentration auf den Export der Lebensmittel auf Kosten einer strukturellen Weiterentwicklung in den Ländern der Dritten Welt hin zu weiterverarbeiteten Gütern.

In den Industrieländern existiert bereits ein Markt für Handwerksprodukte aus Entwicklungsländern, so dass die verstärkte Vermarktung von Handwerksprodukten unter den Bedingungen des Fairen Handels als Chance angesehen werden kann. Bisher erfolgt der Verkauf von Handwerksprodukten zum größten Teil über Weltläden, da es keinen einheitlichen Zertifizierungsprozess und kein Siegel für Handwerksprodukte gibt. Der Vertrieb der Produkte könnte mit Hilfe eines Labels gesteigert werden, da die fair gehandelten Produkte dann auch über andere Verkaufswege den Kunden zugänglich gemacht werden können. Da es in den Industrieländern bereits private Akteure gibt, die Kunsthandwerk aus Entwicklungsländern verkaufen, wäre hier eine Erweiterung bereits vorhandener Handelsbeziehungen möglich.

Nachholbedarf lässt sich im Fairen Handel zusätzlich im Bereich der Transparenz des Konzeptes feststellen. Aus einer Bewegung entwicklungspolitisch engagierter Menschen hat sich ein Ansatz entwickelt, der an Bedeutung gewonnen hat. In den Anfängen des Fairen Handels wurden die Produkte aus den Entwicklungsländern an Aktionsständen verkauft, später entwickelte sich ein verstärkter Vertrieb über Weltläden. Heute kann man Fair-Trade-Produkte in vielen Supermärkten oder Kaufhausketten erwerben. Der Faire Handel hat eine enorme Entwicklung erfahren. Das gilt nicht zuletzt durch die Gründung und Etablierung von fördernden Organisationen, die dem Fairen Handel einen professionellen Rahmen geschaffen haben. Die Loyalität der Konsumenten und das langfristige Bestehen des Fairen Handels können durch eine weitere Stärkung der Marke und die Bindung der Konsumenten durch Informationen (Broschüren, Veranstaltungen, Seminare) erreicht werden.

Im Laufe der Entwicklung sind die politischen Grundsätze der Bewegung etwas in den Hintergrund geraten. Verstärkt sind auch ein Konkurrenzdenken und ein kritisches Hinterfragen der Akteure untereinander zu erkennen. Diese Entwicklung muss nicht zwingend negativ sein. Führen unterschiedliche Preissysteme und unterschiedliche Anforderungen innerhalb der Organisationen einerseits zu Verwirrung, können diese Entwicklungstendenzen andererseits auch positive Konsequenzen haben. Die Konkurrenz von Produkten, die bestimmten Standards entsprechen, aber auch die Konkurrenz mit anderen Akteuren des Fairen Handels führen zu einer Stärkung des Wettbewerbs, die positive Impulse für die Konsumenten und für die Organisationen selbst haben können. Gerade aus diesem Grund ist es wichtig, für eine ausreichende Transparenz zu sorgen. Die entwicklungspolitischen Ziele des Fairen Handels müssen für den Konsumenten genauso transparent sein wie die Zusammensetzung der fairen Preise.

Zusammenfassend lassen sich verschiedene Herausforderungen für den Fairen Handel identifizieren, welche die zukünftige Entwicklung maßgeblich beeinflussen werden. Dazu gehören:

- die Diskussion um den Preisfindungsprozess im Fairen Handel,
- die Ausweitung des Fairen Handels auf industrielle Güter,
- die verstärkte Verlagerung der weiterverarbeitenden Produktionsstufen (Verpackung, Mischung der Teesorten, Kaffeeröstung) auf die Entwicklungsländer,
- die Berücksichtigung des Süd-Süd-Handels und der Verkauf der Produkte auf den regionalen Märkten.

Der Faire Handel kann nicht als ein Konzept verstanden werden, welches auf den gesamten Handel mit Entwicklungsländern anzuwenden ist. Die Fortschritte, die erzielt werden können, bewegen sich in einem relativ beschränkten Rahmen. Eine kritische Würdigung kommt dabei besonders dem Prozess der Preisbildung zu. Die Unterstützung der Produzenten bei einer Entwicklung ihrer Geschäftstätigkeit, beispielsweise hin zur Weiterverarbeitung von Gütern und dem Export von Industrieprodukten, ist nachhaltig gesehen effektiver. Im Vergleich zu den anderen entwicklungspolitischen Alternativen stellt der Faire Handel jedoch eine Möglichkeit dar, benachteiligten Produzenten unmittelbar zu helfen und ihnen die Möglichkeit zu bieten, ihre Lebens- und Arbeitsbedingungen zu verbessern. Entwicklungspolitische Ansätze, die auf Regionen oder Länder ausgelegt sind, können hingegen der Gesamtheit der Bevölkerung die Möglichkeit zur Entwicklung geben. Einen Beitrag, den der Faire Handel ebenfalls zu leisten vermag, ist die Kommunikation entwicklungspolitisch relevanter Themen.

Literatur

Anderson, K.: The future agenda of the WTO; in: The WTO Secretariat (Hrsg.): From GATT to WTO: The multilateral trading system in the new millennium; o. O. 2000; S. 7-33.

Atkinson, G., Dubourg, R., Hamilton, K., Munasinghe, M., Pearce, D.W., Jan, C.: Measuring Sustainable Development, Cheltenham 1997.

Auswärtiges Amt: OECD/DAC; 2004; www.auswärtiges-amt.de/www/de/aussenpolitik/aussenwirtschaft/entwicklung/dac_html; Stand: 21.04.2005.

Auswärtiges Amt: Die WTO und die neue Handelsrunde; http://www.auswaertigesamt.de/diplo/de/Aussenpolitik/Weltwirtschaft/WirtschaftEntwicklung/WTO.html; Stand: 24.02.2008.

Banafair: Preiskalkulation Bio- & Fair-Trade-Bananen; http://www.banafair.de/ banane/preis.htm; Stand: 04.03.2008.

Baumgärtner, Quaas: What is Sustainability Economics? In: Ecological Economics, Vol.69, No.3, 2010, S.445-450.

Becchetti, L., Huybrechts, B.: The Dynamics of Fair Trade as a Mixed-form Market; in: Journal of Business Ethics; H. 4; 81. Jg.; 2008; S. 733-750.

BMZ: Auf dem Weg zur Halbierung der Armut. 2. Zwischenbericht über den Stand der Umsetzung des Aktionsprogramms 2015; 2003; http://www.bmz.de/de/service/infothek/fach/spezial/spezial088/spezial088_25.html; Stand:15.11.2004.

BMZ: Investitionsvolumen der Entwicklungspartnerschaften; http://www.bmz.de/de/was_wir_machen/themen/wirtschaft/privatwirtschaft/entwicklungspartnerschaften/index.html#t2; Stand 01.03.2011.

BMZ: Public Private Partnership (PPP); 2004; http://www.bmz.de/themen/Handlungsfelder/ppp; Stand: 08.02.2005.

Borchert, M.: Außenwirtschaftslehre. Theorie und Politik; 7., überarbeitete Aufl.; Wiesbaden 2001.

Boris, J.-P.: (Un)Fair Trade: Das profitable Geschäft mit unserem schlechten Gewissen; Paris 2005.

Bossel, H.: Koexistenz von Natur- und Humansystemen: Zur Notwendigkeit einer Ethik der Nachhaltigkeit, in: Beckenbach, F. u. a. (Hrsg.): Soziale Nachhaltigkeit, Jahrbuch Ökologische Ökonomik, Marburg 2007, S. 73-98

Bourdieu, P.: Ökonomisches Kapital, kulturelles Kapital, soziales Kapital, in: Kreckel, R. (Hrsg.): Soziale Ungleichheiten, Göttingen 1983, S. 183-198.

Bowen, B.: Let's go fair! In: EFTA (Hrsg.): Fair Trade Yearbook; 2004.

Braun, J. v.; Grote, U.; Jütting, J.: Zukunft der Entwicklungszusammenarbeit; ZEF – Discussion Papers On Development Policy; Nr. 24; Center for Development Research Bonn 2000.

Brenton, P.: Integrating the Least Developed Countries into the World Trading System: The Current Impact of EU Preferences under Everything But Arms; The World Bank; Washington 2003.

Brot für die Welt, eed, BUND: Zukunftsfähiges Deutschland in einer globalisierten Welt, 2. Aufl.; Frankfurt 2008;

Brück, C. (TransFair e.V.): Neue Tendenzen im Fairen Handel ; Köln 2007.

Bundesministerium für Umwelt, Naturschutz und Reaktorsicherheit: Agenda 21.

Charity Label: Entwicklungsprojekt Cacaonica; 2005-2007; www.charity-label.com/de/projektdetails; Stand: 05.10.2007.

Commission of the European Communities; http://www.justice.gov/criminal/cybercrime/intl/netsec_comm.pdf; 2001, S. 7.

Common, M., Stagl, S.: Ecological Economics, Cambridge New York 2005.

Common Code for the Coffee Community: List of members of the Common Code of Community Association; http://www.4c-coffeeassociation.org/downloads/about4c/4CDoc_List_of_me mbers_by_3_Feb_ 2011_en.pdf; Stand 22.03.2011.

Constanza, R., Patten, B.C.: Defining and Predicting Sustainability, in: Ecological Economics, Bd. 15/1995, p. 193-196.

Constanza, R., Perrings, C., Cleveland, C.J.: The Development of Ecological Economics, Cheltenham 1997.

Daly, H.E.: On Sustainable Development and National Accounts, in: Collard, D., Pearce, D., Ulph, D. (ersd): Economics, Growth and Sustainable Environment, New York 1988, S. 41-56.

Daly, H.E.: Steady-State Economics, 2. Ed. Washington 1991.

Daly, H.E.: Toward some operational Principals of Sustainable Development, in Ecological Economics, Vol.2, No.1, 1990, S. 1-6

Daly, Herman E.: Wirtschaft jenseits von Wachstum - die Volkswirtschaftslehre nachhaltiger Entwicklung, Salzburg, München 1999.

Dasgupta, P., Heal, G.: The optimal Depletion of Exhaustible Resources, in: The Review of Economic Studies Symposium, 41. Jg. 1974, S. 3-28.

Davies, I., Ryals, L.: The Role of Social Capital in the Success of Fair Trade; in: Journal of Business Ethics; H. 2; 96. Jg.; 2010, S. 317-338.

Deutsche UNESCO-Kommission e.V.: http://www.unesco.de/2577.html?&L=0, Abruf 02.06.2010.

de Carlo, L.: Corporate Social Responsibility – Möglichkeiten zur Unterstützung durch die deutsche EZ, Deutsches Institut für Entwicklungspolitik, Bonn, 2004.

Develtere, P.; Pollet, I.: Co-operatives and Fair Trade (COPAC); Leuven 2005.

Die Bundesregierung (BMZ): Aktionsprogramm 2015: Armut bekämpfen. Gemeinsam handeln. Der Beitrag der Bundesregierung zur weltweiten Halbierung extremer Armut; BMZ-Materialien Nr. 106; 2. Aufl.; Bonn 2003.

Dieckheuer, G.: Internationale Wirtschaftsbeziehungen; 5. Aufl.; München 2001.

Die VERBRAUCHER INITIATIVE e.V.: Begleitmaterial Fairer Handel; http://www.oeko-fair.de/media/file/60.64.pdf; Stand: 22.03.2011; S. 1.

Diefenbacher, H., Zieschank, R.: Woran sich Wohlstand wirklich messen lässt: Alternativen zum Bruttoinlandsprodukt, München 2011.

Dietz, H.-M.: Die Wirkungen des Fairen Handels bei seinen Partnern im Süden – Einführung und Kommentierung der Regionalstudien, in: Misereor, Brot für die Welt, Friedrich-Ebert-Stiftung (Hrsg.): Entwicklungspolitische Wirkungen des Fairen Handels, Beiträge zur Diskussion, Aachen 2000, S. 185-210.

Diop, D.: After fair trade: fair products; in: Information for agriculture development in ACP countries; H. 80; S. 16; http://spore.cta.int/Spore80/SPOPDFGB80/VIEWSPGB.pdf; Stand: 08.02.2005.

Dolan, C. S.: Virtual Moralities: The Mainstreaming of Fairtrade in Kenyan tea fields, in: Geoforum, H. 1, 41. Jg., 2008; S. 33-43.

Dresdner, S.: The principles of sustainability, London 2008.

Durth, R.; Körner; H.; Michaelowa, K.: Neue Entwicklungsökonomie. Stuttgart 2002.

EFTA: Fair Trade: Let's go fair; Brüssel 1998; http://www.eftaFairTrade.org/Document.asp?DocID=33&tod=16158; Stand: 11.11. 2004.

EFTA: Fair Trade Yearbook; 2001; http://www.eftaFairTrade.org/yearbook.asp; Stand: 11.11.2004.

EFTA: http://www.european-fair-trade-association.org/Efta/member.php; Stand: 02.03.2008.

EG-Vertrag: 3. Teil – Die Politik der Gemeinschaft; Artikel 177; 1997; http://dejure.org/gesetze/EG; Stand: 06.01.2008.

El Puente: Preiskalkulation; http://www.el-puente.de/index.php?page=2/6&key =1076898061; Stand: 04.03.2008.

Endress, A.: Umweltökonomie, 3. Aufl., Stuttgart 2007.

Enquete- Kommission „Schutz des Menschen und der Umwelt“: Konzept Nachhaltigkeit. Abschlussbericht, Bonn 1998.

Enquete-Kommission: Schlussbericht. Globalisierung und Weltwirtschaft – Herausforderungen und Antworten; Waren- und Dienstleistungsmärkte; Berlin 2002; S. 119–200.

Ethical Trading Initiative (ETI): http://www.ethicaltrade.org; Stand: 15.04.2005.

Europäische Gemeinschaft: Partnerschaftsabkommen Cotonou; Amtsblatt L317; Brüssel 2000; http://eur-lex.europa.eu/LexUriServ/site/de/oj/2000/l_317/l_31720001215de00030286.pdf; Stand 29.03.2011.

Europäische Kommission: Globalisierung als Chance für alle. Die Europäische Union und der Welthandel; Luxemburg 2002.

Europäische Kommission: The EU and the WTO; www.europa.eu.int/comm/trade/issues/newround/index.en.htm; Stand: 28.10.2004.

Europäische Kommission: Fairer Handel; http://europa.eu/rapid/pressReleasesAction.do?reference=IP/99/937&format=HTML&aged=1&language=DE&guiLanguage=en; 1999; Stand: 22.02.2011.

Europäische Kommission: Eurostat Jahrbuch 2004. Der statistische Wegweiser durch Europa; o.O. 2004.

Europäische Kommission: Der Zugang von KMU zu öffentlichen Aufträgen; Brüssel 2004.

Europäische Union: Verordnung (EG) Nr. 980/2005 des Rates vom 27. Juni 2005 über ein Schema allgemeiner Zollpräferenzen.

Europäische Union (DG Trade of the European Commission): Report on EU Market access for developing countries and the potential for preference erosion; o. O. 2006.

FAOSTAT 2009, Food And Agriculture Organization Of The United Nations, http://faostat.fao.org/; Stand: 01.09.2011.

Fairtrade Foundation: Fairtrade and Fairmined Gold-Empowering responsible artisanal and small-scale miners; January 2011.

Fair Trade in Tourism South Africa, http://www.fairtourism .org.za; Stand: 21.10.2007.

Fair Trade Labelling Organizations International (FLO): Generic Fair Trade Standards; 2003; http://www.Fair Trade.net/sites/ standards/standards.html; Stand: 17.04.2005.

Fair Trade Labelling Organizations International (FLO): Shaping Global Partnerships; Annual Report 2006/07; Bonn 2007.

Fair Trade Labelling Organizations International (FLO): Growing Stronger Together; Annual Report 2009/10, Bonn 2010.

Fair Trade Labelling Organization (FLO): http://www.Fair Trade.net/our_members.0.html; Stand: 23.03.2011.

Fair Trade Labelling Organization (FLO): http://www.trans fair.org/ueber-Fair Trade/was-ist-Fair Trade/struktur-und-organisationen/produzentennetzwerke.html Stand: 22.03.2011

Fair Trade Labelling Organizations International (FLO): Generic Fair Trade Standards for Small Farmers' Organizations; http://www.Fair Trade.net/ producer_standards.html; Bonn 2007.

FINE (Fair Trade Advocacy Office): Fair Trade rules! Positionspapier der weltweiten Fair-Handelsbewegung zur 6. Ministerkonferenz in Hongkong; Belgien 2005.

Fischermann, T.: Zu zweit gegen den Rest der Welt; in: Die Zeit; H. 48; 2003; S. 28.

FLO, Alliance for Responsible Mining: Fairtrade and Fairmined Gold, Empowering Responsible artisanal and small-scale miners, A Fair Trade Foundation and Alliance for Responsible Mining Report, http://www.communitymining.org/attachments/134_ FT_Gold_policy_report_2011_download.pdf, downloaded pdf 02.02.2011.

Food and Agriculture Organization of the United Nations; http://faostat.fao.org/; Stand: 27.07.2010.

Fortune Global 500; http://money.cnn.com/magazines/fortune// global500/2007/ full_list/ Stand: 20.08.2007.

Forum Fairer Handel: Fact-Sheet: Trends und Entwicklungen im Fairen Handel 2010, http://www.Fairtrade.de/cms/media// pdf/Zahlen_des_Fairen_Handels_2009.pdf, Stand: 29.03.2011.

Fragel, Jan: Süße Schokolade gegen bittere Armut, in: Fragel, Jan (Hrsg.): Señor Alvarez kämpft und gewinnt – Porträts aus Nicaragua; Bad Honnef 2006.

Frenz, W. Unnerstall, H.: Nachhaltige Entwicklung im Europarecht, Baden- Baden 1999.

Fridell, G.: The fair trade network in historical perspective; in: Canadian Journal of development studies; Bd. 25; 2004.

Fuchs, H.; Kamp, C. (Informationsdienst Dritte-Welt-Tourismus): Fairer Handel(n) – auch im Tourismus! Sofortiger Stop der GATS-Verhandlungen gefordert; 2002; http://www.tourism-watch.de/node/364; Stand: 29.03.2011.

Ghalib, A.K., Hossain, F.: Social Business Enterprises – Maximizing Social Benefits or Maximizing Profits? The case of Grameen-Danone Foods Limited, The University of Manchester Brooks World Poverty Institute, BWPI Working Paper 51, July 2008.

GATT: General Most-Favoured-Nation Treatment; Article I (1); http://www.wto.org/english/docs_e/legal_e/gatt47_01_e.htm #articleI_1; Stand 29.03.2011.

Gepa: http://www.gepa.de/p/cms/media///pdf/profil/ ZahlenDatenFakten_D_2009_10.pdf; Stand: 22.03.2011.

Giovannucci, D.; Kroekoek, F.-J.: The state of sustainable coffee. A study of twelve major markets; International Coffee Organization; o. O. 2003.

Gould, D.M.; Gruben, W.C.: Will fair trade diminish free trade? In: Business Economics; Bd. 32; H. 2; 1997; S. 7-13.

Göbel, E.; Gerechter Tausch – (nur) eine Frage der Rahmenbedingungen?; In: Eigner, C.; Weibel, P. (Hrsg.): UN/Fair Trade – Die Kunst der Gerechtigkeit; Wien; 2007; S. 166-179.

Hartwick, J.M.: Intergenerational Equity and the Investing of Rents from Exhaustible Resources, in: American Economic Review, 67. /1977; S. 972-974.

v. Hauff, M., Kleine, A.: Nachhaltige Entwicklung – Grundlagen und Umsetzung, München 2009.

v. Hauff, M., Schiffer, H.: Soziale Nachhaltigkeit im Kontext der Neuen Institutionsökonomik, Volkswirtschaftliche Diskussionsbeiträge an der Technischen Universität Kaiserslautern, Nr. 30-10, Kaiserslautern 2010.

v. Hauff, M.: The Relationship between Justice and Education: Effects on the Creation of Human Capital in India, in: Deva Swati (ed.): Low and (In) Equalities contemporary Perspectives, New Delhi, 2010; S. 259-287

v. Hauff, M., Jörg, A. : Innovationen im Kontext nachhaltiger Entwicklung, in: Hagemann, H., v. Hauff., M. (Hrsg.): Nachhaltige Entwicklung-das neue Paradigma in der Ökonomie, Marburg 2010; S. 185-212.

v. Hauff, M.: Unsere gemeinsame Zukunft – Der Brundtland-Bericht der Weltkommission für Umwelt und Entwicklung, Greven 1987.

Hauser, E.: „Gerechter Agrarhandel" aus Sicht der Produzenten/innen; in: Lanje, K. (Hrsg.); a.a.O.

Hemmer, H.-R.: Wirtschaftsprobleme der Entwicklungsländer. 3. Aufl.; München 2002.

Hillebrand, B. u.a.: Nachhaltige Entwicklung in Deutschland – ausgewählte Problemfelder und Lösungsansätze; Untersuchungen des Rheinisch-Westfälischen Instituts für Wirtschaftsforschung, Nr. 36, Essen 2000.

Hoegen, M.: Auf den Spuren der Schweiz; in: Frankfurter Rundschau; Nr. 284; 59. Jg. (2003); S.12.

Holstein, L.: Nachhaltigkeit und neoklassische Ökonomie, Marburg 2003.

Holz, U.: Probleme und Perspektiven der Entwicklungspolitik, in: Holz, U. (Hrsg.): Probleme der Entwicklungspolitik; CICERO-Schriftenreihe; Bd. 2; Bonn 1997; S. 11-98.

Hopkins, R.: Impact Assessment Study of Oxfam Fair Trade. Final Report; 2000; http://www.komment.at/dokumente/download; Stand: 08.02.2004.

Humbert, F.; Jaspers, L. (Oxfam Deutschland): Ist die Kaffeekrise nun vorüber?; Berlin 2007.

IFAT: www.ifat.org; Stand 02.03.2008.

Imhof, S.; Lee, A.: Assessing the Potential of Fair Trade for Poverty Reduction and Conflict Prevention: A Case Study of Bolivian Coffee Producers, Seco (Schweizerisches Staatssekretariat Wirtschaft); University of Basel; Basel 2007.

Immel, K.A. (DWHH): Afrikas Anteil am Welthandel; 2004; www.welthungerhilfe.de/WHHDE/aktuelles/infografiken/texte/afrika_handel_ doc.doc; Stand: 22.04.2005.

International Co-operative Alliance: Definition of Co-operatives; www.ica.coop/coop/principles.html; Stand: 22.03.2011.

International Monetary Fund: Data and Statistics; www.imf.org/external/data.htm#data; Stand: 20.08.2007.

Jackson,T.: Wohlstand ohne Wachstum, München 2011.

Johnson, D.: Die glückliche Bohne; in: TAZ; 25.09.2004; S. 4.

Jones, S.; u. a. (Oxford Policy Management; Sustainable Markets Group): Fair Trade: Overview, Impact, Challenges. Study to inform DFID's support to Fair Trade; Oxford London 2000.

Jung, D. (FLO): Vortrag. Forum Fairer Handel – Was ist ein fairer Preis? 2005; Frankfurt/Main; 17.01.05.

Klepper, G.: Wachstum und Umwelt aus der Sicht der neoklassischen Ökonomie, in: Jahrbuch ökologischer Ökonomik, Bd. 1, 1999, S. 291-318.

Kocken, M.: 50. Jahre Fairer Handel – Eine kurze geschichtliche Darstellung der Bewegung des Fairen Handels; http://doku.cac.at/geschichte_fairtrade_byifat.pdf; Stand: 23.11.2010.

Kogo, K.: Regionalstudie Östliches Afrika; in: Misereor, Brot für die Welt, Friedrich-Ebert-Stiftung (Hrsg.); 2000; S. 227-247.

Kommission der Europäischen Gemeinschaften, Mitteilung der Kommission an den Rat, das Europäische Parlament und den europäischen Wirtschafts-und Sozialausschuss, Brüssel 2009; S. 7. http://trade.ec.europa.eu/doclib/docs/2009/may/tradoc_143091.pdf

Kortmann, W.: Reale Außenwirtschaftslehre. Fakten – Erklärungen - Maßnahmen; Stuttgart 1998.

Krier, J.-M.: Fachgespräch Fair Trade; Wien 2003; http://www.komment.at/dokumente/download/Protokoll_des_Fachgespraeches_zum_Fairen_Handel_Maerz2003.pdf; Stand: 08.02.2005.

Krier, J.-M.: Fair Trade in Europe. Facts and Figures on Fair Trade in 25 European countries. Fair Trade Advocacy Office; Brüssel 2005.

Krier, J.-M.: Fair Trade 2007: news facts and figures from an ongoing success story – A report on Fair Trade in 33 consumer countries; Culemborg 2008.

Krugman, P.R.; Obstfeld, M.: International Economics. Theory and Policy; 8. Aufl.; Boston 2009.

Krugman, P.R.; Obstfeld, M.: Internationale Wirtschaft. Theorie und Politik der Außenwirtschaft; 8. Aufl.; Boston 2009.

Kunz, M.: Fair Trade im Vergleich mit anderen Bemühungen, Arbeitsbedingungen in der globalen Wirtschaft zu verbessern; Wiesbaden 1999.

Lanje; K. (Hrsg.): Perspektiven für einen gerechten Agrarhandel. Konzepte, Konflikte, Kooperationen; Loccumer Protokolle 27/02; 1. Aufl.; Rehburg-Loccum 2003.

Leonard, Ralf: Bittersüße Schokolade; in: GTZ: Nachhaltiges Wirtschaften Akzente; H. 3; 2004; S. 18-21; www2.gtz.de/dokumente/akz/deu/AKZ_2004_3/Nicaragua.pdf; Stand: 05.10.2007.

Liebig, K.; Sautter, H.: Politische Wirkungen des Fairen Handels; in: Misereor, Brot für die Welt, Friedrich-Ebert-Stiftung (Hrsg.): Entwicklungspolitische Wirkungen des fairen Handels. Beiträge zur Diskussion; Aachen 2000; S. 128-132.

Liebrich, A.: Standards und Labels – Das Beispiel des Fairen Handels; in: Ulrich, P. (Hrsg.): Standards und Labels. Einsatz und Wirkung in der Entwicklungspolitik; Bd. 2; Universität St. Gallen; Institut für Wirtschaftsethik; St. Gallen 2002; S. 23-38.

Lindbeck, A.; Snower, D.J.: The Insider-Outsider Theory of Employment and Unemployment; London 1988.

Lübke, V.: Marketing für den Fairen Handel; in: Verbraucher Konkret; H. 3; 2002; S. 24-31; http://www.verbraucher.org/index.php/aid/360; Stand: 08.02.2005.

Maennig, W.; Wilfling, B.: Außenwirtschaft. Theorie und Politik; München 1998.

Mair, J., Schoen, O.: Social Entrepreneurial Business Models: An Exploratery Study, ESE Business School-University of Navarra, Working Paper, WP No 610, October 2005

Majer, H.: Nachhaltige Entwicklung – Leitbild für Zukunftsfähigkeit, in: Volkswirtschaftslehre, Nr. 7, 2003; S. 935–943.

Mangalassery, S.: Neue Chancen durch Fairen Handel? Fairer versus freier Handel im Tourismus (2), in: Südasien; H. 1; 2007.

Maseland, R.; De Vaal, A.: How fair is fair trade? In: The Economist; Bd. 150; H. 3; 2002; S. 251-272.

Meadows, D. et al.: The Limits to Growth, New York 1972.

Misereor; Brot für die Welt; Friedrich-Ebert-Stiftung (Hrsg.): Entwicklungspolitische Wirkungen des fairen Handels. Beiträge zur Diskussion; Aachen 2000.

Mishan, E.J.: The cost of economic growth, London 1969.

Moore, G.: The Fair Trade Movement: Parameters, Issues and Future Research, in: Journal Business Ethics, No 1-2, 53. Jg., 2004, S. 73-86, Schaber, C., van Dok, G.: Die Zukunft des Fairen Handels, Luzern 2008; S. 73-86.

Nelson, V., Pound, B.: The Last Ten Years: A Comprehensive Review of the Literature on the Impact of Fairtrade; University of Greenwich, September 2009.

Neumayer, E.: Weak versus Strong Sustainabilty, Cheltenham 1999.

Nicholls, A., Opal, C.: Fair Trade – Market-Driven Ethical Consumption, London 2004.

Nicholls, A., Opal, C.: Fair Trade. Market-Driven Ethical Consumption; London 2005, Reprinted 2006, 2008.

Nickoleit, G. (Gepa): Vortrag. Forum Fairer Handel – Was ist ein fairer Preis? 2005; Frankfurt/Main; 17.01.05.

North, D. C., Wallis, J.J.: Integrating Institutional Change and Technical Change in Economic History. A Transaction Cost Approach, in: Journal of Institutional and Theoretical Economics, Jg. 150, H. 4, 1994, S. 609-624.

Nübler, I.: Die Wirkungen der Globalisierung auf die Entwicklungsländer; in: Mummert, U.; Sell, F.-L. (Hrsg.): Globalisierung und nationale Entwicklungspolitik. Schriften zur internationalen Wirtschaftspolitik; Münster 2003; S. 15-43.

OECD: Development Co-operation Directorate (DCD-DAC), http://www.oecd.org/about/0,3347,en_2649_33721_1_1_1_1_1,00.html; Stand 01.03.2011.

OECD: Development Aid from OECD fell 5.1% in 2006; Paris 2007; o. S.; www.oecd.org; Stand 08.01.2008.

OECD: Net Official Development Assistance in 2008; www.oecd.org; Stand 30.03.2009.

o. V.: Fairer Handel im Tourismus? In: Welt und Handel; H. 7; 2004; S. 4-5.

o. V.: Who is Who im Fairen Handel; in: Verbraucher Konkret; H. 1; 2004; http://www.fair-feels-good.de/fairfeelsgood.php /cat/47/title/Who+is+Who+im+Fairen+Handel; Stand: 08.02. 2004.

o. V.: Gelingt der Durchbruch? In: WISU; H. 7; 33. Jg. (2004); S. 850.

Ott, K., Döring, R.: Theorie und Praxis starker Nachhaltigkeit, 2. Aufl., Marburg 2008.

Pearce, D. W.: Low Print2 Greening the World Economy, London 1991.

Pearce, D.W.; Atkinson, G.D.; Duborg, W.R.: The Economics of Sustainable Development in Annual Review of Energy and The Environment; 19. Jg. 1994; S.457-474

Pfeifer, R. (BanaFair): Vortrag. Forum Fairer Handel - Was ist ein fairer Preis? 2005; Frankfurt/Main; 17.01.2005.

Piepel, K.: Fairer Handel – eine (entwicklungs-)politische Handlungsmöglichkeit? In: Nord-Süd aktuell; H. 1; Bd. 13 (1999); S. 98–102.

Piepel, K.; Möller, A.; Spiegel, K.-H.: Fairer Handel, wohin? Diskussionsanstöße aus den Studien über die entwicklungspolitischen Wirkungen des Fairen Handels; in: Entwicklungspolitik; H. 19; 2000; S. 35–40.

Prüller, M.: Überproduktion und Preisverfall stürzen Kaffeebauern in die Krise; in: Die Presse; 19.05.2003; S.15.

Prüller, M.: Aber was ist schon wirklich fair? In: Die Presse; 19.05.2003; S.15.

Raschke, M.: Fairer Handel – Engagement für eine gerechte Weltwirtschaft, 2. Aufl.; Ostfilddern 2009.

Raynolds,L.; Long,M.: Fair/alternative Trade – Historical and empirical dimensions, in: Raynolds, L., Murray,D., Wilkinson,J. (eds): FAIR TRADE – The challenges of transforming globalization, New York 2007, S. 15-32.

Raynolds, L.; Murray, D.: Fair Trade – Contemporary challenges and future prospects; in: Raynolds, L., Murray, D., Wilkinson, J. (Hrsg.): FAIR TRADE – The challenges of transforming globalization; Abingdon und New York; Routledge; 2007, S. 223-234.

Reichert, T.; Desai, J.: Die Welthandelsdebatte. Eine Herausforderung für den Fairen Handel; in: TransFair; Fair Trade Policy; H. 1; 1. Aufl.; Aachen 1999.

Renkema, D.: Kaffee. Spielball der Spekulanten; in: EFTA (Hrsg.): Fair Trade Yearbook; 2001; http://www.european-fair-trade-association.org/efta/Doc/yb01-ge.pdf;
Stand: 11.11.2004; S. 62-67.

Rieth, L., Zimmer, M.: Public Private Partnership in der Entwicklungszusammenarbeit – Wirkungen und Lessons Learnt am Beispiel des GTZ/AVA Projekts, in: zfwu 8/2 2007, S. 217-235.

Rodríguez, I. (EFTA): Fair Procura. Öffentliche Verwaltungen aktiv für nachhaltige Entwicklung; Brüssel 2005; S. 1–35.

Rose, K.; Sauernheimer, K.: Theorie der Außenwirtschaft. 14. Aufl.; München 2006.

Sachs, W. et al.: Die zwei Ebenen einer gerechten Weltwirtschaft-Oder warum FAIR TRADE heute besonders wichtig ist. In: Eigner, C. et al.(Hrsg.): UN/Fair Trade - Die Kunst der Gerechtigkeit, Wien 2008; S.192-201.

Sautter; H.: Weltwirtschaftsordnung. Die Institutionen der globalen Ökonomie; München 2004.

Schaber, C., van Dok, G.: Die Zukunft des Fairen Handels, Luzern 2008.

Schmidt, F. (Europäisches Parlament): Bericht über Fairen Handel und Entwicklung; 2005/2245(INI); o.O.; http://www.europarl.europa.eu/oeil/ FindByProcnum.do?lang=2&procnum=INI/2005/2245; Stand 22.03.2010.

Seidl, i. Zahrnt, A.: Postwachstumsgesellschaft-Konzepte für die Zukunft, Marburg 2010.

Scott, W. R.: Reflexionen über ein halbes Jahrhundert Organisationssoziologie, in: Senge, K., Hellmann, K.-U. (Hrsg.): Einführung in den Neo-Institutionalismus, Wiesbaden 2006, S. 201-253.

Sen, A.K.: Equality of What?, in McMurren, S.M. (eds): The Tanner Lecture on Human Values, Salt Lake City 1980, S. 195-220.

Solow. R.M.: The Economics of Resources or the Resources of Economics, American Economic Review 64/1974a, S. 1-14.

Solow. R.M.: Intergenerational Equity and Exhaustible Resources, Review of Economic Studies, Symposium on the Economics of Exhaustible Resources, 1974b, S. 29-46.

Solow, R.M.: Sustainability: An Economist´s perspective, in: Dorfman, R., Dorfman, N.S. (erds): Economics of the Environment – Selected readings, New York, 1993, S. 179-187.

Solow, R.M.: The Economics of Resources or the Resources of Economics, in American Economic Review 64-1974a, S. 1-14.

Stamp, K.: Tee. "Fair Cup"? In: EFTA (Hrsg.): Fair Trade Yearbook 2001; http://www.eftafairtrade.org/yearbook.asp; Stand: 11.11.2004; S. 73-77.

Statista, http//de.statista.com; Stand: 24.7.2011

Steckelbach, L.: Gibt es bessere Lösungen als „Fair Trade"? Schriften zur Wirtschaftsforschung Universität Siegen; Siegen 1998.

Stecklow, S.; White, E.: At What Price Virtue? In: Wall Street Journal; June 8; New York City 2004; S. A1.

Steinrücken, T.: Funktioniert ‚fairer' Handel? Ökonomische Überlegungen zum alternativen Handel mit Kaffee; Diskussionspapier Nr. 32 der TU Illmenau; Illmenau 2003.

Steuerer, R.: Paradigmen der Nachhaltigkeit, in: Zeitschrift für Umweltpolitik (ZfU), Bd. 24/2001, Frankfurt 2001, S. 537-566.

Stiglitz, J.: Die Schatten der Globalisierung, Berlin 2002

Stiglitz J.; Charlton, A.: Fair trade for all. How trade can promote development; New York 2005.

Stiglitz, J. E., Sen, A. K, Fitoussi, J.-P.: Issues Paper, Commission on the Measurement of Economic Performance and Social Progress, o.O., http://www.stiglitz-sen-fitoussi.fr/documents/rapport_anglais.pdf.; 2009.

Stiglitz, J.E.: Growths with Exhaustible Natural Resources: The Competitive Economy, Review of Economic Studies, Symposium on the Economics of Exhaustible Resources, 1974, S. 123-137.

Tallontire, A.: Challenges facing fair trade: Which way now? In: Small Enterprise Development; Vol. 13; No. 3; 2002; S. 12-23.

The Comitee oft he Regions: 83rd Penary Session. Opinion of the Committee of the Regions on Contributing to Sustainable Ddevelopment, Brüssel 2010

Thiele, R.: Perspektiven der Entwicklungszusammenarbeit; in: Siebert, H. (Hrsg.): Die Weltwirtschaft. Vierteljahreshefte des Instituts für Weltwirtschaft der Universität Kiel; H. 4; Kiel 2002; S. 383–395.

Thuy, N.: 4C Code to guide coffee sector; Vietnam Economic News; 2004; http://www.ven.org.vn/print_news.php?id=968; Stand: 21.01.2004.

TransFair e.V.; http://www.transfair.org; Stand 11.12.2004.

TransFair e.V.; http://www.transfair.org/produkte; Stand 17.02.2008. UN: UN World Population Prospect, http://esa.un.org/undp/wpp2008/pdf/WPP2008_Selected_Tables_1.pdf, Stand: 7.1.2011.

UNCTAD: Resolution 21 (II); UNCTAD II New Delhi 1968; http://www.unctad.org/Templates/Page.asp?intItemID=2309&lang=1; Stand 29.03.2011.

UNDP: Human Development Report 2005, New York 2005.

Voigt, S.: Institutionenökonomik, 2. Aufl., Paderborn 2009.

Wall, T. (United Nations Department of Public Information): Opening doors for LDC exports; Brüssel 2001; http://www.unctad.org/conference/e-press_kit/ldc_exports .pdf; Stand: 29.03.2011.

Walz, R.: Der Beitrag von R.M. Solow zur Entwicklung des schwachen Nachhaltigkeitsbegriffs, Fraunhofer Institut für Systemtechnik und Innovationsforschung, Karlsruhe 1999.

Weltbank: Weltentwicklungsbericht. Der Staat in einer sich ändernden Welt; Washington 1997.

Weltladendachverband: www.weltlaeden.de; Stand 15.04.2005.

Werner, H.: Unternehmer sind die besseren Entwicklungshelfer, 2. überarbeitete Aufl.; München 2010.

WFTO: What is fair trade?; 2009; www.wfto.com Stand: 21.03.2011.

World Bank: World Development Indicators 2000; Washington 2000.

World Bank: World Development Report 2000/2001. Attacking Poverty; Washington 2001.

World Trade Organization: Differential and More Favourable Treatment Reciprocity and Fuller Participation of Developing Countries; Decision of 28. November 1979; L/4903; www.wto.org/english/docs_e/legal_e/tokyo_enabling_ e.pdf.

World Trade Organization: Understanding the WTO: The Agreements; http://www.wto.org/english/thewto_e/whatis_e/tif_e/agrm8_e.htm; Stand: 16.04.2005.

World Trade Organization: Annual Report; Geneve 1998.

World Trade Organization: AD Initiations: By Level of Development; 2001; http://www.wto.org/english/tratop_adp_e/adp_stat;tab5_e.pdf; Stand: 10.01.2005.

World Trade Organization: Ministerial Declaration; Article 2; Doha 2001.

World Trade Organization: International trade statistics; Geneve 2003.

World Trade Organization: International trade statistics; Geneve 2006.

World Trade Organization: International trade statistics; Geneve 2007.

World Trade Organization: International trade statistics; Geneve 2009.

World Trade Organization: International trade statistics 2010 – Appendix tables; http://www.wto.org/english/res_e/statis_e/its2010_e/its10_appendix_e.htm; Stand: 16.01.2010.

World Trade Organization: World Trade Report 2011. The WTO and preferential trade agreements: From co-existence to coherence; Geneve 2011.

World Trade Organization; http://www.wto.org/english/res_e/statis_e/its2004_e/ its04_overview_e.htm; Stand: 24.01.2005.

Zander, U.: Lässt Fairer Handel sich verkaufen – Marketingstrategien raus aus der Nische; in: Lanje, K. (Hrsg.): Perspektiven für einen gerechten Agrarhandel. Konzepte, Konflikte, Kooperationen; Loccumer Protokolle 27/02; Rehburg-Loccum 2003.

Index